世界経済の解剖学

亡益論入門

福田邦夫 監修

小林尚朗・吉田 敦・森元晶文 編著

法律文化社

まえがき

　世界の人口は今や70億人を突破した。この地球上で暮らす人びとはどのような歴史を背負って暮らしているのだろうか？　またグローバル化する世界の只中において、どのような問題に直面しているのか？　何が問題なのか？　問題の根源は何か？　グローバル経済とは何か？　本書はこんな問題意識をもって執筆者各々が専門分野を担当し、共同研究と討論を積み重ねて執筆した。

　第1章「世界経済と貿易」は、グローバル化する世界経済を歴史的に遡り、15世紀末のコロンブスによる「新大陸」の「発見」を契機として、今日の第三世界が欧米を中心とする世界経済に編成されていくなかで貿易が果たした役割について論及し、21世紀の現在に至る問題を指摘した。

　第2章「自由貿易の系譜と展開」では、イギリスをはじめとする西欧諸国の貿易政策の歴史と現状について言及した。今日、貿易の自由化への動きがますます強まっているが、果たして自由貿易は富の公正な分配に寄与したのか否か？　本章では古典派経済学の始祖といわれるA. スミス、国際分業の利益を示したD. リカードウ、ヘクシャー＝オリーンの定理（HO定理）、F. リスト、さらには現在の新自由主義に至るまでの貿易政策の解明に重点が置かれる。そして、生産性の効率のみを追求する貿易理論を批判して、富とは元来人生の目的を達するための一手段にすぎず、その必要量には一定の限度があるものであり、無限に増加を計るべきものではない、としている。

　第3章「覇権国家アメリカの盛衰」は、アメリカ経済を歴史的に俯瞰し、第2次世界大戦から今日に至るまでのプロセスをフォローした。ここでは、第2次世界大戦を契機として世界の覇権国家として登場したアメリカ経済の生成と発展、さらには衰退に至る過程を明らかにし、グローバル化する世界経済のなかでアメリカ経済が抱えている問題を抉り出した。

　第4章「ASEAN域内経済協力とその陥穽」では、近年、著しい経済発展を遂げつつあるASEANの域内経済協力の取り組みを分析し、経済発展の負の側面

を解明する。「世界の成長センター」としての評価を獲得したASEANを、アジア開発銀行は「国際協力の先進モデルであり、新たな地域統合戦略を考察する上での枠組み」であるとして高く評価している。だが、ASEANの取り組みが途上国の開発モデルとなりうるかどうかについては経済成長率や貿易の伸び率に示されるマクロ指標だけでなく、そこで暮らす人びとの状況にも目を向けて検討する必要がある。本章ではASEAN域内経済協力の取り組みを分析し、その課題を検討する。

第5章「**EU統合の歴史と垂直的経済統合の深化**」では、EUの統合の歴史を振り返りつつ、EU域内での工業部門の競争力の低下や雇用喪失(域内失業者数は2300万人)に起因するEU経済モデルの「構造的な脆弱性」を指摘した。近年のEU周辺諸国の再編や自由貿易協定の締結は、EUが掲げる民主化と市場化を絶対的指標として、帝国主義的な地理空間的再編成を進める証左であるとする論考である。

第6章「**ラテンアメリカ経済・貿易の構造と史的展開**」では、1492年のコロンブスによる「新大陸」到達以降、500年にわたるラテンアメリカ・カリブ海地域の経済・貿易の展開と構造を概観する。「コロンブス以後」の世界に暮らしたマヤ系先住民は、次の記録を残した。「昔は何の病もなかった。……昔は熱病はなかった。昔は天然痘はなかった。昔は胸やけはなかった。昔は結核はなかった。昔は頭痛はなかった。昔は人の世のことには秩序があった。外人がここにやってきて、そうでなくしてしまった」(トーマス・R. バージャー(藤永茂訳)『コロンブスが来てから』朝日選書、1992年、63頁)。本章の目的は、第1に同地域の植民地経済の形成から19世紀の「独立」までの過程を理解し、第2に20世紀以降、どのようにアメリカ資本主義に編入され、そしてそれに対してどのように理論的・政策的に立ち向かったのかを理解し、第3に20世紀後半から現在、いかなる困難に直面しているのかを理解すること、である。

第7章「**中国:貿易大国の光と影**」では、今や世界最大の貿易大国に変容した中国経済の目覚ましい経済成長に隠されている実像を、改革・開放以前の毛沢東時代から現在に至るまで分析し、その問題点を明らかにした。大日本帝国の植民地支配の頸木を断ち切り、人民の国として生まれ変わったはずの中国は人民の国どころか、人民の敵とさえ命名される巨大な資本主義国家に成長しつ

つある。本章ではその要因を開発政策に沿って解明する。

　第8章「アフリカ経済をいかにとらえるか：表象、世界経済、地政文化」では、「民主化」と「紛争化」が同時進行した21世紀転換期アフリカの状況をふまえつつ、ウォーラーステインが冷戦崩壊前後に構築した地政文化論の今日的意義が論じられている。アフリカを論じる者にとって重要なのは、自明性の背後にある不可視の構造に「眼」をこらし、アフリカの経済と政治と文化を徹底して同時代の同一地平で考えぬくことである。アフリカを世界経済の枠組みのなかでとらえなおさなければならない。そのためには、表層の事実関係からアフリカをとらえるのではなく、歴史的視点からアフリカが抱えている問題をとらえなおすことが必要とされている。

　第9章「韓国：自由貿易立国の虚構」では、独立後韓国経済の歩みをフォローし、歪な社会・経済構造を構築するに至った韓国経済の実態を解明する。なかでも韓国が経済成長至上主義を国家目標として掲げ、それを実現するために展開した貿易政策が国民不在の社会・経済を生み出したことを指摘する。

　第10章「インド：『剥き出し』の労働市場と人的資本」では、1991年以降、経済自由化路線へと大幅に舵を切り、目覚ましい経済発展を遂げているインドの農村で暮らす人びとが、経済成長によってもたらされる歪みのなかで直面している問題について、度重なる農村調査にもとづいて論及した。

　第11章「中東・北アフリカ諸国の開発と危機：『アラブの春』という欺瞞」は、2011年1月のチュニジアにおける独裁者ベン・アリの追放を契機として燃え上がった「アラブの春」の背景をチュニジアだけではなくエジプトも対象として分析した。なかでもチュニジア、エジプトを中心とする北アフリカ諸国が選択した開発政策の矛盾を克明に分析し、経済開発至上主義と新自由主義的開発政策が内包する問題を歴史的・現在的視点から解明した。

　第12章「市民目線のWTO：TPP、ナショナリズム、地域から考える」では、貿易や投資のルールを削減・撤廃＝「自由化」することを目的とするWTOの機能や役割、その問題点を指摘した。WTOは、その展開において、先進国、途上国、新興国の対立を先鋭化させ、機能不全が露呈することになったが、各国政府はFTAやEPA、TPPへの乗り換えを実現しようとしている。国際機関や国家がどのような政策をとろうとも、その出発点は、常に「半径5メートル」

の人間関係（生活圏）であり、「地域」の利益が、企業や政府が主張する「国益」にすり替えられないために、われわれはどのような行動をとるべきか、その道筋が示されている。

終章「貿易立国：日本経済の虚構」では、悲惨な原発事故を経験した日本が、原発事故を省みることもせず、経済成長＝国際競争力を口実に原発再稼働を狙う日本経団連をはじめとする政財界の欺瞞を明らかにした。また戦後日本資本主義の歩みをフォローし、戦後復興期を経てJapan as No.1に至る過程、さらに経済の空洞化により生み出された問題と危機的状況を明らかにし、日本はもはや貿易立国ではないことを明らかにした。

　本書は世界経済論や貿易論を学ぶ若者を対象とする。あまりにも微視的言説が蔓延するなかで、本書は広く歴史を見渡す眼識を養うこと、さらに地球の隅々で生活を営んでいる人びとの暮らしを視座に入れて眼前で生起しているさまざまな問題を認識することの大切さを強調する。なお執筆者の担当部分は末尾に記したが、この場を借りて監修者・編著者一同、心からのお礼を申し述べたい。
　本書の表紙を飾っているのは、12年間にもわたり世界中のスラムを駆け回りながら、幸せとは何かを問いつづけてきた池田啓介氏の素晴らしい写真である。その情熱と行動力に心から敬意を表したい。
　最後に、本書の出版にあたっては法律文化社編集部の小西英央氏、上田哲平氏にたいへんお世話になった。執筆過程の遅れをあたたかく見守り、辛抱強い編集作業をつづけていただいた。心からお礼を申し上げたい。

2014年1月

監修者　福田　邦夫
編著者　小林　尚朗
　　　　吉田　　敦
　　　　森元　晶文

目　次

まえがき

第1章　世界経済と貿易 …………………………………………………… 1
1　資本が国境を越えるまで　1
2　国家・国境と資本　3
3　アメリカのヘゲモニーと衰退　7
4　大きな変化　10
5　中国の台頭と地域市場の形成　14
6　銀行の終焉　17
7　おわりに　19

第2章　自由貿易の系譜と展開 …………………………………………… 23
1　人間生活と貿易　23
2　アダム・スミスと自由貿易論　25
3　比較生産費説と自由貿易論　28
4　貿易の利益の不均等な分配と保護貿易論　32
5　人間生活の豊かさと貿易　38

第3章　覇権国家アメリカの盛衰 ………………………………………… 43
1　問題の所在──覇権国家アメリカの歴史的性格とグローバル化　43
2　覇権基盤としての資本主義のアメリカ的段階の形成　44
3　覇権国アメリカの登場と「衰退」過程（Ⅰ）──冷戦体制下のアメリカ　49
4　覇権国アメリカの登場と「衰退」過程（Ⅱ）──ポスト冷戦期のアメリカ　55
5　小括──覇権国家アメリカの歴史的位置　59

第4章　ASEAN域内経済協力とその陥穽 ……………………………… 64
1　はじめに　64
2　域内経済協力の歩み　64

3 ASEANの経済成長と域内経済協力の展開　68
4 ASEAN経済成長の陥穽　76
5 むすびにかえて　80

第5章　EU統合の歴史と垂直的経済統合の深化　84
1 EU統合の歩みと到達点　84
2 自由貿易協定を基軸とするEU域外経済との連携強化　88
3 中・東欧諸国への外延的拡大
　――汎欧州生産ネットワークへの再編と包摂　92
4 欧州近隣国政策（ENP）を通じた垂直的経済統合の深化　98

【コラム①】EUとギリシャ財政危機　104

第6章　ラテンアメリカ経済・貿易の構造と史的展開　106
1 植民地時代から独立までの社会経済と貿易　106
2 19世紀中葉から戦後までの社会経済と貿易　112
3 1980年代以降のラテンアメリカ　119

第7章　中国：貿易大国の光と影　128
1 対外開放と市場経済化の進展　128
2 外資導入政策の展開と貿易構造の変化　132
3 貿易大国が直面する課題　138

第8章　アフリカ経済をいかにとらえるか：表象、世界経済、地政文化　143
1 表象としてのアフリカ　143
2 世界経済とアフリカ　147
3 地政文化とアフリカ　154
4 結　語　160

【コラム②】美しいバラに隠れたもう1つの"トゲ"　165
【コラム③】Land Grab――ケニアで起きた新たな土地収奪　167
【コラム④】打ち砕かれた希望――選挙後暴動から2013年総選挙へ　169

第9章 韓国：自由貿易立国の虚構……… 171
1 経済成長の軌跡　171
2 経済危機の克服　178
3 自由貿易立国の実体　182

【コラム⑤】分断された朝鮮半島　191

第10章 インド：「剝き出し」の労働市場と人的資本……… 193
1 経済成長と農村貧困層の所得上昇　195
2 市場原理に抵抗する社会の統計的検証　200
3 「剝き出し」の労働市場　203
4 人的資本の形成　207
5 まとめにかえて——理論的含意　209

【コラム⑥】マイクロクレジット（MC）は貧困層を救うか？　213

第11章 中東・北アフリカ諸国の開発と危機：「アラブの春」という欺瞞……… 215
1 連鎖する民衆の怒り　215
2 近代化政策の史的展開　217
3 自由主義経済への転換期　222
4 深化する世界経済への統合　226
5 「アラブの春」という欺瞞　232

第12章 市民目線のWTO：TPP、ナショナリズム、地域から考える……… 237
1 市民目線で考える　237
2 WTOの誕生と黄昏　238
3 WTOの特徴と展開　245
4 WTOと市民——地域(ローカル)から地球(グローバル)へ　250

終章 貿易立国：日本経済の虚構……… 255
1 日本は貿易赤字国に転落したのか？　255

   2　経済成長と国民生活　258
   3　日本は貿易立国ではない　261
   4　豊かだが貧しい国　264
   5　市場経済を越えて　271

参考文献一覧
事項・人名索引
執筆者紹介

第1章　世界経済と貿易

　21世紀世界経済の特徴は、以下2点にある。その1は、巨大資本が国境を越えてグローブ（地球）を自由に動きまわり、無限の価値増殖運動を展開するようになったこと。ただし、本論で指摘するが、国境を越えてヒト、カネ、モノ、情報が自由に移動するような時代ではない。その2は、もともと、決済手段としての機能をもっていた貨幣が、価値を増殖するための最も効率的な手段となったことである。つまり貨幣が商品となり、売買の対象となったということだ。しかも国境を越えて移動する資本が、想像を絶するほどまでに巨大化したということだ。以下、グローバル化のもとでの資本の動向について、また資本に脅かされている人びとの実態について触れてみたい。

1　資本が国境を越えるまで

　結論から述べよう。今、われわれが生きている時代は、領土や宗教をめぐる戦争だけではなく、われわれと、子孫と大自然を究極的な破滅に導く戦争が開始されている、ということだ。

　資本主義経済システムは、マルクスが述べているように「血の海」から生まれた。1500万人とも2000万人ともいわれるアフリカ人奴隷をカリブ海諸島や「新大陸」に運び、マヤやインカの子孫を抹殺し、インドのデカン高原を白骨の山で覆い尽くすことによって生まれたのだ。決して禁欲、勤勉、実直、誠実、創意・工夫、英知から生まれたものではない。この点に関してマルクスは以下のように述べている。

　「アメリカの金銀産地の発見、原住民の掃滅と奴隷化、鉱山への埋没、東インドの征服と略奪との開始、アフリカの商業的黒人狩猟場への転化、これらのできごとは資本主義的生産の時代の曙光を特徴づけている[1]。」

　西ヨーロッパで生まれたばかりの資本は、チャールズ1世を暴君・反逆者・虐殺者・国賊の罪状で処刑（1649年9月）したように、封建的諸勢力が構築した「国家という船」[2]を再編成し、近代的な国家を構築した。そして国家の力によっ

て国内で市場を確保し、労働力も国内で確保した。労働力を確保するために、土地に縛られて生活していた人びとを土地から引き離す闘いが繰り広げられた（資本の本源的蓄積）。土地を奪われ、生きる術を喪失した人びとは放浪し、貧苦に喘ぎ、やがては産業予備軍として労働貯水池を形成し、資本主義の血で血を洗うような荒々しい生成・発展の駆動力を形成した。

　19世紀初頭にイギリスを起点として成立した資本主義は、第2次世界大戦が終結するまでの1世紀半の間、ひたすら国境を拡大し、非ヨーロッパ世界を国境線で囲い込み、資本を蓄積する競争に明け暮れた。すなわちヨーロッパ世界による非ヨーロッパ世界の編入作業が繰り広げられ、人類は2度にわたる世界戦争を経験しなければならなかったのだ。植民地の拡大と争奪戦、さらにはブロック経済の形成が世界的規模で展開され、10億人近い人びとが犠牲になったのである。

　20世紀に入ると、当時、後進国といわれていたドイツが、やがては日本が市場獲得競争に参加した。周知のように日本資本主義は、貧農の生き血を吸い取り、絶対主義的天皇制を梃子としてアジアへの侵略を開始し、やがては幻の経済圏「大東亜共栄圏」の建設にとりかかったが夢は打ち破られた。とはいえ日本資本主義が壊滅したわけではない。今や世界資本主義の中核として、以下触れるグローバリズムの尖兵としての役割を演じている。

　ここで確認しておかなければならないのは、第2次世界大戦終結まで資本主義にとって国家と国境はきわめて重要な意味をもっていたということだ。なぜ国家を必要としたのか。それは国境を資本の防御ラインとし、他国からの商品と資本の進入を防ぐためであり、強い軍隊を作り、海外に侵出していくためである。そのためにはナショナリズムという想像の共同体意識が捏造され、国家・国民意識が注入された。他国からの商品と資本の進入を防ぐ方策としての保護貿易政策はイギリスの航海条例（1651～1849年）や、第2次世界大戦前の米国の高関税政策に端的に表れている。事実、19世紀から20世紀初めまでの期間、工業製品に対するアメリカとイギリスの関税率は平均40～50％のレベルであり、高い関税によって国内市場を外国商品の侵入から防いでいたのだ。他方、非ヨーロッパ世界の国々に対しては、関税自主権を奪い、あるいは自由貿易を押し付け、門戸を容赦なくこじ開けたのである。自由貿易こそ経済発展の決め

手であるという言説は、帝国主義諸国が非ヨーロッパ諸国を植民地化する際に使用した常套手段だったのだ。例えば、イギリスは中国との貿易赤字を埋めるため、中国（清朝）にインドで作った阿片を持ち込んだ。だが清朝政府の官憲が広東で外国船の阿片の積荷を全部押収して焼き捨てたため、戦争を仕掛けた（阿片戦争：1839～42年）のである。戦争に敗れた中国はイギリスに5つの港（広東、厦門、福州、寧波、上海）の開港と香港の「永世」割譲、さらに巨額の賠償金の支払いを認めさせられ、清国は関税自主権を奪われたのである。

　資本主義は決して単線的に発達してきたものではない。周期的な恐慌に見舞われ、その矛盾を何度も露呈してきた。第2次世界大戦の導火線となった恐慌は1929年、アメリカで起こった。これを契機として世界経済は恐慌に巻き込まれた。恐慌が発生するのは、資本主義的生産にとって必然である。恐慌は異常な供給過剰と収縮した需要の谷間で発生する経済現象である。企業は技術革新を重ねることによって生産過程から労働力を不断に排除することによって利潤を追求する。労働力を効率的に排除することに成功した企業が利潤を手にするのだ。生産過程から排除された労働者は、労働者＝消費者ではなくなり、需要を収縮させる。こうした脈絡のなかで、資本が自らの生産物の活動に活路を拓くために選択したのが国境を拡延して囲い込む作業であった。いわゆるブロック経済である。そして自ら構築したブロック経済圏＝植民地市場経済圏を守り、拡延し、さらなる利潤を獲得するために他の経済ブロックに対して軍事的に対峙したのである。

2　国家・国境と資本

　第2次世界大戦後、西ヨーロッパを起点とし、北半球で成立した資本主義世界は、「北の世界」と呼ばれ、植民地化された世界は、「南の世界」と呼ばれた。いわゆる南北問題である。

　西ヨーロッパで成立した資本主義（近代世界システム）は地球（グローブ）を単一の世界経済として再編したのだが、世界経済に編入された非ヨーロッパ世界は、ヨーロッパ世界と同質的な社会としてではなく、差別化され、近代社会の恩恵を一切享受することが不可能な社会として再編成されたのである。

　「アフリカの年」といわれた1960年代に独立を果たした新興独立国について、

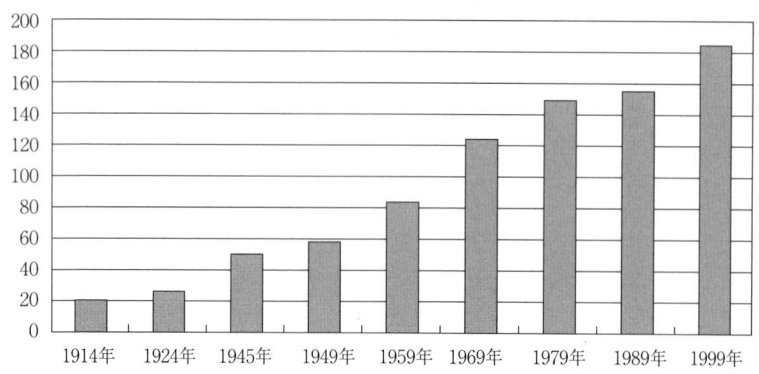

図1-1　激増する国家

（注）国連加盟国（1945年以降）。
（出所）世界銀行『世界開発報告』1997年度版より作成。

フランツ・ファノンは以下のように述べている。

「今日、後進地域における民族（national）の独立、国家（national）の形成は、まったく新たな姿を帯びている。これらの地域においては、いくつかの目立った実現例を除くと、異なった国々がすべて同じ下部構造の欠如を示している。大衆は植民地時代と同じ貧困と闘い、同じ仕種でじたばたし、小さくなった胃袋で、飢餓地図を描いている。後進世界、貧困の世界、非人間的世界、また医師も技師も行政官もいない世界である。この世界に対して、ヨーロッパ諸国はこれ見よがしの豪奢な暮らしに耽っている。ヨーロッパのこのような豪奢な暮しは、まったく破廉恥なものだ。なぜならそれは奴隷を踏み台にしてうち樹てられたもの、奴隷の血に養われたものであり、この後進世界の地上と地下の資源から一直線にもたらされているものであるからだ。ヨーロッパの福祉と進歩は、ニグロの、アラブの、インド人の黄色人種の、汗と屍によってうち樹てられたのだ。[6]」

ファノンがこの文を書いたのは1958〜59年であるが、「アフリカの年」といわれた1960年代中頃までに30カ国が独立を達成した[7]。20世紀は、図1-1に示されるように、南の世界に国家が群生した時代でもある。

何よりも新しく生まれた国家は、西欧列強諸国が敷いた植民地国家の枠内で生まれたのだ。世界銀行が主張するように、国家は決して家族の延長線上に位

地する血が通う組織ではない。ちなみに世界銀行の開発報告書（1997年度版）は国家を以下のように規定している。

「古代から人類は、家族に始まり、親族、近代国家にまで拡大する、より大きなグループを形成するために団結してきた。国家が存在するためには、防衛に関してそうであるように個人と集団が主要分野で権力を公共の代理人に委譲せねばならない。その代理人は、与えられた領土内における他のすべての組織に対して、ある一定の強制的な権力を保持しなければならない。[8]」

この指摘は、天皇制国家に代表される家父長制国家論を擁護する詭弁として、あるいは巨大マスメディアの支配下で行われている民主的議会選挙（普通選挙）を正当化する論理としても乱用されている見解である。

ところで、「アフリカの年」から半世紀が経過した現在もなお、アフリカにおける植民地的状況には大きな変化が見られない。このことは、ヨーロッパ列強により植民地支配に置かれていた地域には、ヨーロッパで見られた資本主義的生産様式の片鱗さえも移植されなかったことを示している。非ヨーロッパ世界は、資源を略奪するため、また大量のヨーロッパ人コロン（入植者）が移り住んでコーヒーやブドウなどの換金作物を栽培するための大地に転換させられたのであり、未だに植民地的状況が継続していることを意味する。

独立を達成した新興独立諸国は、一様に国有化を推し進め、また国有企業を次々と設立し、独立運動を指導した闘士が株主＝国民代表と経営最高責任者のポストを占有した。そして一様に近代国家の建設に取り組み、工業化を推し進めた。換言すれば、独立運動の闘士は、独立後、瞬時にして巨大国営企業の所有者と経営を兼務する新興ブルジョアジー（ブラックブルジョアジー、アジアではイエローブルジョアジー）に変貌したのだ。だが彼らが企図した工業化政策は瞬時にして挫折した。このため1960年代後半からは北の国からの借款に頼らなければ国家自体を維持することが不可能になった。これが第三世界の累積債務問題である。北の国の民間金融機関への債務返済が不可能になったとき救世主として現れたのが、最後の貸し手といわれるIMF（国際通貨基金）と世界銀行である。これら国際機関は、一斉に構造調整政策受け入れを条件にして債務の繰り延べ返済、債務の帳消しを認めてきたのである。構造調整政策を受諾した第三世界の国々は、民営化を推し進め、関税を撤廃し、公的支出を削減し、さ

らには資本移動の自由を認めなければならなかった。というより、ブラックブルジョアジーは、独立後は白人の地位に居座りつづけ、一貫して貧農の生き血を吸いつづけているのであり、国有化した国家財産を私物化したのだ。さらに、彼らは国有財産を売却して莫大な私有財産を構築したのであり、今では、アフリカ大陸の肥沃な耕地が売却されている。ファノンは『地に呪われたる者』のなかで半世紀後のアフリカを予言するかのように、以下のように述べている。

「独立後の国の経済は、新たな方向づけを与えられはしないのだ。相も変らず落花生の収穫、カカオの収穫、オリーヴの収穫が問題なのだ。同様に基礎的生産物の貿易にもなんら修正が加えられない。

国内にいかなる工業もおこされない。相も変らず原料を輸出し、相も変らずヨーロッパの小農そのままに未加工生産物の専門家でありつづける。にもかかわらず、民族ブルジョワジーは経済の国有化、商業部門の国有化を要求してやまない。それは彼らにとって国有化ということが、経済全体を国民（nation）に奉仕させるという意味ではなく、つまり国民（nation）の全要求を満足させるべく決意するという意味ではないからだ。彼らにとって国有化とは、新たな社会的諸関係——その開花を促進すべく決意した諸関係——にしたがって国家を整備することではない。彼らのいわゆる国有化とは、植民地時代からひきついだ不当な諸特典を、一部土着民に譲渡せよという、まさにそれだけの意味にすぎないのだ。

このブルジョワジーは、充分な物質的手段も知的手段（技師・専門家）も持たぬ故に、その要求を、かつてコロン（入植者）が占めていた代理店や商社の奪還に限定するであろう。民族ブルジョワジーは、かつてのヨーロッパ人コロンにとってかわる。すなわち医者、弁護士、商人、代理人、支配人、運送業者などの座を占める。祖国の威信と己の保身のために、これらの地位（post）をひとつ残らず占めるべきだと考えているのだ。

今後は外国の大企業がこの国で地歩を維持したいと願うにせよ、新たにここへ進出する意図を持つにせよ、民族ブルジョワジーはそれらの大企業に、おれたちの手を通さなければならぬと要求することになる。

民族ブルジョワジーは、仲介者の役割という自己の歴史的使命を自覚するのだ。これは国家を変革する使命ではなく、ぱっとしない話だが、偽装を余儀な

くされて今日新植民地主義の仮面をかぶっている資本主義への、橋渡役を務めるという使命だ。

　コンプレックスを持つこともなく、すっかりもったいぶった民族ブルジョワジーは、西欧ブルジョワジーの代理の役割を得々と務めようというのだ。このうまみのある役割、このしがない働き、この視野の狭さ、この野心の欠如は、民族ブルジョワジーがブルジョワジーの歴史的役割を果す能力を持たぬことの象徴である。どの民族ブルジョワジーにも見られるダイナミックな開拓者の風貌、発明家にして世界の発見者たる風貌がここでは無残にも欠如しているのだ。植民地の民族ブルジョワジーのうちには、享楽者の精神が君臨している。それというのも彼らは、西欧ブルジョワジーから全知識を吸いとって、心理的次元において西欧ブルジョワジーと一体化しているからだ。」[10]

　独立を達成したとはいえ、アフリカ大陸は、国家の名のもとで搾取と抑圧が合法的に行われる大地に変わりはない。かかる事態のなかで一時的にせよ民衆が蜂起し、自国の独裁者を打倒したのがチュニジアでありエジプトなのだ。ただしリビアの事例は別だ。カダフィ大佐は、米・仏・英を中軸とするグローバル資本と政府によって殺戮されたのである。[11]

3　アメリカのヘゲモニーと衰退

　英国の植民地から独立を果たした米国は、第1次世界大戦が終結するまで債務帝国主義と呼ばれるように、英国を中心とする西ヨーロッパ諸国からの借金を元手にして資本主義的生産様式を確立した。[12] だが第1次世界大戦を契機として一躍、債務国から債権国へと脱皮した。また大戦で疲弊したヨーロッパ諸国は、米国からの借款によって経済の再建に取り組んだ。1920年代の米国は「繁栄の10年」（Prosperity Decade）といわれるように、自動車産業が興隆し、鉄鋼、セメント、ゴム、電気製品、ガラス産業、ハイウエイ建設、住宅建設が活況を呈した。乗用車の生産台数は1918年の94万台から1929年には2300万台へと飛躍的に伸びた。株価は異常に高騰し、世界中から米国の株式市場に資金が流入し、株価はさらに高騰した。なかでも英国、ドイツ、カナダ、アルゼンチン等から大量の金が米国に流入したため、これら諸国では信用が圧迫され景気が下降に転じた。まさにこのような局面で発生したのが先に触れた大恐慌であった。

急上昇していた株式が突如暴落し、1929年恐慌に突入したのだ。メアリー・ベス・ノートンは、恐慌の原因を独占企業の利潤率の増大と雇用所得の減少に求め、以下のように述べている。

「一人当たりの可処分所得(税控除後)は、1920年から1929年までの間に約9％増加したが、最も豊かな1％の人びとの収入は75％上昇した。〔…〕連邦取引委員会によれば、1％のアメリカ人がこの国の富の59％を所有し、87％の人びとがわずか10％を所有するのみだった[13]。」

ノートンは、企業利潤の急増は実物需要を越える投資を生み出すが、雇用所得の減少は実物需要を減少させたからだ、と述べている。つまり企業の内部資金の肥大化(自己資金過剰化)は、総需要と総生産の均衡を破壊する。

1933年に大統領に就任したフランクリン・D. ローズベルトが危機からの脱出をめざして選択したのがニューディールである。

「フランクリン・D. ローズベルトはまず、銀行制度を支え、その後、土地所有農民、ブルーカラー労働者、破産の危機に瀕しているビジネスや地方自治体、失業者、老人、さらに貧しい著述家や芸術家などの援助を目的とする一連の法律を提案した。この包括的な法律は何十億ドルもの連邦資金を経済に注ぎ込むことによって消費者の購買力、事業活動、そして最終的には雇用を刺激するという非正統的『ポンプの呼び水政策』あるいは赤字財政政策の概念に基づいていた[14]。」

ローズベルト大統領は、1933年6月、全国産業復興法(National Industrial Recovery Act)の成立にこぎつけた。これは一種のカルテル協定を産業部門ごとに締結させ(独占体の支配強化)、労働者の団結権・団体交渉権を強化し、労働条件を改善して購買力増強を図り、強力な権限をもつ全国復興局(National Recovery Administration: NRA)を設立して産業に対する国家統制を強化しようとするものであった。公共事業局が設立され、公共事業活動による景気刺激政策が展開されたが、巨大独占資本の反撃を受けて、1935年5月には連邦裁判所が違法判決を下すに至った。だが、第2次世界大戦の勃発は、さらにニューディール政策の続行を余儀なくさせたのである。戦争に勝つために米国政府は赤字国債を発行しつづけたのだ。赤字国債の発行によって、米国の国債依存率はGDPを凌駕するに至った。米国経済は借金まみれになりながらも奇跡的な

回復をみせたのである。かかる意味で第2次世界大戦の勃発は米国経済に救いの手を差し伸べたのだ。というのは、大戦が終結したとき、米国は世界最大の金保有国となったからであり、GDPの119％にまで増大した国家債務も大戦中に稼いだ金で清算することができたからである。[15]

第2次世界大戦後の米国についてメアリー・ベス・ノートンは以下のように述べている。

「ここ〔米国——引用者〕では都市は爆撃されなかったし、野山は踏みにじられなかった。アメリカ人戦死者約40万人は、他の諸国と比べればわずかなものだった。現実には、アメリカは第2次世界大戦が終わったときには、参戦したときよりも豊かになっていた。かれらだけが原爆をもっていた。アメリカの空軍と海軍は世界最大だった。合衆国は戦後、正規軍の主力部分を動員解除したが、陸軍は1946年になお200万人、1949年に160万人の兵員を擁していた。さらに、合衆国だけが国際的な経済回復を促進する資本と経済資源を保有していた。アメリカは『巨人』であると、トルーマンは満足げに語った。旧世界の灰燼のなかから新しい世界を創り出す戦争は、まもなく『冷戦』と呼ばれることになるのだが、合衆国はこの戦いにおいて指導的な地位を占めた。久しく待望されてきたことだったが、他のいくつかの変化は歓迎されざることだった。戦争は、企業、労働組合、政府の肥大化への傾向を促進した。戦後の数年間に、暫定的だと考えられていた政府機関が恒常化し、規模と権限を拡大していくことになった。その結果はよく知られている。」[16]

このように生産力や金融力が世界のなかで比較にならないほど強大化した米国の力量を象徴的に示すのが軍事力と金保有額の大きさである。軍事力に関して言及するならば、アイゼンハワー大統領（1953～61年）が、「軍産複合体」と命名したように、第2次世界大戦後、巨大企業と軍はますます癒着し、半恒久的な軍事経済を完成させたのだ。しかも軍産複合体が米国の社会・経済の中軸を占めるに至ったことである。ベトナム戦争に至る、米国主導の冷戦は、軍産複合体に前代未聞の利益をもたらしたのだ。[17]

金保有額に関しては、1945年末世界全体の金の保有額約380億ドルのうち（1オンス＝35ドルで換算）米国は、約200億ドルを保有し、世界全体の約半分を保有していた。当時米国に次いで金保有の多い国はスイス、アルゼンチン、フラ

ンスであるが、いずれも約10億ドル程度の保有にすぎない。英国は当時為替平衡資金の保有する7億ドル程度であったと推定されている。1947年には米国の金保有額は約227億ドルとなり、世界全体の60％を占めるようになる[18]。このようにして米国が手元の金とドルとの交換を保証することにより、固定相場制を基礎とし、自由・無差別・多角を原則とする国際経済秩序IMF＝GATT体制[19]（ブレトン・ウッズ体制）が成立したのである。

　ブレトン・ウッズ体制下で米国が展開したのは、豊富な金を担保とし、反共ブロック内でのニューディール政策の展開であった。だが日本や欧州の企業が経済力を回復するなか、ベトナム戦争で膨大な戦費を費やしたため、金保有高が急減したのは当然の帰結である。さらに金保有高を減少させ、貿易赤字を生む大きな要因となったのは、米国企業の海外展開（米国経済の空洞化現象）であった。

4　大きな変化

　1970年代には、世界経済に大きな変化が見られた。それは1971年8月15日に行われたドルと金の交換停止である。この突然の措置は世界に大きな波紋を投げかけニクソン・ショックとも呼ばれている。この措置により、ドルは単なる紙切れになり、ブレトン・ウッズ体制は脆くも瓦解し、主要工業国はフロート（為替変動相場制）へ移行した。1971年の米国の対外公的債務506億ドルに対して金準備高は102億ドルにしかすぎず、97年ぶりに貿易収支赤字に転落したのである。

　さらに石油ショックが世界経済を揺さ振った。すなわち1973年10月に勃発した第4次中東戦争を契機として、OPEC（Organization of the Petroleum Exporting Countries：石油輸出国機構）、OAPEC（Organization of the Arab Petroleum Exporting Countries：アラブ石油輸出国機構）が原油価格の70％引上げ（第1次オイルショック）を決定した。石油価格の急激な上昇によって、欧米資本主義はインフレと同時に経済停滞（スタグフレーション）に見舞われ、長期間にわたる経済不況に突入した。また1979年にOECD（経済協力開発機構）によって新興工業国（NICS：Newly Industrializing Countries）と命名されていた10カ国（香港、台湾、シンガポール、韓国、ブラジル、メキシコ、ギリシア、ポルトガル、スペイン、ユー

ゴスラビア）のうち、香港、台湾、シンガポール、韓国を残して6カ国が沈没してしまった。

こうしたなか、ドラッカー（P.F.Drucker）が命名するように、ここ10年間に（1976～86年）、世界経済の構造そのものに、3つの基本的な変化が起こった。ドラッカーは以下のように指摘している。

「①一次産品経済が工業経済から分離した。②工業経済において、生産が雇用から分離した。③財・サービスの貿易よりも、資本移動が世界経済を動かす原動力となった。財・サービスの貿易と資本の移動は分離していないかもしれない。しかし、両者の関係は著しく弱まり、さらに悪いことには予測不能となった。[20]」

ドラッカーの目に映ったのは、直接投資を梃にして国外に生産拠点を移す米国の企業であり、アフリカよりも低い経済成長率を記録していたため停滞社会と呼ばれていた東アジアにおける資本の躍動であった。多国籍化した巨大企業の資本蓄積の様式の変化は後述するが、1970年代中頃から資本蓄積は、基本的に国境を越える企業合併、買収、併合（Cross-border M&A）によって実現されるようになった。世界最大の200企業の資本は、1965年には、世界の国内総生産総額の17％でしかなかったが、1982年には24％、1995年には30％強を占めるに至った。

UNCTAD（United Nations Conference on Trade and Development：国連貿易開発機構）の報告によれば、2011年度のM&Aは、5850億ドル（約46兆円）に達しており、この内4001億ドル（70％）はEUと日本の多国籍企業によるものである。[21] また2011年度には、先進工業国の多国籍企業による海外直接投資は、1兆2300億ドルに達している。さらに、多国籍企業は、海外で実現した利益を海外で再投資するというパターンを繰り返している。米国企業の海外での利益の再投資額は、2010年が3000億ドル、2011年は3300億ドルに達している。[22]

ところで、金とドルの交換が停止され、ドル紙幣が紙切れになり、原油価格が急騰したにもかかわらず、香港、台湾、シンガポール、韓国は、世界銀行が「奇跡」と命名するほどまでの高い経済成長を示した。このため、1988年にトロントで開催されたサミットでは、これらアジアの4カ国を新興工業経済地域、すなわちNIES（Newly Industrializing Economies）と命名するに至った。

世界銀行や米国の新古典派経済学者は、高い経済成長を達成した理由を市場経済の導入に求めたが、平川均は、このような見解は事実無根であるとして以下のように述べている。

　「〔世界銀行の見解は——引用者〕人口規模、資源、政治形態、文化などいずれをとっても雑多な集合にすぎないにしても、輸出主導の成長を通じて、新しく先進国と同様な経済構造を、つまり国民経済を形成しつつある国・地域が出現しているとするものである。しかしこの規定では、とくにアジアNIESの工業化の特殊性が明らかにならない。というのは、NIESは、市場はもちろん資本、技術の基本的な部分を外部の世界市場に大きく依存しており、このことの持つ意義が問題意識の外におかれているからである。[23]」

　「改めてNIES開発モデルを確認すれば、それは単に資本、技術、市場等を外部の世界経済に一体化させたモデルであり、そこに今日、失敗したと評価される他の開発モデルとの違いがある。それゆえ、国家の役割が本質的に重要であるにしても、国際的条件との密接な関係を無視できない。NIESの開発独裁が容認されたのは、植民地体制崩壊後『上から』の国家統合を推進しなければならなかったことに加えて、冷戦構造が権威主義的体制を導くという『後発工業化と冷戦のディレンマ』の結果であった。[24]」

　この指摘は正当である。というのはアジアNIESの経済発展は、日米経済摩擦・オイルショックにより、さらにはドルと金との交換停止により出口を失っていた日本資本が、活路を求めて東アジアにおける米国の反共基地に向けて直接投資を開始したからに他ならないからである。なかでも韓国と台湾は、冷戦下における反共戦略の拠点として米国の軍事経済援助を受け、さらには一般特恵制度が適応されていたからである。日本から米国に輸出すれば日米経済摩擦を燃え上がらせるため、日本資本はアジアNIES経由での対米輸出に活路を見出したのである。しかもアジアNIESの政治体制のいずれもが恐るべき強権的独裁体制下に置かれていたことに注意しなければならない。この点に関して絵所秀紀も、韓国を事例にあげて以下のように述べている。

　「韓国の経済発展にとって国際競争力の維持こそ至上命令であり、そのために低賃金構造を確保するため実質為替レートの切り下げと強力な所得政策が採用された。つまり韓国の経済発展は『自由な労働市場』の創出と維持のために、

国家による労働者と労働運動の圧迫が制度の中に組み込まれた政治経済体制の中でのみ生じえた[25]。」

かかる意味で日本資本はアジアNIESの経済成長に大きく貢献した。というのは、ニクソン・ショック以降、円とドルの交換レートは、1971年の暮れには315円、1972年暮れには302円へと急騰したからだ。この点に関して涌井秀行は以下のように述べている。

「日本資本・企業は国内で『乾いた雑巾を絞る』といわれるME自動化・『合理化』によるコストダウンを強め、費用価格を圧縮して為替差損分を吸収する政策をとった。と同時に企業は、国内でのコストダウンに限界のきていた労働集約的で『手間』と『ひま』のかかる低級家電品や雑貨など、労賃コストを商品に吸収できない低付加価値商品の生産拠点を国外に求め、それらの生産工程を、韓国、台湾、香港、シンガポールなどへと移植した。こうしてこれらの諸国地域は1970年代に急速な『工業化』をとげ、世界中が注目するようになった。新興工業諸国NICSの誕生である[26]。」

だが、経済成長が加速するにつれてアジアNIES、特に韓国、台湾と米国との間に経済摩擦が激化した。米国は韓国、台湾との貿易で深刻な赤字を記録しつづけるようになったからである。このため1988年9月、米国議会は包括貿易法を採択し、韓国、台湾の対米輸出はダンピング輸出であるとして不公正貿易慣行への対抗措置をとった。また1989年1月、米国は韓国、台湾に対する一般特恵制度の適応を除外し、市場開放を要求、さらに通貨切上げを要求し、輸出規制の強化を求めるに至ったのである。だが米国資本も日本資本同様に、国家により管理された安価な労働力が豊富なアジアNIESに投資を集中させた。

ここで確認しておかなければならないのは、NIESを中心とする東アジアの急激な経済成長は、日本資本からの直接投資の受け入れによる輸出の拡大による、ということである。また世界経済との緊密なつながりのなかで実現したということである。

しかし、日本資本の下請けとしての役割を果たすためには、資本財や中間財を輸入しなければならず、FDI（直接投資）に牽引されて急激な経済成長を実現していたタイ、マレーシア、インドネシアのいずれもが1995年以降、深刻な貿易収支の悪化に見舞われた。このため、貿易収支の赤字を海外からの借入

れによって賄うために一斉に経済の自由化（金融部門の自由化）を推進した。自国の通貨をドルと連動させるペッグ制（固定）にしていたタイには投機性の高い短期資本が大量に流入し、同国経済は金融バブルで沸き立った。だが、大量に流入していた短期資本が為替変動による利ざやの獲得を狙って、1997年、突然一斉に国外に引き揚げたためアジア通貨危機が発生した。

5　中国の台頭と地域市場の形成

　投機的資本に狙い撃ちにされたASEAN諸国（Association of Southeast Asian Nations：東南アジア諸国連合）と日本、中国、韓国（ASEAN＋3）は、1997年12月に首脳会議を開催し、日本の主導下でアジア通貨基金（Asian Monetary Fund: AMF）を設立しようとしたが、アメリカと中国が反対したために挫折した。以降、ASEAN＋3は定例化され、2005年に開催された首脳会議では、「東アジア共同体」の形成に向けて東アジア地域協力を進めることが謳われた。

　こうしたなか、日本は2007年5月、日本・ASEAN包括的経済連携（AJCEP）協定に基本的に合意し、2008年12月から発効した。他方、中国は自由貿易協定（FTA）によるASEAN諸国の囲い込みを開始し、中国とASEANのFTA（ACFTA）が2010年1月1日に本格的に発効した。これによって貿易品目の大半について関税が撤廃され、人口規模約19億人の世界最大の自由貿易圏が生まれた。中国はすでにASEANとの間での人民元を使った貿易決済を試験的に解禁している。FTAにより貿易・投資が活発化すれば、人民元の国際化を促すなど、周辺諸国経済への中国の影響力がさらに拡大する。関税が撤廃されたのはタイ、インドネシアなどASEANに先に加盟した6カ国と中国との間で貿易取引される品目であり、対象は全貿易品目の約9割に達する。ベトナムなど後発加盟の4カ国は段階的に関税を下げ2015年までにゼロ関税となる。

　本章ではAJCEP協定、ACFTAについての詳細な検討をするものではない。だが、図1-2、図1-3に示されるように自由貿易圏の創出とは、国内における商品の生産工程を全面的に解体し、貿易の自由化を軸にして、生産工程を国際的に配置することを目的として進められている資本の運動形態なのだ。現在、資本は従来の2国間で完結する（日本から海外子会社に中間財を輸出して完成品を輸入する）パターンから、多国間にさまざまな段階の生産工程を分散配置し、

図1-2　日本・ASEAN包括的経済連携協定

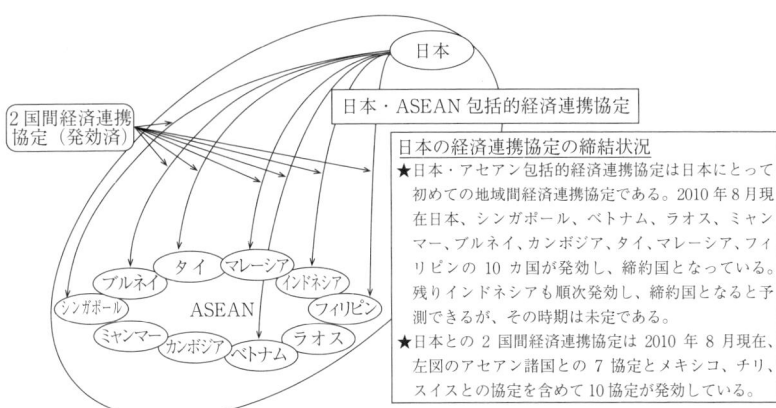

図1-3　多国籍型生産工程のパターン

(参考) 日ASEAN包括的経済連携協定の特徴-3

累積規定（第29条）

締約国の原産材料であって、他の締約国において産品を生産するために使用されたものについては、当該産品を完成させるための作業又は加工が行われた当該他の締約国の原産材料と見做す。

AJCEP締約国原産材料は他の締約国の産品生産材料に使用される限り、産品生産（加工）締約国の原産材料と見做す。
下図の場合、タイでラジカセ最終組立作業を行なって完成させ日本へ輸出する場合、ラジカセ組立てのためのベトナムのジャック、フィリピンのケーブルユニット、マレーシアのコンデンサー、インドネシアのスピーカー、日本のICがそれぞれAJCEP協定上の原産地規則を満たし、それを特定原産地証明書で証明できれば、タイの原産材料と見做される。

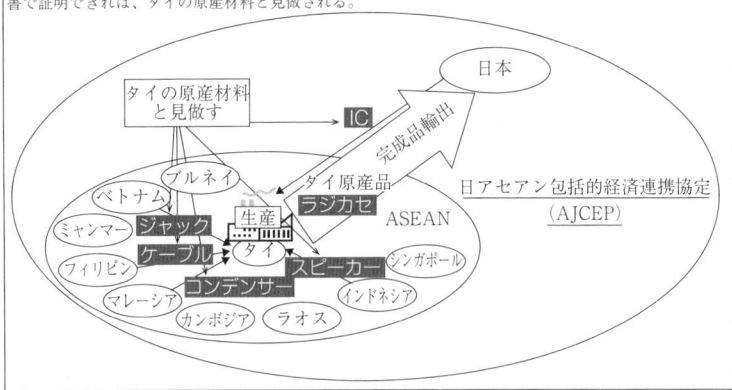

(出所) ジェトロ「日アセアン包括的経済連携協定の特徴」(http://www.jetro.go.jp/theme/wto-fta/epa/pdf/japanepa_nativecheck-3.pdf)。

統合する多国籍型生産工程パターンに変化していることがわかる。日本の国内で製造して海外に輸出する時代は終焉しつつあるのだ。だから2011年度の日本の貿易赤字が1兆6165億円に転化したのは当然の帰結である。だが同年の日本の所得収支は14兆384億円、2012年は14兆2723億円へと増大しているのだ。[28]

　1992年に設立された北米自由貿易協定（NAFTA）もアメリカ資本を中軸とする自由貿易圏の創設であり、ドイツ、フランス資本を中軸にして拡大をつづけるEU（欧州連合）も例外ではない。[29] 6カ国から出発した現在のEUは、2013年現在28カ国にまで加盟国を拡大している。さらにEUは中・東欧諸国のEU新規加盟と同時にEU戦略計画（Strategy Paper）を発表し、欧州近隣諸国協力政策（ENP: European Neighbourhood and Partnership）の概要を策定し、近隣諸国との協力関係の展望、協力形態（貿易、経済、エネルギー）と方法、金融支援策を公表した。ENPがめざしているのは、ENP対象国とEU間における自由貿易協定の締結であり、その前提としての徹底的な民営化と市場経済の導入である。2013年現在、ENPの対象国とされているのは、北アフリカ5カ国[30]と中東5カ国[31]、東欧6カ国[32]計16カ国であり、EUはIMF、世界銀行と共同歩調をとりながら市場経済の導入を図っている。

　NAFTAやEU、さらにはASEAN市場圏に見られる地域市場圏の形成によって資本および財、サービスの移動は保証される。だが労働力の移動は保証されるどころか、逆に厳しく管理されていること、国境がもっている意味が重要なものとなっていることに注意しなければならない。というのはEUに新規加盟した国からすでにEUに加盟している国へ労働者が自由に移住することは厳しく禁止されているからだ。労働力の移動を監視するのが国家の役割なのだ。例えば、2011年現在中国には1265社（現地法人）の日本企業が進出し、123万人（正規雇用）の中国人労働者を使用して法外な利潤を手にしている。[33]これは中国政府が安価な中国人労働力を管理し、外国の企業に提供しているからだ。労働者が反旗を翻せば、中国政府が鎮圧してくれる。以下、柳田侃が述べているように国家の役割は大きく変貌したのである。

　「従来、企業の生産活動の主要な舞台は個別の国民国家の領域の内部にあり、国民国家の領域を越える活動は主としてその生産物の販売と資源の略奪（植民

地主義）であった。しかし企業の対外直接投資による海外生産が増大するにともなって、国民国家の政治的領域はその国出自の企業の経済活動領域とますます乖離することになる。多国籍企業は世界を１つの国民国家内の市場と同様にみなして活動する企業であり、国際分業は企業内分業に包摂されてしまうのである。また、ユーロ市場における起債には国民国家の枠を越えて多数国の投資家の資金が集められ、市場は所在地の国民国家による規制を受けないという点で、伝統的な国際金融・資本市場とは様相を異にしている[34]。」

この点において、状況は第２次世界大戦以前とは決定的に異なっている。第２次世界大戦以前、資本ならびに企業には国籍があり、国籍を保証する強い国家を必要としたのである。強い国家は、強い軍隊と熱狂的なナショナリズムを必要とした。資本が国外に進出する場合の常套手段は、まず軍隊が侵出し、軍事的に占領した国の国境を自国の国境線として画定した後、資本が進出したのである。だが大英帝国圏（スターリング圏）、フランス帝国圏（フラン圏）、大東亜共栄圏等のいずれにおいても軍事的に支配した地域と植民地本国との間において経済は標準化されず、言語、人種、民族の差異にもとづく差別化が行われていたのである。グローバリゼーションとは、資本移動と貿易の自由化によって、資本の活動空間を劇的に拡張した多国籍企業中心の世界のことであり、これまで国境によって庇護されていた人びとの経済活動が巨大な国際資本の活動領域（狩漁場）のなかに編成されたことを意味する。

6 銀行の終焉

1970年代後半以降、米国経済は大きな変貌を遂げた。また米国経済に牽引されて世界経済も大きく変貌した。1975年５月に始まったディレギュレーション（規制緩和）の一貫としての証券売買手数料の完全自由化を始発点とし、1980年の金融制度改革法（預金金利規制の廃止）、さらにはレーガン大統領（1981～89年）のもとで財務長官に就任したリーガン（メリルリンチ会長）が主導して展開した市場競争原理至上主義を根底に置く新古典派の経済学が推進力となって、ひたすら「市場の成功」が喧伝されるようになった。

要するに、レーガノミックスの主目的は、①ニューディールの伝統を放棄し、②アメリカが支配するグローバル経済に途上国を組み込み、③アメリカ経済を

新興工業国および日本の脅威から守ること、④ニューディール式の大きな労組と政府との間に形成されていた「社会契約」を解体することであった。

レーガノミックスの最終仕上げは、1999年の米国議会によるグラス・スティーガル法廃止である。同法は1929年世界恐慌を反省し銀行の証券業務を禁止する法律であった。このような事態に対してスーザン・ストレンジは以下のように述べている。

「『銀行の終焉』と呼びたいような事態がある。〔…〕銀行はもちろん今でも存在するが、それはかつての銀行とは違うものである。預金を受け入れて貸付を行う金融仲介が銀行の伝統的機能であったが、それはもはや銀行の主業務ではない。主要銀行は投資銀行化し、自己勘定取引（proprietary trade）——すなわち自らの資本をカジノに賭けること——へと急速に傾斜しつつある。この傾向は金融の国際化とそれによるクローズド・ショップの崩壊によって説明することができる。クローズド・ショップとは、政府によって認可されていないまでも大目に見られている体のよいカルテルであり、一国の最後の貸し手にアクセスするためのコストだった。競争の激化が保険会社を含むノン・バンクをビジネスに引き込み、さらには通常の銀行業務からの利幅を縮小してしまったのである。」

ドイツ社会民主党党首R.シャルピング（当時）も以下のように指摘している。

「金融部門における世界規模の規制緩和の結果、きわめて危険な兆候がすでに生じている。いまや貨幣経済は自らの生命そのものを危うくしてしまっているといえる。〔…〕いまや有形固定資産への投資よりも、品物を作り出さずに、お金そのものに投資したほうが高い収益を上げることができる。いかにして収益を確保するかをめぐる態度の変化こそが、先進工業諸国における失業の大きな原因なのである。これは政治的に方向性を誤った資本といわざるを得ない。」

D.コーテンは、今や米国発のグローバル金融システムは、まるで寄生虫のように製造業にまで取り付き、その血を吸い尽くしていると述べ、以下のように指摘している。

「これまでの投資アナリストやトレーダーに代わって、精密な確率予測やカオス理論を駆使し、数式に基づいて投資プランを立てる数学者が幅をきかせるようになった。この方法で資金を運用するためには、人間にはできない猛烈な

スピードで計算や決定を行わなければならない。そのため現在の金融取引では、商品の種類や銘柄とは全く関係のない抽象的な数字を、コンピューターどうしが直接やりとりしている。〔…〕金融システム内の決定権は、次第に、難解な数式を用いて抽象的な数字を増やすことを追求するコンピューターに握られつつある。」[39]

　国際決済銀行（Bank of International Settlement：BIS）の報告によれば、近年、国際間における為替取引が激増している。1日当たり国境を越えて動くマネーは、1998年には約1.5兆ドルであったが、2010年には約4兆ドルに達している。2010年度の世界貿易総額（財の総輸出額）は約15兆ドルであるから、わずか4日間で1年間の世界貿易総額に匹敵するマネーが国境を越えて移動していることになる。[40] 決済手段としての機能をもっていた貨幣が、価値を増殖するための最も効率的な手段になったということである。つまり貨幣が商品となり、売買の対象となったということだ。そのためにも投機マネーにとって国境は必要なのだ。国境によって貨幣価値が異なり（貨幣価値の差異化）、しかも日々刻々変動する。貨幣価値の差異と変動こそが投機マネーや企業の国際的事業展開にとって巨大な利潤の源泉になっているのである。グローバルな事業展開を行う多国籍企業にとって国境は、存在しなくてはならないものなのであり、資本や企業の移動の自由は保障されなければならないのである。

7　おわりに

　以上、無限の価値増殖運動を展開する資本の動向を歴史的視点から検討した。今や「先進国」の製造業は、グローバリゼーションの名のもとに生産工程そのものを南の世界に分散配置して世界的規模での事業を展開している。こうしたなか日本国内では、正規雇用労働者を契約社員に置き換える一方、正規雇用労働者には過酷な労働や自主退職が強要されている。

　他方、直接投資を受け入れて華々しい経済成長を記録しつづけている南の世界では、急激に進行する脱農村化の波に洗われて行き場を失った人びとが、中国の農民工に象徴されるように資本の餌食にされ、悲惨極まりない地獄のような世界にたたき落とされている。

　また行き場を失った天文学的な額に達するマネーは貨幣を生む魔法の商品と

して国境を越えて売買されながら増殖している。しかも巨額のマネーは、現物経済そのものを食い潰し、生産現場で働く人びとから生活の基盤を奪い去っている。いわゆるハゲタカファンドである。また税金を免除することにより金融機関を誘致する国（ルクセンブルクやスイス）やタックス・ヘイブン（租税回避地）が存在している。英国王室所有の海外領土であるバージン諸島（ケマイン諸島：人口5万7000人）の総督は英国女王が任命し、世界第5位の金融センターといわれ、約80万社が登録している。この島にはヘッジファンドの4分の3が登録しており、預金額はニューヨーク市内の銀行の4倍（1兆9000億ドル）に達している。英国のシティもタックス・ヘイブンであり、英国議会の力が及ばない。南と北の世界の労働者の団結が今ほど求められている時代はない。

1）K.マルクス（岡崎次郎訳）『資本論』、マルクス＝エンゲルス全集、第23巻第2分冊、大月書店、1979年、980頁。
2）「この抜け目のない階級（ブルジョアジー）は、なによりも一つのもの、実際的な才能をもっていた。彼らは組織を作り規律を作り、自分たちの努力に継続性を与えることを知っていた。『国家という船』は大洋を行く船のように、彼らのまっただなかで危険な航海をしていたのだ。国家という船なる言葉は市民階級が思いついた比喩であるが、彼らは自分自身を全能で嵐をはらんだ大洋のように感じていたのである。その船は市民階級とは非常に違った人びと、感嘆すべき勇気と支配力と責任感を持った人びと、つまり貴族の手によって中世に建造された。彼らがいなかったら、今日のヨーロッパ諸国家は存在していないだろう。しかし、こうしたもろもろの精神的美徳をそなえていたにもかかわらず、貴族には、その後もつねにそうであるように知力が欠けていた。彼らは頭脳ではなくて心臓で生きていたのだ。彼らはきわめて貧弱な知性しか持たず、感傷的で、本能的で、直観的で、要するに『非合理的』であった。だから、どうしても合理化を必要とする技術を何一つ発展させることができなかった。彼らは火薬さえ発明しなかった。うんざりしてしまったのである。彼らは新しい武器を発明することができず、市民階級がオリエントその他の地から火薬をとりよせて利用し、それによって戦場で高貴な戦士、『騎士』を自然に打ち負かすのをそのまま放置した。『騎士』たちは愚かにも鉄の用具で身を被い、戦闘の際にはほとんど身動きもできなかった彼らは、戦争の永遠の秘密が防御手段よりも攻撃手段にあることを思いつかなかったのである」。ホセ・オルテガ・イ・ガセット（桑名一博訳）『大衆の反逆』白水社、1991年、167頁。
3）F.ブローデル（山本淳一・村上光彦訳）『物質文明・経済・資本主義』みすず書房、1985～88年。
4）ベネディクト・アンダーソン（白石隆・白石さや訳）『定本　想像の共同体』書籍工房早山、2011年、60～62頁。
5）イギリス、米国の高関税政策については、ハジュン・チャン（横川信治監訳）『はしご

を外せ—蹴落とされる発展途上国』日本評論社、2009年、136頁。同書は、2003年度グンナー・ミュルダール賞を受賞した。
6）フランツ・ファノン（鈴木道彦・浦野衣子訳）『地に呪われたる者』（フランツ・ファノン著作集3）みすず書房、1969年、57頁。
7）だが、ポルトガル領アンゴラ、モザンビーク、ギニアビサウ、南ア支配下のナミビアが独立するためには1970年代を待たなければならなかった。
8）世界銀行『世界開発報告　1997年』東洋経済新報社、31頁。
9）福田邦夫「『アフリカの年』から50年」『経済』2011年1月号。
10）［ファノン］前掲書、1969年、87頁。
11）福田邦夫「ジャスミン革命とアラブの春」藤田和子・松下冽編『新自由主義に揺れるグローバルサウス』所収、ミネルヴァ書房、2012年、203〜218頁。同「グローバリゼーションとジャスミン革命」『アジア・アフリカ研究』第52巻第3号、2012年、48〜61頁。小林周「カダフィ後のリビアを展望する」『オルタ』2012年1・2月号。山中達也「チュニジアの貿易・産業構造の分析」『商学研究論集』第32号、2010年、481〜498頁。
12）鈴木圭介編『アメリカ独占資本主義』弘文堂、1980年。
13）メアリー・ベス・ノートンほか（本田創造訳監修、上杉忍・中條献・中村雅子訳）『大恐慌から超大国へ』（アメリカの歴史5）三省堂、1996年、13頁。
14）同上書、52頁。
15）P. デヴィッドソン（小山庄三・渡辺良夫訳）『ケインズ・ソリューション』日本経済評論社、2011年、18頁。
16）［ベス・ノートン］前掲書、1996年、199頁。
17）小原敬士編『アメリカ軍産複合体の研究』日本国際問題研究所、1971年。
18）今宮謙二『国際金融の歴史』新日本出版社、1998年、93〜95頁。
19）「関税と貿易に関する一般協定」については以下を参照。福田邦夫・小林尚朗編『グローバリゼーションと国際貿易』大月書店、2006年。
20）P. F. ドラッカー（上田惇生・佐々木実智男訳）『マネジメント・フロンティア』ダイヤモンド社、1986年、27頁。
21）UNCTAD, *Global Investment Trend Monitor*, April 2012, p. 6.
22）*Ibid*, p. 3.
23）平川均「NIESの経済発展と国家」萩原宜之編『講座現代アジアⅢ　民主化と経済発展』所収、東京大学出版会、1995年、176頁。
24）［平川］同上書、187頁。
25）絵所秀紀「『韓国モデル』と構造調整の政治経済学」小林謙一・川上忠雄編『韓国の経済発展と労使関係：計画と政策』（法政大学比較政治経済研究所シリーズ7）所収、法政大学出版局、1991年、61頁。
26）涌井秀行「戦後日本資本主義の『基本構成』分析試論」『国際学研究』第32号、2007年、9頁。
27）小林尚朗「グローバリゼーションとアジアの地域主義構想」『日本の科学者』VOL.43、2008年。

28）日本銀行国際局「国際収支動向」各年度参照。
29）NAFTAに関しては以下を参照。所康弘『北米地域統合と途上国経済』西田書店、2009年。またEUの経済圏拡大に関しては以下を参照。福田邦夫「EUの21世紀―経済危機から統合の未来へ」『神奈川大学経済評論：特集＝EUの21世紀』73号、2012年12月、82～92頁。
30）アルジェリア、モロッコ、チュニジア、エジプト、リビア。
31）イスラエル、ヨルダン、レバノン、パレスチナ自治政府、シリア。
32）アルメニア、アゼルバイジャン、ベラルーシ、ウクライナ、モルドバ、グルジア。
33）『東洋経済臨時増刊号　2012年国別編　海外進出企業総覧』東洋経済新報社、2012年4月、1823頁。
34）柳田侃『世界経済』ミネルヴァ書房、1989年、1～2頁。
35）デビッド・C. コーテン『グローバル経済という怪物』シュプリンガー・フェアラーク東京、1997年、80頁。
36）スーザン・ストレンジ（櫻井公人ほか訳）『マッド・マネー』岩波書店、1999年、15～16頁。
37）R. シャルピング「ルールに基づいた競争を "Rule-Based Competition."」『中央公論』1994年9月号、404頁。
38）［コーテン］前掲書、1997年、243頁。
39）同上書、242頁。
40）Bank of International Settlements（http://www.bis.org/publ/rpfxf10t.htm）。国際決済銀行は、1930年1月に世界の主要国が出資、主要国の中央銀行をメンバーとする国際銀行をいう（本部はスイスのバーゼル）。もともとは、ドイツの第1次世界大戦の賠償支払いに関する事務を取扱っており、これが名称の由来である。第2次世界大戦後は、主として中央銀行間の国際協力の要として活動しているが、その目的は、中央銀行間の協力の促進、国際金融業務に対する便宜の供与、国際金融決済の受託・代理業務などを行うこととなっている。具体的には、各国の中央銀行からの預金の受け入れや為替の売買を行っているほか、国際金融問題について各国の中央銀行が討論する場である。WTO, World Trade Development 2011（http://www.wto.org/english/res_e/statis_e/its2011_e/its11_world_trade_dev_e.htm）。
41）ニコラス・シャクソン（藤井清美訳）『タックスヘイブンの闇』朝日新聞出版、2012年。

【福田邦夫】

第2章　自由貿易の系譜と展開

1　人間生活と貿易

　毎日の食事に代表されるように、人間の生活（生存）には財（＝有用物）の消費が不可欠であり、多くの場合、人びとは必要な財を獲得するために労働しなければならない。それは、はるか昔の原始社会における自然経済の頃からそうであって、人間は経済活動と無縁に生きることはできないのである。

　とはいえ、原始社会から今日まで、経済活動のサイクルは変遷してきた。自然経済における生活は、自ら（家族・共同体を含む）の生産物を直接的に消費する、自給自足的なものであった。狩猟・採集などを通じて、「労働→生産→消費」というサイクルが営まれていた。やがて道具の発明や農業の発達につれて生産力が向上し、自己消費しきれない余剰物が生じると、それらの交換が発生した。つまり、「労働→生産→交換（分配）→消費」というサイクルが営まれ始めたのである。そして交換の場として市場が発達し、交換を円滑化（媒介）する貨幣が誕生すると、自然経済から貨幣経済へと移行することになった。

　貨幣経済下で交換が活発化し、分業が社会の基本形態となるにつれて、商品経済が誕生した。商品経済とは、自己消費ではなく交換（販売）を目的とした生産＝商品生産が主流の経済である。もはや生産物が生産者自身にとっての消費対象ではなく、消費（＝生活）のためには交換を通じて他者の生産物を入手しなければならない。商品経済の発展は、歴史的に先進諸国を中心として、私有財産保護や商取引規則の確立、そして度量衡の統一などを伴いながら、国民市場を形成していった。さらには、国境を越えた国民市場間の商品交換、すなわち貿易も活発に営まれるようになり、国際的な分業が人びとの生活を……。

　「自由貿易の父」と呼ばれるアダム・スミスによれば、人間には本性として「あるものを他のものと取引し、交易し、交換するという性向」[1]が備わっている。交換は、他の動物には見られない人間特有の行動であり、「ことば」と並んで

人間の社会生活を特徴づけるものである。今日では交換の大部分は商品取引であり、そのうち国境を越えた取引が外国貿易（貿易）である。どちらも商品取引の一種ではあるが、国内取引と貿易とでは大きな違いがある。国際的調和が進んだとはいえ、国ごとに異なる商慣習や規則があるし、削減・撤廃が進んだとはいえ、多くの財が国境を越える際に関税を課せられている。また、欧州の一部では通貨統合も実現したが、国境を越えれば通貨が異なるのも一般的である。これらはいずれも、国内取引と比べて貿易が直面する障壁となっている。

交換という人間性向が突き動かすのか、貿易の自由化・円滑化への動きが今日ますます強まっている。広辞苑によれば、自由貿易とは「国家が、外国貿易に何らの制限を加えず、また、保護・奨励をも行わないこと」である。つまり、政策主体である政府が、貿易に人為的障害を設けず、規制も働きかけもしない状態を指す。「貿易の自由化」という場合、関税、数量制限、禁輸措置、補助金、そして独占貿易等々、貿易に対する軽重さまざまな人為的障害や規制、働きかけの緩和・撤廃を意味する。今日では、自由化こそが望ましく、それに反するものは保護主義的と見なされ、非効率な上に不公正であると非難される。

しかしながら、国ごとに価格体系や技術水準が異なるため、貿易の自由化は経済や社会にさまざまな面で破壊的作用をもたらすことがある。「一般的に労働者や市民は、国内企業との競争に負けて職を失うのは我慢できても、外国との競争のせいで失業するのは許せない」と指摘されるように、それがある種のナショナリズム的な感情を刺激し、心理的抵抗を喚起しやすいのも事実であろう。同じ商取引とはいえ、国内取引と貿易とでは大きく異なるのである。

自由貿易や貿易自由化をめぐって、これまで理論上あるいは政策上、さまざまな論争や動きが見られてきた。本章では、貿易を制限することが一般的であった重商主義の時代に、『諸国民の富』（1776年）で自由貿易の有益性を体系的に提示したアダム・スミス（1723－90）から自由貿易の系譜を紐解いていく。それ以来今日まで、自由貿易は経済学の基本原則として正統性を維持し、経済理論の多くは自由貿易という初期設定を前提に成り立ってきたのである。

とはいえ、実際には『諸国民の富』が直ちに自由貿易への流れを生んだわけではないし、世界的に自由貿易が支持されつづけてきたわけでもなかった。むしろ、これまで自由貿易は多くの非難や反対に晒されてきた。1930年代の世

界大恐慌時にはブロック化が世界を覆ったが、特に景気後退期には自国の自由貿易に対する抵抗が強まる傾向にあった。今日でも貿易の自由化をめぐる議論はさまざまであり、政治的に厄介な問題でありつづけている。

2 アダム・スミスと自由貿易論

　自由貿易の有益性を説くアダム・スミスの自由貿易論は、重商主義に対する批判体系として登場した。本節では、スミスの重商主義批判とその背景、分業論と余剰はけ口論を見ることによって、自由貿易の系譜を探っていきたい。

(1) 重商主義における貿易規制

　重商主義とは、およそ16～18世紀の欧州で主流となった経済思想および経済政策の総称である。時代や国ごとに異なる特徴も見られたが、いくつかの共通点があった。1つは、豊かさの象徴である富を貨幣（＝金銀）と捉えたことである。ウィリアム・ペティ（1623 – 87）によれば、ワイン・穀物・鶏肉などは「その時その場かぎりの富」にすぎないが、金銀・財宝は腐敗も変質もしにくい「普遍的富」である。そのため、富の増大とは「普遍的富」である金銀の蓄積を意味し、一国はそれによって豊かになれると考えられた。もう1つの共通点は、金銀の蓄積などを目的として国家が貿易を統制したことである。以下では、後期重商主義の論客で、イギリス東インド会社で長期にわたって重役を務めたトマス・マン（1571 – 1641）の議論を見てみよう。

　マンは『外国貿易によるイングランドの財宝』（1664年）のなかで、「わが国の富と財宝を増加するための通常の手段は、外国貿易による」（傍点は原文）と主張した。つまり、一国の富＝金銀は外国からの贈与や略奪によっても増大するが、それは不確実で考慮するに値しない。金銀を産出しない国では事実上貿易がそれを獲得する唯一の手段であり、一国は輸出入に伴う金銀の国内流入と国外流出との差額分（貿易差額）だけ、豊かになれるというわけである。

　貿易差額を生むための輸入制限と輸出奨励策について、マンは具体的に、奢侈品の輸入抑制、輸入代替や輸出代替の促進、そして輸出支援のための外国市場調査などを挙げている。また、貨幣輸出（財の輸入）について、直接的には富の流出に見えても、対価物（輸入品）の再輸出で超過差額が得られたり、付

随する輸送・保険の収入が得られたりするならば、むしろ一国の富の蓄積にプラスであると主張した。マンはこれを農業の播種期と収穫期との関係に見立て、播種期だけを見れば穀物を大地に捨てる愚行にも映るが、収穫期になればその行為の価値を理解できると説明した。[6] そのほか、マンは貿易を国家と国家財産を支える重要な活動と位置づけ、その広範な価値を次のように列挙している。

「外国貿易の真の姿と価値を見よ。それはわが国王の偉大な歳入であり、わが王国の栄誉であり、貿易商人の高貴な職業であり、わが国の工芸のための教場であり、わが国の必要品の供給者であり、わが国の貧民の仕事の供給者であり、わが国土の開発者であり、わが国の水夫の養成所であり、わが王国の城壁であり、わが国の財宝の源泉であり、わが国の戦争の腱であり、わが敵国の畏怖の種である。これら重にして大なる理由のために、多数の望ましい統治下にある国家はこの職業を大いに奨励し、慎重にその活動を育成するのであり、たんに深慮をもってそれを伸張せしめようとするばかりでなく、強力をもって外国のあらゆる侵略からそれを護ろうとする。なぜならば、それらの国家は、自国とその財産を支えるものを維持し防衛することが、国策の基軸であることを知っているからである。」[7]

(2) スミスの分業論

重商主義下では、富とは貨幣（＝金銀）であり、その獲得には貿易差額が必要であるという命題のもと、輸入制限と輸出奨励策が実施された。それに異議を唱え、自由貿易の有益性を説いたのがアダム・スミスであった。スミスは、人びとが貨幣を欲するのは貨幣そのものが欲しいのではなく、それで購買できるモノが欲しいからであると指摘し、豊かさとは「必需品、便益品および娯楽品をどの程度に享受できるか」であると主張した。[8] いわば、「カネよりモノ」が重要なのであって、そのためにスミスはモノを作り出す労働生産力に豊かさの源泉を求めた。有名な『諸国民の富』は次のように書き始められている。

「あらゆる国民の年々の労働は、その国民が年々に消費するいっさいの生活必需品や便益品を本源的に供給する元本（ファンド）であって、これらの必需品や便益品は、つねにこの労働の直接の生産物か、またはこの生産物で他の諸国民から購買されるものかのいずれかである。」[9]

労働がすべての消費物の元本(ファンド)であるならば、労働生産性こそが豊かさの鍵となる。スミスによれば、その向上は分業によって達成される[10]。つまり、分業が個々の労働者を特定の作業(仕事)に専念させることで、①労働者の熟練が進み、②ある作業から別の作業への移動時間が節約され、また、③効率的な道具や機械類の発明が促進されるのである。分業に伴うこれらの改善が生産性を向上させ、限られた労働から最大限のモノを生み出せるようになるのである。

　スミスによれば、分業を引き起こすのは人間本来の性向と利己心であり、多くを獲得するためにそのほうが効率が良いからである。現実の生活を考えても、日用品から贅沢品、娯楽品まで、人びとは分業なしには大部分のモノを入手することができないであろう。交換するという人間の性向は、利己心と相まって分業を活発化させる。そのため、政府がそれを人為的に促進しなくても、妨害さえしなければ、人びとは自らの利益に従って分業を発展させるのである。

　ただし、分業の発達には制約条件があり、スミスはその1つを市場の広さと考えていた。市場が小さければ交換の可能性が限定されるので、1つの作業に専念するインセンティブが弱まることになる。逆に市場が十分に大きければ分業のインセンティブも強まり、生産性の向上も期待できるのである。

(3) スミスの重商主義批判と貿易の必然性

　スミスにとって、豊かさの源泉は生産性の向上であり、それを実現するのは分業の発展であった。分別ある一家の主ならば、買うよりも高くつくモノは自ら作らず、自分は得意な仕事に専念し、必要なものは購入するであろう。これは分業の合理性である。国家も同じであって、自国で生産するよりも輸入したほうが安上がりならば、輸入すべきというのがスミスの主張であった[11]。

　スミスによれば、特定の財の輸入制限は、当該産業の事業者に国内独占権を与えることに他ならない。当該事業者には利益となっても、それが一国の産業全般の発展や、有益な方向づけになるとは限らない。スミスは人為的な働きかけよりも、自由な環境における「見えざる手」の効果を重視した。つまり、あらゆる個人は自己の利益のために資本の最適な用途を追求するが、それは自然且つ必然的に社会にとっての最適な用途と一致する[12]。なぜなら、自らの利益のためには売れるモノを生産・販売する必要があるが、売れるモノは社会で必要

とされているから売れるのである。したがって、自己の利益の追求こそが社会の必要を満たすので、利己心に応じた自由な経済活動が望ましいことになる。

　輸出奨励策についても、スミスは戻税を除けば否定的であった。輸出補助金などの奨励策は、輸入制限が生み出す国内市場の独占権と同様に、自然の流れを歪めることになる。つまり、一国の資本を、自力では流れることのない利益の少ない水路に向かわせるため、非生産的だと考えたのである。

　とはいえ、自然な流れのなかで発生する輸出については、スミスも有益且つ必然なものと捉えていた。19世紀を代表する経済学者J.S.ミルは、そのようなスミスの姿勢を「重商主義の復活せる遺物」と評したほどであった。ここで自然な流れとは、本章冒頭のような自然経済→商品経済、国内商業→外国貿易という「事物の自然的運行」を指しており、「あらゆる発展的な社会の資本の大部分は、第一に農業に……、つぎに製造業に……、最後に外国商業にふりむけられる」という流れである。スミスはこの自然的運行を人為的に歪める重商主義政策を批判したが、外国貿易が「事物の運行上、圧迫や暴力をなに1つ加えられることなく自然に導入されれば、有利であるばかりではなくて、必要でもあり、また避けがたいもの」であると指摘した。

　このようにスミスは、自然な流れにおける「余剰はけ口」としての貿易の有益性および必然性を指摘し、自由貿易を提唱したのである。貿易は、国内で需要のない余剰生産物を需要のあるなにかと交換することで、余剰生産物に価値を与えてくれる。輸出の可能性が広がれば、国内市場が狭くても「分業の最高度の完成が阻止されなくなる」ので、生産力を改善し、生産量が増大し、「社会の実質的収入と富を増加させる」。貿易は、それを営むすべての国が、そのような「偉大で重要な任務を遂行する」ことを可能にするのである。

3　比較生産費説と自由貿易論

　スミスが提示した自由貿易論を継承しつつ、国際分業の利益を明快に示したのがD.リカードウ（1772 - 1823）である。今日でも自由貿易の基礎理論となっている比較生産費説は、リカードウが4つの数字を用いて平易に説明したのがその流布の始まりであった。本節では、リカードウの議論を足がかりに、比較生産費説と自由貿易論の発展を見ていきたい。

表2-1　リカードウの2国2財1要素モデル

	労働量の配置		生産量	
	毛織物	ワイン	毛織物	ワイン
イギリス	100人	120人	1単位	1単位
ポルトガル	90人	80人	1単位	1単位

(1) リカードウの比較生産費説

　リカードウの比較生産費説とは、簡潔に言えば、「各国が相対的に有利な（生産性の高い）財に生産を特化し、その生産物を相互に交換（貿易）すれば、各国がお互いに利益を享受できる」というものである。ここで「利益を享受できる」とは、スミスの「豊かさ」という概念と同様に、より多くのモノを入手（消費）できることを意味している。各国が限られた生産要素でそれをどのように達成するのか？　リカードウが提示した国際分業の利益を見ていきたい。

　リカードウは『経済学および課税の原理』（1817年）のなかで次のようなモデルを提示している。すなわち、イギリスとポルトガルの2国が、それぞれ毛織物とワインの2財を、労働という唯一の生産要素を用いて生産している。この2国2財1要素からなる世界では、投下労働価値説[17]に基づき、国内では労働が等価交換されるが、国際間ではこの価値法則が適用されない。国内の労働移動は完全に自由であるが、国際間では移動不可能である。2国とも完全雇用の状態にあり、業種間の生産転換も容易である……等々。議論を単純化するためのさまざまな前提条件が設定されている。

　表2-1はリカードウ・モデルを示している。表中の人数は、2国がそれぞれ各財1単位を生産するのに必要な労働量である。すなわち、イギリスでは毛織物1単位を生産するのに100人の労働量が必要で、ポルトガルでは同じく90人の労働量が必要なことを示している。ワイン1単位は、イギリスでは120人、ポルトガルでは80人の労働量が必要である。ここでは2財どちらとも、ポルトガルはイギリスよりも少ない労働量で1単位を生産できる。つまり、2財ともポルトガルのほうが生産性が高いのである。それでは2財ともポルトガルからイギリスへ輸出されるのかといえばそうではない。比較生産費説のポイント

表 2-2 比較優位財に特化後の労働量の配置と生産量

	労働量の配置		生産量	
	毛織物	ワイン	毛織物	ワイン
イギリス	220人	0人	220人／100人＝2.2単位	0単位
ポルトガル	0人	170人	0単位	170人／80人＝2.125単位

は、「天は二物を与えない」ということである。2国とも相対的に優位な財＝比較優位財に生産を特化し、交換することで、双方に利益が生まれるのである。

ここでは2財ともポルトガルが絶対優位にあるが、優位さの度合いは2財で異なっている。つまり、同じ労働量ならば、ポルトガルはイギリスよりも毛織物を1.11倍生産できるが、ワインはさらに多い1.5倍も生産できる。そこで、ポルトガルは相対的に優位なワインに生産を特化し、イギリスは劣位度が小さい（相対的に優位な）毛織物に生産を特化するとどうなるのだろうか。

表2-2は、2国が比較優位に沿って生産を特化した場合の新たな労働量の配置と生産量を示している。イギリスではもともと100人の労働量で1単位の生産が可能な毛織物を220人で生産することになったので、2.2単位の毛織物が生産できる。同じくポルトガルでは新たに2.125単位のワインが生産できる。仮に貿易を通じてイギリスの毛織物1単位とポルトガルのワイン1単位が交換されるならば、イギリスはもともと国内で120人の労働量を用いて生産していたワイン1単位を100人の労働量で生産した毛織物1単位で入手できることになる。これは、国際分業を通じて、イギリスはワイン1単位を入手するのに20人の労働量を節約できたことに他ならない。同じくポルトガルは、ワイン1単位を入手するのに、国際分業を通じて10人の労働量を節約できるのである。

(2) 要素賦存量比率と比較優位

リカードウは、2国2財1要素という簡易なモデルで国際分業の利益を説明した。そこでの比較優位の決定要因は、唯一の生産要素、労働であった。労働生産性、すなわち各財1単位の生産に必要な労働量の違いこそが、比較生産費格差を生み出す。ただし、現実には労働以外に土地、天然資源、資本などの生

産要素がある。それら複数の生産要素を想定することで比較生産費説を発展させたのが、E.ヘクシャー（1879-1952）とB.オリーン（1899-1979）であった。

彼らによれば、各国における諸生産要素の相対的稀少性の相違、および、諸財の生産に必要な諸生産要素の相違、この2つが比較優位を決定する[19]。すなわち、広大な面積の国もあれば労働力が豊富な国もあるように、諸生産要素の賦存状況（要素賦存量比率）は各国ごとに異なり、相対的に豊富な生産要素は相対的に安価となる。また、高価な機械設備を必要とする財もあれば人手のほうが必要な財もあるように、諸財ごとに必要となる生産要素の組み合わせ（要素集約度）が異なってくる。その結果、「各国は自国で相対的に豊富な（＝相対的に安価な）生産要素を集約的に使用する財に比較優位を持つ」[20]ことになる。これはヘクシャー＝オリーンの定理（HO定理）と呼ばれている。

一例として、相対的に資本が豊富なA国と、労働力が豊富なB国があり、それぞれ資本集約財である自動車と労働集約財である衣服の2財を生産していると仮定する。各財とも総生産費は、「1単位の生産費×生産量」あるいは「賃金×雇用量＋利子率×資本額」と表すことができる。したがって、

　　1単位の生産費×生産量＝賃金×雇用量＋利子率×資本額　なので、
　　1単位の生産費＝賃金×雇用量／生産量＋利子率×資本額／生産量

となる。

雇用量／生産量は各財1単位の生産に必要な労働量で、労働投入係数とし、資本額／生産量は各財1単位の生産に必要な資本量で、資本投入係数とすれば、

　　1単位の生産費＝賃金×労働投入係数＋利子率×資本投入係数

となる。

ここで資本集約的な自動車の労働投入係数を0.3、資本投入係数を0.7、労働集約的な衣服ではそれぞれ0.7、0.3と仮定する。また、資本が豊富なA国での賃金と利子率の比率を1対0.5、労働が豊富なB国では同じく1対2と仮定すると、それぞれの生産費は表2-3のようになる。この場合、2財ともA

表2-3 2国における2財の生産費

	自動車1単位の生産費	衣服1単位の生産費
A国	$1 \times 0.3 + 0.5 \times 0.7 = 0.65$	$1 \times 0.7 + 0.5 \times 0.3 = 0.85$
B国	$1 \times 0.3 + 2 \times 0.7 = 1.7$	$1 \times 0.7 + 2 \times 0.3 = 1.3$

国が絶対優位にあるが、A国は自動車に、B国は衣服に比較優位があるので、A国からB国に自動車が輸出され、B国からA国に衣服が輸出されることになる。

　HO定理の興味深いところは、貿易の発生が各国の生産要素の相対価格に変化を及ぼすことである。A国では資本集約的な自動車生産が拡大して労働集約的な衣服生産が縮小するが、それに伴って資本需要が相対的に増大し、労働需要が相対的に減少する。その結果、相対的に豊富＝安価であった資本の稀少性が高まり、利子率が上昇する。一方で、相対的に稀少＝高価であった労働の稀少性は緩和され、賃金が下落する。B国では反対に利子率が低下して賃金が上昇する。つまり、生産要素が移動しなくても、生産された財の移動によって各国の生産要素の相対価格が均等化に向かうことになる。資本集約財の輸出は資本輸出、労働集約財の輸入は労働輸入と同じ効果をもつのである。

　オリーン自身が指摘しているが[21]、現実には単純な要素賦存量比率だけが意味をもつのではなく、同種の要素でも質的な違いがあったり、特殊な要素があったりする。労働1つでも、単純労働、熟練労働、特定の技能労働など、さまざまである。また、生産要素には気候や天然資源などの自然的条件と、労働、資本、技術などの社会的条件とがある。後者については、教育への投資や研究開発支援等々を通じて質的に改善し、比較優位を生み出すことも可能である。

4　貿易の利益の不均等な分配と保護貿易論

　比較生産費説における貿易の利益は、国際分業を通じて、各国が所与の生産要素から獲得できる財の総量が増大するということである。留意すべきは、ここで示された利益はあくまで全体の利益だということである。現実には、各国ごと、あるいは一国内でも各部門・各個人ごとに、自由貿易から受ける影響は

さまざまに異なってくる。

(1) 自由貿易の利益と国内調整

　リカードウが自由貿易を説いた19世紀前半、イギリスでは農業部門を保護する穀物法（1846年に廃止）をめぐり、自由貿易派の工業部門（産業ブルジョアジー）と保護貿易派の農業部門（地主階級）が激しく対立した。当時のイギリス工業部門は、他国に先駆けて産業革命を成し遂げ、圧倒的な競争力を保持していた。そのため、自国が率先して自由貿易を推進し、外国にも市場開放を促すことが望ましかった。また、外国から安価な穀物の輸入が可能になれば、国内労働者の賃上げ圧力を抑制できるだけでなく、穀物輸出国の購買力を高めることでイギリス工業製品の輸出を間接的に後押しすることが期待された。対照的に、イギリス地主階級にとって安価な穀物の流入は、農業利益の縮小と地代の低下を招く恐れがあった。そのため、たとえ全体として自由貿易に利益があるとしても、それを安易に受け入れることはできなかったのである。

　国内の不均等な利益分配は、HO定理における要素価格の変化からも確認できる。先ほどの事例をふまえれば、自由貿易を通じてA国では労働集約的な衣服部門から資本集約的な自動車部門へと生産要素が移動する。その過程において、衣服部門からは自動車部門で必要とされる以上の割合で労働力が放出されるので、労働需要は相対的に減少し、資本需要は相対的に増大する。その結果、もともと豊富＝安価な資本価格は上昇し、稀少＝高価な労働価格は低下する。A国が先進国、B国を途上国と仮定すると、先進国の労働者が途上国からの安価な労働集約財の輸入に脅威を感じるのは故なきことではないのである。先進国では自由貿易が低技能労働者に損害を与える一方で高技能労働者に恩恵を与えるということは、国内格差の拡大要因ともなりえるのである。

　そもそも現実の社会では、比較生産費説のモデルが前提とするように、必ずしも比較劣位部門の労働者がスムーズに比較優位部門へと移動できるわけではない。失業や倒産、雇用のミスマッチ、さらには埋没コストなど、少なからぬ調整コストの発生が予想される。そのうえ、これらのコストは社会全体で均等に負担されるわけではなく、特定の生産要素（個人や部門）が負うことになるのが一般的である。そのため、不利益を被ることが予想される個人や産業部門

においては、貿易自由化に対する反対の声が大きくなるのである。

　もちろん、これらは自由貿易の効率性を否定するものではなく、自由貿易の競争効果として評価すらされている。貿易は競争を生み出すことで各財の価格を引き下げる効果があるし、品質面での向上や新製品の開発を促進する効果も期待される。ただし、全体として貿易の自由化がプラスとなるためには、自由化が特定の個人や部門に及ぼす被害額の総和よりも、他の特定の個人や部門が享受する利益の総和のほうが大きくなければならない。そして、このプラスの部分から自由化によって不利益を被る個人や部門に調整支援が実施されれば、その善し悪しは別として、自由化反対の声を緩和できることになる。

(2) **自由貿易の利益の国際的分配**

　リカードウがモデルに掲げたイギリスとポルトガルの間では、実際に通商条約にもとづいて毛織物とワインの貿易関係があった。ただし、1703年のメシュエン条約は「イギリス重商主義の傑作」と言われ、比較生産費説が描く調和的な貿易とは異なっていた。ポルトガルはフランスやスペインよりも有利な関税でイギリスにワインを輸出できるようになり、イギリスは特に他国と比べて特恵を享受したわけではないが毛織物市場が開放され、イギリスが多くの貿易差額を獲得した。イギリスの毛織物やイギリス商人を介した欧州産品が大量に輸出され、ポルトガル王室の刻印が入ったブラジル産の金が大量にロンドンへと運ばれる結果となったのである。

　比較生産費説は国際分業の利益を明らかにしたが、その分配は国家間で必ずしも平等ではない。以下ではJ.S.ミルの交易条件論を用いて、国際分業の利益が当事国の間でどのように分配されるのか考えてみる。なお、交易条件とは、端的に言えば、輸出品1単位と交換できる輸入品の量を指している。

　表2-4は、リカードウ・モデルから算出されたイギリスとポルトガルそれぞれにおける2財の国内交換比率を示している。イギリス国内では、労働の等価交換を前提とすれば、いずれも120人の労働量で生産されたワイン1単位と毛織物54／45単位が等価であり、ポルトガル国内では80人の労働量が必要なワイン1単位と毛織物40／45単位が等価である。ここでイギリスの毛織物とポルトガルのワインとの貿易が発生し、イギリスの毛織物40／45単位とポル

表2-4 リカードウ・モデルにおける各国内の交換比率

	労働量の配置		各国内の交換比率
	毛織物	ワイン	毛織物 ： ワイン
イギリス	100人	120人	54／45（120／100）： 1
ポルトガル	90人	80人	40／45（80／90） ： 1

トガルのワイン1単位が交換されたと仮定する。イギリスは、国内でワイン1単位を取得するには54／45単位の毛織物を必要としたが、いまや40／45単位と交換できるので、14／45単位の毛織物を節約できたことになる。一方で、ポルトガルがワイン1単位で取得できる毛織物の量は、貿易発生の前後で変化なく、ともに40／45単位である。つまり、このような交易条件においては、貿易の利益はすべてイギリスに集中し、ポルトガルには利益が発生しないことになる。

対照的に、イギリスの毛織物54／45単位とポルトガルのワイン1単位が交換されるならば、貿易の利益はすべてポルトガルに帰属する。貿易からともに利益を得るには、ワイン1単位と交換される毛織物の量をPとして、40／45＜P＜54／45という交易条件が必要となる。つまり、Pが2国の国内交換比率を上下限とする範囲にあれば、双方に利益が生じるのである。ただし、Pの値によって利益の分配比率は変化するので、公平性が保証されるわけではない。

このように、交易条件は貿易による利益の大きさを左右するため、現実の世界でもきわめて重要である。実際、1870～1930年代に1次産品の交易条件が低下した歴史的事実を受けて、1950～60年代には「工業製品に対する1次産品の交易条件は長期的に不利化する傾向にある」というプレビッシュ＝シンガー命題が注目を集めた。ある一時点で1次産品に比較優位を有する発展途上国が貿易を自由化すれば、1次産品の供給地および工業製品の輸入市場として固定化される恐れもある。交易条件が不利化傾向にある1次産品への依存から脱却するためには、自由貿易に反する保護主義的な工業化が必要とされたのである。

(3) 長期的な生産力の発展と保護貿易論

　比較生産費説は国際分業の利益を説明する優れたモデルであるが、ある一時点における各国のスナップショットにもとづく静学的側面を指摘されることがある。現実には、生産要素の質的変化などを通じて各国の比較優位が変化する可能性があるし、将来性ある有望産業の保護・育成が望ましい交易条件につながる可能性もある。これらの可能性をふまえれば、貿易の自由化がむしろ比較優位を固定することで後発国（あるいは後発産業）の成長を妨げ、先発国（先発企業）の経済的支配に結びつく恐れさえある。18世紀の後発国ドイツで生まれ、同じ新興国の米国に渡ってその急速な発展を目の当たりにしたF.リスト（1789－1846）は、静学的な普遍理論としての自由貿易論をそのまま現実に適用することを疑問視し、幼稚産業保護論と呼ばれる保護貿易論を展開した。

　リストは「自由貿易の父」であるスミスと同様に、生産力の発展こそが一国を豊かにすると考え、スミスの自由貿易論に理解を示している。とはいえ、現実の政策への関心が強いリストは、普遍的な真理を追究する学問とは別の原理が世の中には存在することを強調した。リストによれば[22]、人間の社会は、全人類を眼中に置く世界主義的観点と、個々の国民的利益や国民的状態を顧慮する政治的観点という、二重の観点から捉えることができる。前者の学問体系は「世界経済学」であり、地球上のすべての人びとの均等的発展と永久平和にもとづく単一社会（世界共和国）の形成を理想状態且つ到達目標に据えるものである。後者は「国民経済学」体系であり、国民国家の概念と性質とから出発し、特定の国民が現在の世界状勢と自国に特有な事情とのもとでどうすれば自分の経済状態を維持し改善しうるかを考えるものである。

　リストから見れば、スミスは遠い未来の、現実には存在しない永久平和の世界共和国を前提として、自由貿易の利益を提唱していた。それに対してリストは、将来的に永久平和と自由貿易の世界が確立するのは素晴らしいし、発展に有利であるかもしれないと同調する。しかし現状の世界では、自由貿易から生まれるのは世界共和国などでは決してなく、支配的な経済大国に抑えられた後進国の世界的隷属であると指摘する。イギリスのように工業力が他国を大きく凌駕している国にとっては、世界経済学の原理が国民経済の利益と一致し、自由貿易から恩恵を享受することができるであろう。しかし、対照的に多くの諸

国では、世界経済学の原理と国民経済の利益とが相反することになる。自由貿易はすべての国にとって望ましいわけではないのである。

　将来的な理想である自由貿易から利益を得られるようになるために、各国はまず自国の経済力を強化する必要がある。そのためにリストは、教育や技術開発支援などのほか、保護関税も有効な手段であると指摘している。これは、交換価値の理論と生産諸力の理論という2つの観点とも関連するもので、短期的な貿易の利益よりも長期的な成長の利益こそが国家（国民）の繁栄につながるという考えにもとづいている。確かに短期的には、保護関税は目の前の物的財貨の量を減少させ、価値の点で犠牲を払うことになるが、それは将来の生産力の発展によって補償される[23]。したがって、逆に言えば、将来性を見込めない産業は保護の対象とはなりえないし、すべての後発国で保護・育成政策が有効なわけでもない。あくまで対象は幼稚産業、すなわち、貿易制限によって保護されている間に技術習得（技術進歩）や資本蓄積を進め、将来的に比較優位産業に成長する可能性をもつ産業に限られるのである[24]。

　幼稚産業の保護は、静学的な特徴のある比較生産費説に対して、長期的な生産力の発展という観点から異議を唱えるものであった。もちろん、例えばスミスの念頭では、自由貿易を通じて生産性が向上し、生産要素が節約され、資本蓄積が促され、生産力が発展することが見込まれていた。その意味で、リストの交換価値の理論と生産諸力の理論という観点からの古典派批判には、やや的外れの部分がないわけではない。一方で、世界経済学と国民経済学という観点については無視できないものがある。リストにとって、個人は人類である前に国民でなければならない。諸国民はそれぞれが歴史的に規定された固有の文化と制度のなかで存在しつづけているのであり、各国民の経済的育成を達成し、将来的に世界に入る準備をさせることが国民経済学の任務となる。このなかには、国家的目的のために個々の自由が制限されるという意味合いも含まれてくる。対照的にスミスの場合、諸国民とは全人類を指し、人類は単に独立した個人の集団にすぎないので、個人の利益が重視され、経済的自由に対する干渉は基本的に正当化されえないのである。

5 人間生活の豊かさと貿易

　本章では自由貿易の系譜とその展開について概観してきた。主要な論点は自由貿易の効率性、つまり、自由貿易によって各国が所与の生産要素からより多くを獲得できるということにあった。他方で、それら自由貿易が生み出す利益の分配に関してもこれまで多くの問題が指摘され、規制や保護主義の根拠となってきた。一国内および国際間での不均等な利益分配、あるいは、短期的な利益を長期的に捉えた場合の弊害の可能性など、自由貿易に対する議論の多くは利益分配にまつわるものであった。自由貿易は、確かに効率性の観点からは優れているが、いわば公平性という課題を抱えつづけてきたと言えるのである。

　効率性と公平性という問題は、経済学一般でも問われつづけており、時代ごとに、国ごとに、揺れ動いてきた。主流派経済学では、合理的な経済行動をとる経済人の存在を基本前提としており、自由な活動を認めることが効率性の向上につながると考えられてきた。リカードウは次のように述べている。

　「完全な自由貿易制度のもとでは、各国は自然にその資本と労働を自国にとって最も有利であるような用途に向ける。個別的利益のこの追求は全体の普遍的利益と見事に結合される。勤勉の刺激、創意への報償、また自然が賦与した特殊諸力の最も有効な使用によって、それは労働を最も有効且つ最も経済的に配分する。」[25]

　スミスの「見えざる手」とも重なるこの調和的世界像、リストの言葉を借りれば「世界共和国」かもしれないが、これが自由貿易論を生み出した古典派経済学者たちに共通する認識であった。このような認識こそが、重商主義の諸規制を打破し、貿易を解き放つことにつながったのである。貿易理論史の大家であるJ.ヴァイナー（1892 - 1970）は次のように述べている。

　「古典派の経済学者たちは、私利を追求する人びとは、神の摂理による利害調和によって公益に対して最善の奉仕をするか、あるいは少なくとも自分たちの活動が政府によって厳しく規制された場合と比べて、よりよい奉仕をするかのいずれかであると述べたのに対し、重商主義者たちは、商人の利己主義を嘆き、利己主義によって国家が滅亡するのを防止するために、商人の利己主義を厳格な管理下におくことが必要であると主張した。……中略……商人が私利だ

けで支配されていたという信念は、商業には国家規制が必要であるという重商主義の基本的な教義の根拠となった[26]。」

　私利という人間の利己心の帰結をどう捉えるのかによって、調和した社会をもたらすと考えられることもあれば、社会を破滅させると考えられることもある。とても大きな違いであるが、「私悪すなわち公益」という副題を冠したB.マンデヴィルの『蜂の寓話』(1714年) が、スミスの『諸国民の富』、河上肇の『貧乏物語』、そしてJ.M.ケインズの『雇用、利子および貨幣の一般理論』まで、経済学の歴史的名著のなかで多くの紙幅を割かれて紹介されてきたのは興味深いことである。

　J.S.ミルは、「自由の名に値する唯一の自由は、われわれが他人の幸福を奪い取ろうとせず、また幸福を得ようとする他人の努力を阻害しようとしないかぎり、われわれは自分自身の幸福を自分自身の方法において追求する自由である」と述べている[27]。古典派経済学者が調和的世界像を描き、自由貿易を支持したからといって、そこから損害を受けるかもしれない人びとをまったく無視していたわけではなかった。例えばスミスは、「人道上必要なのは、自由貿易はゆっくりと段階を追いながら、しかも十分慎重かつ周到に回復されるべき[28]」であると、急速な貿易の自由化が失業や生活手段を破壊する可能性に懸念を示していた。ミルは国内生産者の保護に強く反対し、損害を被る人びとのために自由化を遅らせたり妨げたりすべきではないとしながらも、必要ならば金銭的補償を支払うべきであると主張した[29]。HO定理を継承したP.サミュエルソンの場合、自由貿易が不均等な影響を及ぼすことを認める一方で、国家が保護主義を導入すべきか否かは論点ではなく、勝者が自由貿易から得た利益によって敗者を救済することができると指摘している[30]。また、現代の代表的な自由貿易論者であるJ.バグワティは次のように述べている。

　「国際競争によって打撃を受けた労働者や業界に調整支援を行うという考え方は、新しいものではない。競争に敗れた者が勝者に利益の取り分を残しながらその分け前をもらうことで補償されさえすれば、自由貿易は(各政策のように)かならず繁栄をもたらすことは経済そのものが示している。だが経済学者の大半は『補償されさえすれば』というだけでは納得しない。実際に補償されることを求めるのだ[31]。」

バグワティは、「貿易は往々にして調整支援がととのわないまま自由化されるため、そこに経済的、政治的なリスクが発生する[32]」と指摘する。効率性の重視に比べてバランスを欠いている公平性の保証が、自由貿易の弊害を増幅している現状がある。勝者の利益が敗者の被害額を上回れば全体としての利益はプラスとなるが、敗者の被害が実際に補償されなければならない。このような補償は国内的には財政を通じて実施されることになるが、今日ではその財源の確保がますます困難になっている。各国は勝者になれるような「優れた企業」を誘致するために法人税等の引き下げ競争を行い、「優れた企業」はグローバルなネットワークやタックス・ヘイブンを駆使して租税回避に努めている。なお、国際的な補償体制の確立など夢のまた夢であること、また、そもそも金銭的な補償がなされれば雇用問題なども解決されるというわけではないことにも言及しておかなければならない。

　D.アーウィンが指摘するように[33]、古典派は自由貿易が物的富を増大させるという説明においては成功したけれども、物的富の増大が社会全体の経済的福祉の向上になることを示したわけではなかった。むしろリカードウなどは、「外国貿易の拡張は、商品数量を増大させ、その結果享楽の総量を増大させる[34]」と指摘したように、物的富と経済厚生とを同一視していた。しかし、河上肇が『貧乏物語』(1916年連載)のなかでスミスの誤謬として指摘したように[35]、富を増加させることだけが経済の使命であるわけではない。河上によれば、富とは元来人生の目的を達するための一手段にすぎず、その必要量には一定の限度があるもので、無限に増加を計るべきものではない。その上、生産が増大するとともに分配が適切になされなければ、一国全体の富は豊富になったといえども健全な経済状態と言えるものでもないのである。

　また河上は、もう1つのスミスの誤謬として、貨幣で計った価値を人生上の価値の標準とした点を挙げている。市場における需要とは購買力を伴った要求、つまり金持ちの要求を意味しているにすぎず、この要求を満たすことで社会公共の利益を計れるわけでもないし、それが社会の優先順位の尺度になるわけでもないのである。この意味で自由な市場は社会の必要を満たせるわけではない。

　自由貿易の利益という場合、誰のための自由なのか、どのような利益なのか、これまで長い歴史のなかで論争されてきたことが確認できた。自由貿易を無批

判に受け入れることなく、その論証を重ねることの必要性こそが、自由貿易の系譜からわれわれが学び取ることのできる最大の教訓なのかもしれない。

1) アダム・スミス（大内兵衛・松川七郎訳）『諸国民の富Ⅰ』岩波書店、1969年、81頁。
2) ジャグディシュ・バグワティ（鈴木主税・桃井緑美子訳）『グローバリゼーションを擁護する』日本経済新聞社、2005年、356〜357頁。
3) ウィリアム・ペティ（大内兵衛・松川七郎訳）『政治算術』岩波書店、1955年、50頁。
4) トマス・マン（渡辺源次郎訳）『外国貿易によるイングランドの財宝』東京大学出版会、1971年、17頁。なお、原著が上梓されたのはマンの死後の1664年であり、実際の執筆は1620〜30年代と推測されている。なお、東インド会社は重商主義の代名詞的存在であり、国家（国王）にアジア貿易の独占を認められた特許会社である。
5) 輸入代替は「輸入品の国産化」、輸出代替は「輸出品の加工水準の向上」を指す。後者の例として、未加工の原材料輸出に代え、国内で付加価値を加えた加工品を輸出することが挙げられる。また、マンによれば貿易差額とは、いわゆる貿易黒字だけではなく、貿易に付随する輸送や保険などから生じる収入も含まれる。
6) ［マン］前掲書、1971年、40頁。当時東インド会社は対アジア貿易の赤字を批判されていたが、対欧州貿易ではアジア産品の再輸出で黒字を稼いでいた。
7) 同上書、150〜151頁。
8) ［スミス］前掲書、1969年、105、658頁。
9) 同上書、61頁。
10) 以下の分業論は、同上書、67〜92頁を参照。
11) 同上書、681頁。
12) 同上書、675〜677頁。
13) アダム・スミス（大内兵衛・松川七郎訳）『諸国民の富Ⅱ』岩波書店、1969年、751頁。
14) ジョン・ステュアート・ミル（末永茂喜訳）『経済学原理（三）』岩波書店、1960年、271〜272頁。
15) アダム・スミス（大内兵衛・松川七郎訳）『諸国民の富Ⅰ』岩波書店、1969年、577〜578、588頁。
16) 同上書、668頁。
17) 商品の価値はその生産に支出された労働量によって決定されるという説。
18) 比較優位財は、2国それぞれの国内での交換比率からも確認することができる。例えばイギリス国内では、労働の等価交換を前提とすれば、毛織物1単位（100人の労働量）はワイン0.8333…（100／120）単位（100人の労働量）と等価であり、ポルトガル国内では毛織物1単位（90人の労働量）がワイン1.125（90／80）単位（90人の労働量）と等価である。毛織物1単位を取得するために必要なワインの量は、イギリスのほうがポルトガルよりも少ないので、イギリスでは相対的に毛織物が安い＝比較優位にある。逆に、詳しくは省略するが、ワイン1単位を取得するために必要な毛織物の量はポルトガルのほうが少なく、ポルトガルでは相対的にワインが安い＝比較優位にある。

19) E. ヘクシャー「所得分配に及ぼす外国貿易の効果」B. ウリーン（木村保重訳）『貿易理論―域際および国際貿易』所収、晃洋書房、1980年、452頁。
20) 同上書、28〜29頁。リカードウ・モデルと同様に、ここでもさまざまな前提条件がある。例えば、各国の生産技術が同水準（生産要素の質が同じ）、各財の要素集約度が異なる、各国内では産業間で賃金や利子率が同じ、生産要素の国内間の自由移動、生産要素は国際間で移動できない、そして規模に関して収穫不変などである。
21) 同上書、72〜81頁。
22) フリードリッヒ・リスト（小林昇訳）『経済学の国民的体系』岩波書店、1970年、186頁。
23) 同上書、207〜209頁。
24) 同上書、237〜238頁。なお、自由貿易を「資本の自由」と評したK.マルクスは、リストが保護関税を求めたのは大産業資本家の支配を広げるためであり、労働者や小農民は工業の進歩のために犠牲になると考えていた。労働者は、「外国人に搾取されるよりは、同胞に搾取されるほうがましだ」と迫られているのであった。カール・マルクス（大内兵衛・細川嘉六監訳）「自由貿易問題についての演説」『マルクス＝エンゲルス全集』第4巻所収、1960年、469頁。カール・マルクス（大内兵衛・細川嘉六監訳）「保護関税論者、自由貿易論者、労働者階級」『マルクス＝エンゲルス全集』第4巻所収、1960年、312頁。
25) デイヴィッド・リカードウ（羽鳥卓也・吉澤芳樹訳）『経済学および課税の原理 上巻』岩波書店、1987年、190頁。
26) ジェイコブ・ヴァイナー（中澤進一訳）『国際貿易の理論』勁草書房、2010年、95〜96頁。
27) ジョン・ステュアート・ミル（塩尻公明・木村健康訳）『自由論』岩波書店、1971年、30頁。
28) アダム・スミス（大内兵衛・松川七郎訳）『諸国民の富Ⅰ』岩波書店、1969年、697〜698頁。
29) ダグラス・A. アーウィン（小島清監修・麻田四郎訳）『自由貿易理論史―潮流に抗して』文眞堂、1999年、119〜120頁。
30) Paul A. Samuelson, "Where Ricardo and Mill Rebut and Confirm Arguments of Mainstream Economists Supporting Globalization", *Journal of Economic Perspectives*, Vol.18 No.3, Summer 2004, p.144.
31) ［バグワティ］前掲書、2005年、355〜356頁。
32) 同上書、357頁。
33) ［アーウィン］前掲書、1999年、244〜245頁。
34) ［リカードウ］前掲書、1987年、183頁。
35) 河上肇『貧乏物語』岩波書店、2008年、129〜132頁。

【小林尚朗】

第3章　覇権国家アメリカの盛衰

1　問題の所在──覇権国家アメリカの歴史的性格とグローバル化

　覇権をめぐる歴史において、戦争は常に覇権交代に大きな影響を与えてきた。[1] 1989～91年のソ連・東欧社会主義体制の崩壊により冷戦体制が終焉し、アメリカは並ぶもの無き超大国として文字通りグローバルな覇権国家となった。しかし覇権国家アメリカによる政治・経済・文化のグローバルな浸透が急速に展開するのと並行して、世界中で軋轢や紛争が噴出してきている。どうしてアメリカによるグローバル化の推進に伴って紛争・軋轢が激化するのであろうか？　覇権国家として対外的に影響力を行使するアメリカの性格が根本的に問われている。

　もちろん、グローバル化の動きはアメリカからだけの一方通行ではない。アメリカのグローバル化を受容し、寧ろそれを利用することで新たな富と権力を手に入れ強化しようとする世界中の富裕層の狙いと密接に関係している。アメリカ覇権の性格とグローバル化との関連を捉えておくことは重要な課題である。

　アメリカのグローバル化の動きは冷戦対抗の終焉により突如として現れたわけではない。経済的には、1950年代～60年代に欧州中心に展開していた米系多国籍企業をベースに、1970年代初頭のIMF体制の崩壊による変動相場制に移行して資本の自由な移動と金融の自由化が促進され、特に1980年代のアメリカ国内の金融自由化の動きと連動して国際金融市場においても急速に展開したのを背景としている。[2] そして冷戦体制の崩壊は資本移動に制約となる社会主義の垣根を取り払い、文字通りグローバルに浸透する市場経済化を基盤にアメリカ基準を軸としたグローバル化が全面的に展開する契機を与えた。

　しかし、そうしたアメリカの覇権的グローバル化の展開とは裏腹に経済基盤における衰退化が同時に進行している。経常収支は1960年代黒字であったものが1970年代後半に赤字に転落し、冷戦体制終焉期の1990年代後半に赤字が

急膨張した。2006～10年には赤字が年平均6024億ドルに達している。また資本収支では1960年代から1970年代まで対外債権国であったが、1980年代に一転して世界最大の債務国に転落し、1990年代にはさらに膨れ上がり、2000年代後半年平均1兆2285億ドル、対GDP比87.5％、そして直近の2011年には2兆5163億ドルもの途方もない対外債務を抱え込むに至る。経常収支赤字を海外資金の流入でファイナンスするが、その構造が維持可能なのかどうか、「財政の壁」による軍事費削減の必要性と並んで覇権衰退が叫ばれる経済的根拠である。[3]

　アメリカは、覇権の経済基盤が「衰退」してきているにもかかわらず、覇権行使としての軍事的関与とグローバル化をいっそう強めている。現在アメリカは、WTO加盟後急成長し2008年の世界金融危機・経済不況を乗り越え大国化した中国と覇権をめぐって競い合っている。[4] 今後を見通す上で、経済基盤の弱体化による覇権の後退にもかかわらず軍事力強化とグローバル化を必至とする連関構造、そして現段階における覇権の後退ないし「衰退」の歴史的位置が問われなければならないであろう。建国以来しばしば「孤立主義」が発動されてきたことを想起するとき、グローバル化を通じて対外的影響力を行使して覇権的動きを強めるアメリカ覇権の現段階をアメリカ資本主義の歴史的性格から根本的に考え位置づけてみる必要がありそうである。

2　覇権基盤としての資本主義のアメリカ的段階の形成

(1)　アメリカ資本主義の形成——大陸国家アメリカの形成

　通常、資本主義は封建制度の胎内から発生して徐々に成長し、何世紀にもわたる資本の原始的蓄積過程（マルクス）を経て、封建制度の束縛と闘いながら発展してきた。アメリカにおける資本主義の発展は、17世紀の欧州の発達したブルジョア社会の諸要素を前提にして歴史が出発し、地主もいなければ領主もいない「自由」な植民地土壌への資本主義の移植の過程を通じて大陸的規模で展開する過程として現れた。

　アメリカ植民地自体、イギリス重商主義の展開の一環として位置づけられ、大航海時代のアジアとの交易覇権をめぐる重商主義列強間のグローバルな闘争の産物である。スペインそしてオランダを打ち破り（ニュー・ヨークは元々オラ

ンダ領)、そしてまた長年にわたるフランスとの覇権をめぐる争い(英仏百年戦争)はイギリスに多大な戦費負担を課していった。イギリス本国による植民地アメリカへの一方的負担増に反発してアメリカは独立する。イギリス帝国植民地人の子孫によって当時の欧州にあって最も民主的といわれた共和政体の形で独立した。その遺伝子は、共和政体とキリスト教文明を伝播することがアメリカの「使命」であるとして帝国主義的拡張政策を正当化する。それは、ある時は「明白な使命」、ある時はキリスト教布教における「福音主義」といった形をとって、「介入主義」を伴う公式・非公式な領域拡張となって現れる。他面、それらは欧州列強の植民地帝国支配から独立した国として、欧州政治から自らを差異化する孤立主義の理念的基礎ともなる(理念国家成立の基盤)。こうして、アメリカでは時に孤立主義が、また時に介入主義が国際政治において現れるが、第2次世界大戦前までは前者が基調であった。[5]

　独立期のアメリカは、アパラチア山脈以西、ミシシッピ川以東の地域を手に入れていた。1803年ジェファーソン大統領のもとでミシシッピ川からロッキー山脈に至る広大なルイジアナ地方をフランスから購入し国土を一挙に倍増する。1819年にはスペインからフロリダを購入し、1846〜48年のメキシコとの戦争により太平洋諸州を手に入れる。1790〜1850年のわずか60年足らずで面積82万平方メートルから298万平方メートルへと3.6倍も拡張し、1890年には「フロンティア」の消滅が公式に宣言されるに至る。大西洋から太平洋にわたる、文字通りの「大陸国家」が形成される。同時期の人口も、現地人インディアンを殺戮・掃討しつつ、海外からの大量移民により393万人から2319万人へと6倍となった。ジェファーソンが提唱した「理念国家」としての「自由の帝国」の拡張は、同時に「殺戮の帝国」の拡大過程に他ならない。[6]

　海外に植民地領土を求める欧州諸国の古い帝国主義に反対して独立した19世紀のアメリカは、大陸内「植民地」を独特の形態で実現する。すなわち、領土の拡張につれて各州に一定の法的自立性を与え、それらを包括する憲法のもとでの連邦政府の統括下におくという大陸国家に相応しい屈伸的な統治形態(連邦制)を通じて、北東部産業資本は、北東部工業の原料供給基地化であり、その製品販路市場として包摂した南部を、そして同じく北東部工業の市場となり、同時に原材料、食糧供給基地として西部を大陸内「植民地」市場と化して

第3章　覇権国家アメリカの盛衰 ｜ 45

領土を急激に拡張していった。

　南北戦争前にはすでに、鉄道、運河、河川の交通を通じて北東部と北西部の市場結合による商品流通を軸として、それを補完する北西部と南部の商品流通、そして国内と同時にイギリスを中心に海外市場に依存する南部と北東部との商品流通という経済循環の構造が形成されていった。拡大するアメリカ経済では絶えず労働力が不足して賃金が相対的に高かったから、機械化が急速に進んだ。農業においても農業機械が早期に開発され、保存技術も開発されるにつれて、鉄道を通じて東海岸のみならず欧州への供給も可能となり、農産物の食料・加工品工業も展開していった（アメリカ農業成立の基盤）。アメリカ工業の前に広大な市場が切り拓かれ、商品流通と交通のネットワークの結節点には都市が建設され、都市化が進んでいった。急速に増大する農民層や都市市民層に消費財を供給する消費財工業の国内市場が、そして生産財産業、特に農業向け機械産業の国内市場が急速に拡大し、農業は工業に豊富で安価な農産物原料を供給していった。鉄道の展開とともに大陸的拡がりをもって国内市場が拡大し、産業資本の下に拡散的に膨張する形で統合・包摂されていった。19世紀中頃には主要な工業において工場制段階が確立し、その過程で互換システムなどのアメリカ的生産様式・大量生産の技術的基礎が形成されていった[7]。

(2)　覇権とその経済的基礎＝「資本主義のアメリカ的段階」の形成

　北部産業資本による統合支配を最終的に確定する南北戦争後の1870年代からの30年間のアメリカは、自由競争から独占段階への過渡期にあたり、急速な資本主義の発展を経験する。特に1890年代はアメリカ史上で「金ぴか時代」といわれ、「新自由主義」の源流と見なしうる自由競争による淘汰や適者生存を打ち出す「社会ダーウィン主義」による新たな個人主義が蔓延し、現代アメリカの基本潮流がスタートした時期と見なしうる。

　1870年代には全国土的な交易市場が発展し、産業資本のもとで大陸に拡散的な形で展開するアメリカ資本主義の構造が形成されてくる。そして1890年代には全国土的な鉄道ネットワークの建設を軸にアパラチアの鉄鉱と石炭を基礎に鉄鋼業と機械工業が発達し、また石油資源の開発も行われて重化学工業化が進展する。フロンティアが消滅し、大陸国家が形成される1890年には工業

生産において世界1位となり、1890年代に生産額において工業が農業を凌駕し、主導的産業も綿工業から鉄鋼と機械を主軸とした重工業へ移行する。1900年にはGNPはイギリスのほぼ2倍、工業生産高では世界の4分の1を占め、イギリスを3割も上回る。基幹産業である鉄鋼業においても粗鋼でイギリスの2倍、銑鉄で5割上回る。資本の集積・集中の発展とともに製造業における独占体が形成されてくると、それに寄生しながらも産業資本を金融的に支配する銀行独占、すなわち金融資本が形成されてくる。銀行資本は、イギリス等の海外の資本輸出を媒介する形で資金調達を担い、株式支配、資本結合を通じて金融資本主導の独占体（全国鉄道網は金融資本支配により成立）を形成していったのである。

アメリカが金本位制を採用するのは1900年である。それまでは資金調達において正貨が欠乏し、恐慌のたびに正貨不足と信用逼迫に悩まされ、必要な資金をイギリスに頼るポンド依存の体制がつづいた。かかる状況は、1913年連邦準備制度の成立によって通貨・信用制度が体系的に整備され、対外資金依存の体制も、第1次世界大戦を通じて名実ともに世界最大の資本主義となり、最大の債権国になっていくなかで克服される。1890年代から第1次大戦に至るアメリカ資本主義の急速な発展は、大陸内で自足的に発展した資本主義であり、本国内の耐久消費財の発展を軸とした重化学工業化をベースに本格的に対外展開し、覇権的影響力を行使するに至るその過渡期として位置づけることができるであろう。

海外展開については、1850年代までにすでにアメリカ企業の海外進出が散見されていた。[8] アメリカ資本主義の重工業化の進展、モルガン商会を軸とした金融資本と独占的企業による国内市場の全国土的掌握のプロセス、そして1893年恐慌とその後の深刻な不況による経済、社会、政治的な危機の強まりは、海外膨張の衝動に拍車をかけた。アメリカが海外に領土と植民地を獲得し、通商・資本輸出を本格的に開始する契機となったのは、1898年の米西戦争であった。「帝国主義化」をめぐる激しい論争を経ながら、キューバ、プエルトリコ、フィリピンなどの海外諸地域の領有を開始した。また「門戸開放」を発するとともに大西洋と太平洋を結ぶ運河建設にとりかかり、コロンビアからパナマ運河地帯の継続的支配権を獲得していった。一方では欧州諸国への債務をアメリ

カ資本が肩代わりする「ドル外交」、あるいは不都合な政権を転覆する「棍棒外交」を通じてカリブ海諸地域に覇権を確保し、他方で太平洋国家としてアジア太平洋地域への進出を果たしていった。まさしく米西戦争は、アメリカが帝国主義国に成長転化する画期となる戦争であった。さらにアメリカを孤立主義から国際的な介入主義へ突き動かしたのが第1次世界大戦であり、理念的には戦後処理に関するウィルソンの「新世界構想」（14カ条）である[9]。

　第1次大戦後、アメリカは建国後初めて債権国となり、最大の資本主義国であり世界唯一の金融的自立国となり、大戦後のヨーロッパ世界を支えた。このようなアメリカを産業的に支えたのは、電化の急速な進展と都市郊外の居住地化とによる「アメリカ的生活様式」の形成と関連した自動車、電力、石油、化学、非鉄金属、紙、パルプなどの産業部門や公益部門、そして家電などの新興産業であった。

　重工業の基軸である鉄鋼産業は1920年には粗鋼で世界シェア58.6％、銑鉄で60％を占めるに至る。そして自動車産業は、1925年の生産台数426万台で世界の87.4％のシェアを占め、アメリカ最大の産業部門となっていた。それは、鉄鋼や石油の産業発展を促し、互換性をベースにした大量生産方式による価格の低下と豊富な自己資金をベースとした低金利の消費者信用の形成、さらには映画、ラジオを通じた宣伝・広告による消費文化の普及をさせた。それはまた、大量生産・大量販売と大量消費のフォーディズムに象徴される生産様式を基礎にアメリカ的生活様式を実現し、世界に拡げていった。まさしく耐久消費財産業を軸とした大陸的規模での大量生産と大量消費のアメリカ的生産様式は、1920年代の繁栄を通じて「資本主義のアメリカ的段階」・「アメリカの世紀」を演出していった[10]。

　しかし、繁栄を極めた1920年代も証券と土地の資産バブルを生み、1929年株式恐慌により終わりを告げる。金融・証券恐慌から影響は実体経済にも及び、産業独占体は、生産制限による膨大な遊休設備と1500万人を超える失業者といった恐慌による損失とその負担を、弱小資本、農業、そして勤労大衆に転嫁することで社会の消費力を一層狭隘化し、直接または間接に不況の長期化とそれからの脱出を困難にさせていった[11]。アメリカの恐慌は世界を巻き込む。政府による大規模な有効需要策（ニューディール政策）の実施下でも1937〜38年恐

慌が発生し、もはや通常の景気循環の回復力の喪失は明らかであった。結局はアメリカのみならず世界経済は戦争経済に不況脱出策を見出さざるをえなかった。

　1929年には輸出の絶対額においてすでにイギリスを超えて世界1位になっていたが、大陸内で経済的に自足しうる国家として広大な国内市場を有するアメリカの貿易依存度は相対的に低かった。貿易依存度の低さが結果として世界経済に対するアメリカの関心の低さを生み出し、伝統的孤立主義と相まって対外関係において実際の世界経済に対する影響力とのギャップをもたらす。

　アメリカは、1930年代大不況において高率関税などの保護主義政策を強め世界的ブロッキズムの流れを先導した。最大の資本主義として世界史の表舞台に登場した国のこの高率関税は、大陸内自足的帝国主義として展開が可能であったアメリカ経済が未だ自国優先の孤立主義に制約されていたことを示すものである。国際的関与と経済的力能のギャップは、こうして両大戦間における覇権行使としての国際的関与とグローバル化を制約したのである。アメリカ主導の下で世界新秩序を実現するアメリカ覇権の世界戦略の構想とその実現は、第2次世界大戦前後の世界的危機がアメリカをして資本主義世界を統合する盟主として押し上げる政治・社会的危機意識が高まる状況まで待たざるをえなかった。

3　覇権国アメリカの登場と「衰退」過程（Ⅰ）——冷戦体制下のアメリカ

(1)　覇権国アメリカを軸とした冷戦体制構築の世界史的背景

　第2次大戦で欧州や日本等の旧帝国主義諸列強はかつてない甚大な被害を被った。敗戦国はいうまでもなく戦勝国も甚だしく荒廃し深刻なダメージを受けた。社会主義の側では、東欧諸国における社会主義化とそれにつづき中国革命（1949年）が成功し、北朝鮮、ベトナムなどを含めると、面積では戦前の18％から27％へ、人口では9％から34％へ増加して広大な社会主義陣営が形成され、資本主義世界に対抗する存在となった。そして資本主義諸国内部でも戦時中の反ファシズム抵抗運動の中心を担ってきた勤労大衆が戦後に共産党や社会党に結集し反体制勢力は急伸した。また植民地・後進国においてもインド独立（1947年）や中国革命など、植民地解放・民族独立運動が大いに高揚した。

第2次大戦後の状況は資本主義にとって「体制的危機」ともいうべき状況であった。
　第2次大戦後、文字通り世界最大、最強の資本主義国となったアメリカは、世界大戦と大不況の経験から社会主義に対抗しつつ世界恐慌の勃発を防ぎ、帝国主義列強間の戦争・世界戦争を避け資本主義世界の再建を最重要課題として戦後世界を構想する。政治・軍事的には、戦勝国を中軸とした国連の設立と並行して、アメリカの核戦略体系のもとにNATOと日米安保を軸とした軍事同盟の網の目を築き上げ、社会主義包囲の軍事基地網を配置していった。また経済的にはドル基軸の国際通貨機構であるIMF、そしてブロッキズムを排し自由貿易をベースとした多角的貿易体制であるGATTを築き上げ、そして中東石油をはじめとして原・燃料資源基地を基本的に掌握し、アメリカ基軸の国際経済秩序の体系を構想・構築していった。それは冷戦対抗のもとでのアメリカ基軸の国際関与の体系であり、その意味で冷戦下のアメリカ覇権国際秩序＝冷戦体制の形成である。
　こうした世界大での社会主義との対抗・冷戦対抗を可能とした経済的基盤こそ、大陸的規模での大量生産・大量消費を支えるアメリカ的生産様式を基礎としたアメリカの生産力水準である。実際、資本主義世界全体の鉱工業生産に占めるアメリカの割合は戦争中に生産力を拡充し、戦前1939年の42％から戦後の1946年には62％にも達し、輸出も1939年から1947年の間に4倍増加して他国を大きく引き離し、世界総輸出の3分の1を占めるに至った。1947年の金保有高は229億ドル、世界の公的金保有総額の66％に達し、海外投資は全世界の4分の3を占め、ほとんど唯一の純投資国となった。こうして大戦後の資本主義世界を支えうる生産力水準＝「資本主義のアメリカ的段階」に対応したアメリカを基軸とした戦後資本主義世界が冷戦体制の成立とともに構築される。冷戦体制下の覇権国家アメリカの登場である。

(2) 冷戦体制下の覇権国アメリカの構築
　第2次大戦は、アメリカと欧州・日本との経済力における格差を決定的なものとした。アメリカは、自由、無差別、多角的交渉を原則とした自由貿易を進めるGATT体制を構築するとともに、圧倒的な経済力を背景に国際的通貨・

信用制度の枠組みとして金兌換が保証されたドルに世界各国の通貨をリンクさせ、そのドルを基準として各国通貨の為替レートを固定し、ドル「為替本位制」・ドル体制に組み込む体制＝国際通貨基金（IMF）体制を作り上げる。しかしIMFはアメリカの国内法で金兌換を禁じられているので、本来的に国際的為替本位制とはいえない。アメリカは、25％の出資割当があるので拒否権行使を通じてIMFの支配的運営権を保持している。かくしてIMFは事実上アメリカのドル支配＝「ドル圏」の世界的拡大を意味し、アメリカの中央銀行（連邦準備制度理事会（FRB））が事実上「世界中央銀行」の役割を担っていく。

　IMF成立の背景として、戦後西欧諸国の貿易収支の赤字が増大し、なかでも対米貿易収支の赤字は深刻で、西欧のドル不足は巨額なものに達していた事情がある。戦費調達による海外資産の消尽、植民地戦争に伴う巨額な政府海外支出の結果、貿易外収入全体が1億ドルの支払い超過となり、貿易入超のカバーはまったく不可能となっていた。西欧諸国はドル不足から破局的な経済崩壊の危機に直面していた。東欧におけるソ連の伸長、ギリシャにおける共産党の武装蜂起やトルコへのソ連の浸透という事態に対し、1947年にアメリカは冷戦開始の号令となった反共と資本主義の防衛・強化のトルーマン・ドクトリンを宣言し、そして1948年4月〜1949年6月の期間に援助総額62億ドルに達する欧州経済復興援助計画（マーシャル・プラン）を発表し欧州経済の再建をサポートする。

　1949年ドイツは東西両ドイツに分裂し、中国において社会主義中国が誕生する。同年ソ連核実験の成功によりアメリカによる核独占が終わりを告げる。また同じ年に反共軍事同盟たる北大西洋条約機構（NATO）が設置され東西の軍事的対決は確定的となった。そして1950年には朝鮮戦争が勃発し、冷戦対立は頂点に達するのであった。日本もこの朝鮮戦争においては重要な役割を果たした。1951年には日米軍事同盟が結ばれ、戦後の資本主義再建を通じて対社会主義包囲網に組み込まれていく。アメリカは朝鮮戦争以降本格的な軍備増強を行い、またNATO諸国に対しても軍事費増額を要請する。もちろん西欧諸国は独力で軍事力の増強を行える状況ではなく、その増強はアメリカの援助の見返り資金によって賄われた。アメリカの援助は1951年に成立した相互安全保障法（MSA）にもとづいて軍事的性格を帯びて世界的規模で展開され（軍

事スペンディング)、1952年には軍事援助が経済援助を凌駕するに至る。1957年ソ連による人工衛星打ち上げは核ミサイル開発競争を惹起し、米ソに軍事的経済的負担を強いていった。冷戦対抗の枠組みの下に欧州・日本は経済成長を遂げていくのである。

軍事同盟にもとづく主権国家への米軍の展開・駐留方式は、冷戦費用負担の見返りに現地国の主権を前提に無制約な全域的移動を確保し、現地国の軍との共同主権＝統合軍という法的擬制のもとで外国駐留軍の現地軍待遇・特権を確保していった。駐留先の共同防衛地域設定とそれを打ち固める2国間・多国間の軍事同盟のネットワークは各国に散開する米駐留軍を単一の世界戦略の体系に編入・統轄し、各国現地軍をそのもとに組み込む「基地の帝国」アメリカのグローバルな覇権行使と展開の枠組みであり基盤である。その中枢であるアメリカの核・ミサイル軍事機構は原子力、航空宇宙、そして電子工業を中軸とした新鋭(軍事)産業によって支えられている。これらの産業は、本質的に科学主導の新たな産業ではあるが、冷戦の論理に規定されて展開された軍事産業であり、また他面で新たな技術開発・生産力発展を可能とする新鋭産業である。この新鋭(軍事)産業は、巨額の研究開発費(R&D)、装置の新鋭性と巨額の費用を特徴とし、R&D資金援助、民間委託経営方式、調達などの国家的支援を受け国家の財政支出によって育成された産業である。

新鋭(軍事)産業は、欧州においては本国で製造と品質をテスト済みの製品として輸出を行うとともに直接投資を展開し、在来産業においても、自動車産業を典型に市場志向的な製造業を中心に1950年代から1960年代にかけて直接投資を展開し、米系多国籍企業の展開の基盤を構築した。米系多国籍企業による展開は、民族国家の枠組みを前提に市場の統合・共同化を進め、「国際経営ロジスティック」のもとで海外に散開する在外子会社を「最適生産」のネットワークに組み込む、すなわち国家の枠組みを利用して本社のコントロールのもとにグローバルな生産と分配、資金の国際的運用を行っていった。特に欧州市場では子会社の全欧的ネットワークを通じて単一の生産・市場支配圏として編入する経営戦略は、民族国家による分割を前提に欧州の側での対応、すなわち市場統合・共同市場化の発展に利害を見出していくのである。アジアにおいては、戦後改革と新鋭重化学工業の移植と創出を通じて日本資本主義の戦後再編

と成長を支え、日本を軸としたアジア冷戦の体制を構築した。またアメリカは、イギリスに代わって中東を抑え、消費地に石油精製基地を設立し、かくして石油市場を制圧し、石炭から石油へのエネルギー革命を先導していった[14]。

アメリカは1960年代には、重化学工業品を資本主義諸国に輸出し発展途上国から軽工業品を輸入するという「在来型」、さらには資源国と非資源国ではそれぞれ異なるいわば「旧来型」の農工間分業の重層的構造の国際分業をベースとして、戦後冷戦体制のもとで核・ミサイル軍事機構を支える新鋭産業を軸とした産業構造を構築し、その先端的新鋭産業の製品を欧州、日本、そしてカナダに輸出し、在来型重化学工業品をこれらの国から輸入する戦後新たな、いわば「冷戦型」国際分業の枠組みのもとで多国籍企業の企業内国際分業が確立・展開し[15]、世界貿易の拡大をもたらした。アメリカを軸とした戦後資本主義の経済成長の軌道が実現されていったのである。

アメリカは冷戦体制下に軍事の網の目のなかでドル基軸の国際的通貨信用と貿易の体制においてこのような覇権の陣形を構築し、1960年代に冷戦体制下の覇権基盤である経済成長のピークを迎えるのである。

(3) 覇権国アメリカの経済基盤の脆弱化

核・ミサイル開発競争、世界に展開する軍事基地、そして冷戦対抗下のグローバルな軍事・経済援助は国家予算の膨大な赤字と軍需によるインフレ（軍事インフレ）をもたらした。軍事インフレは寡占価格と重なってコスト・インフレになり、在来重化学工業の競争力低下をもたらしてアメリカ本国の製造業の空洞化を引き起こしていった。こうしてアメリカは貿易収支を悪化させて準備金が枯渇し始め、ついには1971年金・ドル交換停止、1973年変動相場制に移行する。旧IMF体制の崩壊である。ドルの減価が進み、1973年オイル・ショックを引き起こした。そしてそれを契機に不況の下でのインフレという世界的スタグフレーション（1974〜75年）が勃発した。

カーター政権下で軍拡を抑えるデタント政策に移行するが、1979年イラン革命を契機とした第2次オイル・ショック、そしてソ連によるアフガン侵攻を転機に1981年登場のレーガン政権は「新冷戦」とも呼ばれた新たな軍拡路線に突き進み、軍事産業の再活性化をもたらした。また、スタグフレーションを

抑えるため高金利政策が導入されてドル高となり、アメリカの産業競争力の低下が一層進んだ。1970年代後半以降の産業の空洞化、しかも在来産業のみならずME（マイクロエレクトロニクス）化の進展とともに、ME分野における生産のアジア展開と本国の生産の空洞化が進み、国際下請生産とそれからの調達が促進されアジアNICSを勃興させる。

旧IMF体制の崩壊と変動相場制への移行により資本の自由な展開が行われ、新たな金融商品の開発を通じて銀行と証券の分離などの各種規制を突破する金融資本の動きが強まる。レーガン政権下で預金金利規制の緩和をはじめ規制緩和が進み、第4次企業合併運動を通じたリストラ、相次ぐ貯蓄銀行の倒産や途上国のデフォルトなどを契機にした金融再編を通じて、アメリカは製造業から金融と情報サービスに収益基盤を移行させていく。その背景には国際競争力低下による国内製造業の空洞化があった。

1970年代のスタグフレーション圧力と省エネ圧力はME技術の発展と省力化・ME装備化を促した。それに成功して急速に成長し対米輸出を拡張していった日本は、繊維→鉄鋼→自動車、さらにはアメリカにとって虎の子のハイテク製品において、輸出自主規制から1988年のスーパー301条の報復措置発動に至る激しい日米貿易摩擦を引き起こした[16]。日本の進出は、アメリカの競争力の後退をもたらし、国際的下請け生産・調達による生産のアジア移転・生産のアジア化を惹起していった。それはアジアNICSの成長、そしてそれに刺激されて中国に「改革・開放」による市場経済化を促していった。

アメリカの経済における弱体化は、「財政の壁」によって冷戦に対応した軍事費膨張の歯止めを余儀なくされ、軍事における肩代わり政策を追求させた。レーガン政権下の軍拡による軍事産業再活性化もアメリカ経済全体の浮揚には至らず、軍事に抱え込まれていた新鋭産業も財政支出の抑制を通じて民生分野への展開を余儀なくされていった。その民生分野で日本の激しい追い上げに遭遇し、MEハイテク産業分野ですら後退を余儀なくされていった。レーガン政権下のドル高は製造業における競争力低下と海外生産を加速させ、覇権国家アメリカの経済的基盤における衰退を加速していった。

4 覇権国アメリカの登場と「衰退」過程（Ⅱ）──ポスト冷戦期のアメリカ

(1) ポスト冷戦下のアメリカの様相

1989年ベルリンの壁崩壊、1991年ソ連・東欧社会主義の解体と中国社会主義の市場経済化を通じて旧社会主義が資本主義に取り込まれる。資本の運動にとって自由な市場が文字通りグローバルな規模で開放された。ソ連・東欧社会主義の崩壊はしかし、これまで体制間対抗のなかで抑制されていたアメリカの独善的行動を抑制させてきた従来の国際関係の枠組みの消滅でもある。

1991年の湾岸戦争は、冷戦解体後の「世界新秩序形成」に向けて国連を取り込み、覇権国アメリカの軍事力行使を行う実験場となった。アメリカは、2003年安全保障戦略において、2001年9月11日同時多発テロ後の「テロとの戦争」を口実としてアメリカにとっての潜在的脅威に対する「予防戦争」、すなわち先制攻撃を公然と提起した。2001年のアメリカの軍事費は3790億ドルで世界の軍事支出の36.3％であったのが、2002年4250億ドル・38.4％、2003年4840億ドル・41.1％に達し、2005年5530億ドル・42.7％、2007年5760億ドル・41.7％、リーマン・ショック後の2009年でも6690億ドル・43.2％、2010年には6870億ドル・43.8％を占める。これに対テロ戦争費用が加算される。G.W.ブッシュは、こうした圧倒的な軍事的優位をもって既存の国際関係の再構築をめざした。それは、世界中に大きな反発をもたらし、2003年2月に1000万人を超えるイラク戦争反対デモが世界中で沸騰し、アメリカとドイツ・フランスとの亀裂を生み出し、覇権行使における国際関係の基盤を弱体化させていった。

かかる状況を立て直すべく登場したのがオバマ政権（2009年～現在）である。しかし、オバマ政権も覇権的政策の転換を行わずに依然として自国本位の政策をとりつづけている。イラク・アフガン戦争の泥沼化により対テロ戦争の破綻と覇権基盤の脆弱化はなお一層進み、むしろ問題は深化し拡散している。

第2次大戦後のアメリカは資本主義の復興・再編のための軍事・経済援助を行った。そして冷戦覇権国家として新鋭産業を軸に対外直接投資を展開し、同時に資本主義経済の復興のために西欧と日本に自らの市場を開放し、資本主義世界における高成長の一時代を作り上げていった。ところが、世界的な軍事・

経済援助と核・ミサイル軍事機構を支える新鋭産業の育成・成長は軍事インフレを引き起こし、アメリカの経済競争力を低下させた。

国内を基盤とした米系多国籍企業の海外展開は、本国の製造業が欧州と日本企業に浸食され生産の空洞化を引き起こしつつ海外展開を行うものに変わっていった。かつては米系多国籍企業の親会社と子会社の間では輸出超過であったのが、今では輸入超過の事態に立ち至るほど深刻な状態になっている。[20] 加えて在米海外企業によるアメリカ市場向けに本国からの製品輸入が増加している。今ではアメリカにおける生産の空洞化は膨大な貿易収支赤字となって回復困難な事態になっている。事態は深刻で、国家の安全保障に関わる軍事力の生産基盤の脆弱性と関わって当該関連分野への海外からの投資を制限する事態に至っている。[21]

企業の自由な活動を謳い上げ、国家の介入である産業政策が忌避される経済土壌のアメリカにあって、国家介入の名分が立つのは安全保障の名の下である。国家によって保護・育成されてきた核・ミサイル軍事機構を支える新鋭産業は、冷戦体制解体によって国家の援助も細り、軍事産業において再編が進行する。[22] 新鋭産業においてもR&D要員をはじめ、事務や現場の労働力はリストラされる。科学技術者の金融や情報・通信技術関連のベンチャー企業への転出がおこり、ICT（情報通信技術）革命と金融革命を加速させた。1990年代の金融革命の進行と関連して投資銀行やファンドに領導された証券化と株主価値優先の企業経営が横行し、リストラによる企業資産のスリム化と非正規労働の増大、生産の海外移転とオフショア生産・調達を進めてグローバルな競争を激化させた。それは、新鋭産業ですら非正規労働を横行させ、アメリカ史上第5波といわれる年平均100万人を超える移民労働の流入圧力のもと、最近においては国内生産回帰をも促すほどの労働コスト低下と労働分配率低下を引き起こす。グローバルな競争圧力によって多国籍企業独占体相互の提携、現地企業との戦略提携、国際下請け生産、多様な企業間提携、オフショア設計を含めたファブレス企業やEMS・ファンドリ企業の活用等が推進された。それらは外国人技術者の流出入・「頭脳循環」を惹起し、高度技術分野においてすら失業者を増大させた。[23]

かかる事態は、金融と情報サービスにおける新技術・新商品開発のためのR&Dとその成果を海外の子会社や現地企業等に販売する知財戦略への傾斜を

強めさせた。それはまた、海外子会社による現地生産・現地販売ならびにオフショア生産・オフショア調達の増強をもたらした。かかる構造がブランド価値向上と生産コスト削減をめぐる競争をグローバルに激化させる。それは、グローバル企業による現地下請け企業へのコスト引き下げを強制し、それにより低賃金の下請け労働者がさらに過酷で非人間的な労働を強制される。これが、アメリカ本国において金融と情報サービスへの特化による「バーチャルな世界」の拡大、他方アジアにおいて中国を中心に「世界の工場」＝「リアルな世界」の拡大として現れる内実である。ICT革命が、「バーチャルな世界」と「リアルな世界」との相互補完的取引をグローバルに展開させることを技術的に可能にした。

しかし、その現実の姿は、中国の経済大国化とそれにもとづく軍事的プレゼンスの増大により高まる政治的緊張・覇権的争いとは裏腹に、というよりはそれと並行して経済的には相互依存と対抗という重層的世界、経済的相互依存の関係にありながら覇権をめぐって激しく対抗する世界に他ならない。

(2) 覇権帝国アメリカのグローバル化と相関的な経済基盤の脆弱化の進行

ソ連・東欧社会主義の崩壊を契機とした世界経済の資本主義への包摂は、IMF・世銀、1995年に発足したWTO、そしてNAFTAをはじめとした自由貿易地域FTAの形成・拡大とその包摂、さらには公式・非公式の国家間や関連団体の協議などを通じて資本のグローバルな展開のための商品貿易、サービス、知的所有権、資本移動や労働力移動をも対象とした各国の諸制度の共通化・統一化を加速させた。[24]

グローバル化の進展とともに、米系企業による生産の海外移転と海外多国籍企業によるアメリカ国内移転によって、アメリカでは海外調達による貿易依存が高まる。1990年代半ばのドル高政策に転換して以降貿易収支赤字が急増し、経常収支赤字が急膨張する。かくして経常収支赤字をファイナンスする資本流入が決定的に重要となる。ドル債権をもつがゆえにドル価値を守らなければならないジレンマに中国、日本などの黒字大国は追い込まれる。ちなみに中国の2012年12月対米債権残高は1兆2028億ドルに達し、同じく日本は1兆1202億ドルである。現下の欧州通貨危機が示すように、当面、ドルに代わる基軸通貨

は見出せない。こうして海外からのアメリカへの資金流入（とりわけ1997〜98年アジア通貨危機後に流入の動きが活発化）を媒介に米系企業による対外投資が行われる国際資金循環によってドル価値が維持される構図が形成される。1990年代半ばのドル高政策以降、覇権国アメリカの経済の基軸であるドルの価値を維持するためにアメリカを「ハブ」とした国際的資金循環が定着する。

　途上国の金融危機を通じてIMF、世銀、そして米連邦準備制度理事会が一体となって各国市場の規制緩和を追求した（ワシントン・コンセンサス）。証券化商品が横行し、グローバルな取引を通じて日々取り扱う資金量は膨大なものとなる。その処理のために巨大なコンピュータ・ネットワークの構築と運用を求められ、情報システムは今や不可欠の社会インフラとなる。サイバー・テロ対策をはじめ、システムの安定とその保障、しかも国家をまたぐシステム間の調整に国家の強力な役割が要請される。「国家からの自由」と「夜警国家」の強化という、実に相矛盾した対応が資本の都合により覇権帝国アメリカとその衛星国に要求される。

　こうしてネット上の取引の螺旋的膨張がグローバルに展開する。それは、ちょっとしたフリクションで一挙に、しかも国境をまたいで連鎖的に倒壊するほどの複雑で繊細な電子取引の積み上がりを意味する。1990年代には冷戦対抗の終焉による「平和の配当」として軍事費削減による財政赤字の減少は歴史的低金利をもたらした。それは、情報革命の展開に伴うITベンチャーによる新規株式発行IPO増もあって株式市場を活発化させ、2000年ハイテク不況による中断を挟んで不動産価格上昇を含む資産価格上昇バブルを引き起こし、リーマン・ショックを引き金に一挙に世界的金融危機・同時不況をもたらした。1990年代、そして2000年代に金融バブルにより景気上昇が実現されてきただけに金融バブルの崩壊は不良債権の膨大な蓄積と実体経済における格差拡大の下での過剰蓄積とが重なり、しかもそれがグローバルな広がりをもつだけに世界的危機となって現れた。

　冷戦終焉後のアメリカは、アメリカ市場を世界に開放しつつ（アメリカの世界化）、同時に金融やビジネス慣行においてアメリカ基準の規制緩和と自由化を追求してアメリカ的世界を構築しようとしてきた（世界のアメリカ化）。世界はそうしたアメリカに寄生しつつ成長してきた。だがそのツケはアメリカの経

常収支赤字の返済不可能なまでの膨張であり、ドル基軸の国際資金循環への依存である。それだけに金融を軸にグローバル化が加速される。

こうして覇権帝国アメリカは、まったく危うい経済基盤の上に、テロとの戦争に呻吟し、2001年WTO加盟、そしてリーマン・ショック後の経済的大国化とともに軍事プレゼンスを増大させている中国との戦略的対立と緊張を孕みながら脆弱化した覇権の維持・強化を追求している。そしてそのことが世界中で反発と摩擦を引き起こし、ネットを通じた社会的運動（例えば世界社会フォーラム）をグローバルに展開させ、政治、社会的な覇権基盤をさらに脆弱にしていった。

5 小括──覇権国家アメリカの歴史的位置

第2次大戦後の旧帝国主義諸列強の没落と社会主義世界体制の登場により、アメリカはいわば（冷戦）世界帝国に押し上げられ、圧倒的な核・ミサイルの軍事力を武器に戦後資本主義世界再編を主導する資本主義世界の覇権国となった。だが、軍事の負担は経済の負担となり、ついには旧IMFの解体により通貨・金融の「協調」と安全保障における「役割分担」を日本・英・（西）独などに依存せざるをえなくなる。資本主義世界を糾合してきた覇権国アメリカの揺らぎは世界史的には世界の揺らぎと不安定化の始まりであり、覇権をめぐる厳しい争いの始まりである。

冷戦対抗が終焉し、あらゆる市場が資本に包摂された。通信・情報、ならびに交通・物流における革命的ともいうべき技術発展は、金融と情報を軸として時間的ならびに空間的同期化を促進し、グローバル化を決定的に推し進めた。グローバル化を進める新自由主義政策を基調としたアメリカ・モデルは、国有財産の民間への払い下げと規制緩和に伴う資本展開の新たな分野を開放し、富裕層による富の収奪の自由化を推し進め、他方で権利の剥奪を通じて必要な時に必要なだけ労働力を確保し、取り替えることができる労働力商品化の徹底をめざして非正規化の推進と労働破壊を進めていった。それは、海外下請け生産の労働現場において最も過酷である。株主価値経営はそれらを促進する。それだけに経済構造において、研究開発費と宣伝広告費を投入してブランド価値を高め、安価な商品やサービスを求めて調達と生産の海外依存を深め、国内生産

の空洞化が進む。こうして国内製造の空洞化の進展は金融・サービス化を促進させ、金融資本の跳梁跋扈の基盤が形成される。金融資本の運動はグローバルな広がりをもって展開する。IMF・世銀による「構造調整」は金融資本と多国籍製造企業に利益獲得機会を拡大した。それはまた、BRICsをはじめとした新興途上国の「上層部」をそのシステムに取り込み、世界的規模で富裕層と貧困層の間の対立を醸成し深刻化していった。

　2008年世界的金融危機の勃発は、金融資本が資産バブルを起こし、貧困層の略奪にまで手を染めて失敗したことが原因である。他面でそれは、そうした略奪に手を染めざるをえないほど利潤追求の機会は失われ、覇権の経済的基盤が脆弱化した証左でもある。金融危機の帰結として少数の富裕層が救われて大多数の人びとが損失の肩代わりを強いられるとするならば、社会はますます不安定化し深刻な事態となろう。その対立は、グローバルな調整を伴う激しい管理と抑圧に進み、「文明の対立」も重なって反発はグローバルに拡がり一層激しいものとなろう。市場と資源の獲得をめぐるグローバルな競争は、新たな植民地主義の台頭ともいわれるほどの領域拡張を含むナショナルな政治、さらにはグローバルな諜報・情報活動と軍事における覇権をめぐる緊張を高めている。これらは、かつての冷戦対抗とは違って経済的には相互依存の下での富の分配と支配をめぐる覇権的対立にすぎない。

　こうした状況のなかで覇権帝国アメリカは、「勝てない戦争」のなかで疲弊し、軍事力が圧倒的であっても、もはや単独で覇権のための軍事力行使はできないでいる。2012年末に公表された国家情報会議（NIC）の報告書は、2030年には中国の経済力はアメリカを凌駕し、アメリカはせいぜい「同輩たちの筆頭（first among equals）」[25]でしかないという。もはやアメリカの覇権の後退と衰退への流れは逆転できない。金融・情報サービスと海外への依存を強める覇権の経済基盤の衰退は、世界戦略を展開する上で財政上の制約を与えるだけでなく、覇権行使に一定の制約を与えている。大国化する中国との覇権抗争激化を意識してリバランス政策（アジア重視の戦略展開）をとるオバマ政権が日本にTPP参加を促すとともにアメリカの世界的軍事戦略の再編に国家主義的動きを強めている日本を組み込み軍事的貢献を一層強く求める所以である。

1）本章では覇権を、対外的影響力を内実とする国際関係における主導権と捉えている。また、帝国（主義）と覇権との関係については、領土支配がなければ帝国（主義）と認めないという厳格な立場はとらず、覇権と帝国（主義）の間にそれほど大きな違いを認めてはいない。なお、覇権についての代表的研究として、ポール・ケネディ（鈴木主税訳）『大国の興亡　上・下』草思社、1988年、そしてC.P.キンドルバーガー（中島健二訳）『経済大国興亡史　上・下』岩波書店、2002年がある。
2）柿崎繁「アメリカ資本主義と現代グローバリゼーション」飯田和人編著『危機における市場経済』所収、日本経済評論社、2010年、85～89、94～97、99～103頁。
3）以上の数字は、米国商務省（DOC）、経済分析局（BEA）、U.S.International Transaction（2012年2月ダウンロード）を参照。シェール革命により経常収支の好転からアメリカの復活が展望される議論が多いが、問題がそれほど単純ではないのは経常収支赤字を生み出すアメリカの経済構造に関わっているからである。
4）Financial Times（2011年3月14日号）によれば、2010年世界の製造業に占める中国のシェアは19.8％となりアメリカの19.4％を上回り、アメリカは110年ぶりに世界最大の工業国の地位を中国に明け渡しているという（加藤弘之・渡邊真理子・大橋英夫『21世紀の中国―国家資本主義の光と影』朝日新聞出版社、2013年、144頁）。アメリカが軸足をアジアに移し始め（リバランス政策）、覇権をめぐる米中間の緊張の高まりの背景である。
5）古矢旬『アメリカ　過去と現在の間』岩波新書、2004年、6～19頁。もっとも、1898年米西戦争についての国内における帝国主義論争の基調は、領土的拡張については否定的であるが、政治的影響力行使としての覇権の行動については認めるプラグマチックな理念であった。だから、孤立主義といっても、欧州からのアメリカ大陸への介入を拒否する論理としての孤立主義であって、総じて自らの南北のアメリカ大陸への介入については寛容であり、ご都合主義的でもある。国際関係におけるアメリカのダブル・スタンダードの深源である。
6）［古矢］同上書、47頁。
7）デーヴィッド・A.ハウンシェル（和田一夫・金井光太郎・藤原道夫訳）『アメリカン・システムから大量生産へ』名古屋大学出版会、1998年。アメリカ的生産様式において未熟練労働を動員するための徹底した機械化と労働管理の実現を自動車産業において行い、第1次大戦に前後して本格的な大量生産方式を実現した。この方式は1960年代まで世界的優位性を保持し、「資本主義のアメリカ的段階」を画した生産力的基礎である。
8）マイラ・ウィルキンズ（江夏健一・米倉昭夫訳）『多国籍企業の史的展開』ミネルヴァ書房、1973年。
9）五十嵐武士『覇権国アメリカの再編』東京大学出版会、2001年、40頁。ウィルソンは「植民地化された住民が植民地支配している国々と同じ程度に尊重されるような仕方での、植民地問題に関する国家間の広い取決め」を提唱している。ウィルソンはこうした進歩的主張を行う一方で、ハイチ、ドミニカ等に暴力的介入を行う。実際には南北アメリカにおける覇権の追求であり、欧州支配＝「主人」を交代させる巧みな提唱であろう。
10）南克巳「アメリカ資本主義の歴史的段階」『土地制度史学』第47号、1970年。南は、アメリカと欧州諸列強との生産力格差は第1次大戦後の旧帝国主義諸列強による「諸国

家の体系」の下での世界秩序編制・「ベルサイユ」体制をアナクロニズムにするほどのものであり、いわば欧州の落ち込みの上に達成されたアメリカの生産力段階を「資本主義のアメリカ的段階」と規定する。第2次大戦でその生産能力を一段と拡充し、1960年代にそのピークを迎える。なお、「アメリカの世紀」については、古矢旬『アメリカニズム』東京大学出版会、2002年。
11) 29年世界恐慌については多くの研究がある。ここでは、当時の状況を記録したD.A.シャノン編（玉野井芳郎・清水和久訳）『大恐慌』中公新書、1993年、を掲げておく。
12) チャルマーズ・ジョンソン（村上和久訳）『アメリカ帝国の悲劇』文藝春秋、2004年。
13) ［南］前掲論文、1970年。
14) 涌井秀行『ポスト冷戦世界の構造と動態』八朔社、2013年、19〜30頁。
15) 関下稔『現代アメリカ貿易分析』有斐閣、1984年、289〜290頁。なお、農産物については独自な事情が存在する。安全保障の観点から戦後の国内過剰農産物処理と食糧援助の結合を図るPL480（「平和のための食糧」）の狙いなどについては同書「第7章 PL480と農産物輸出」を参照のこと。1950〜60年代の穀物における世界的過剰基調を経て、1970年代初頭の世界的不作と旧ソ連による大量買付により1970年代から輸出が急増する。畜産については戦後一貫して生産量が増大したが、1970年代後半に畜産不況に陥り、それ以後長期にわたる停滞がつづいている。1980年代世界の穀物需要の減少とアフガン侵略に対する対ソ穀物禁輸措置、EUの穀物自給の達成と輸出圏となったこと、さらには高金利政策による負債問題が噴出してアメリカは深刻な農業不況に陥る。アグリビジネス支配下のもとにアメリカ政府による各種保護的措置を通じてWTO体制のもとでも農業輸出国としての地位を維持しようとしている。これらの諸点について、服部信司『アメリカ農業・政策史1976-2010』農林統計協会、2010年。中野一新編『アグリビジネス論』有斐閣、1998年。
16) 日米貿易摩擦については、柿崎繁「グローバリゼーション下の日本の貿易」福田邦夫・小林尚朗編『グローバリゼーションと国際貿易』所収、大月書店、2006年。
17) SIPIRI Yearbook 2011, *Armaments, Disarmament and International Security*, Oxford University Press, 2011 より。
18) 2001〜09年の合計が9413億ドル、2010年には1300億ドルとなる。延近充『薄氷の帝国アメリカ』御茶の水書房、2012年、258頁。
19) 大治朋子『勝てないアメリカ―「対テロ戦争」の日常』岩波新書、2012年。2013年1月フランスのマリ軍事介入、日本人10人の犠牲者を含むアルジェリア人質事件など、「アラブの春」以降、とりわけカダフィ政権崩壊後のアフリカにおいて、長年にわたる先進国、さらには中国による資源収奪への反発と絡んで武装テロ集団の活動は活発化している。
20) 関下稔『21世紀の多国籍企業』文眞堂、2012年、260〜266頁。
21) 国防総省による中国の軍事力に関する報告（2012年5月）や中国通信企業に関する調査報告（2012年10月）等の中国に対する警戒はその一端であろう。
22) 西川純子編『冷戦後のアメリカ軍需産業』日本経済評論社、1997年。
23) ［関下］前掲書「第12章アメリカ多国籍企業の企業内人材移動」、2012年。
24) ［柿崎］前掲論文、2010年、95〜97頁。

25) National Intelligence Council, *Global Trends 2030: Alternative Worlds*, December 2012, p. 119.

【柿崎繁】

第4章　ASEAN域内経済協力とその陥穽

1　はじめに

　東南アジア諸国連合（Association of Southeast Asian Nations：ASEAN）は1967年にインドネシア、マレーシア、フィリピン、シンガポール、タイの5カ国の枠組みで始まった。1984年のブルネイ加盟後、ベトナム（1995年）、ラオス、ミャンマー（1997年）、カンボジア（1999年）が相次いで加盟し、東南アジアの10カ国からなる地域協力機構へ発展した。21世紀に入るとASEANは、世界平均の3.65％を上回る5.23％の経済成長率（2001～2012年）を記録し、世界経済に占めるシェアも1.86％から3.22％へ上昇した。一方、シンガポールの1人当たりGDPはミャンマーの40倍を超え、また域内では異なる政治体制のもとでさまざまな文化や言語、宗教が人びとの日常生活に息づいている。まさに「多様性」という言葉が地域協力機構としてのASEANを特徴づけている。

　途上国同士の地域協力のもとで「世界の成長センター」としての評価を獲得したASEANを、アジア開発銀行（Asian Development Bank：ADB）は「国際協力の先進モデルであり、新たな地域統合戦略を考察する上での枠組み」と高く評価する。だが、ASEANの取り組みが途上国の開発モデルとなりうるかどうかについては、経済成長率や貿易の伸び率に示されるマクロ指標だけでなく、そこで暮らす人びとの状況にも目を向けて検討する必要があるだろう。本章ではASEANによる域内経済協力の取り組みを分析し、その課題を検討していく。

2　域内経済協力の歩み

(1)　ASEAN設立と集団的輸入代替型工業化政策の展開

　ASEAN設立の背景には、当時の加盟国を取り巻く国際環境と域内情勢、さらには各国の国内要因が複雑に絡み合っていた。設立加盟国の顔ぶれと東西冷戦という時代背景から反共同盟として位置づけられたが、独立間もない加盟国にとっての一義的課題は統一国家の建設だった。そのためには政治、経済をは

じめ国内の安定を図り、政府の正統性を内外に示すことが必要だった。

ところが、対外的には冷戦の最前線で反共防波堤の役割を担うと同時に、米ソ中という大国からの影響力を相対化する必要に迫られていた。一方、加盟国内では人種や宗教などが雑然と入り交じり、分離独立運動や反政府活動などの不安定要因が燻っていた。これらの不安定要因は、ときに国境を越えて近隣諸国に飛び火し、相互間の対立の火種となっていた。ASEAN設立翌年に発生した加盟国間の対立は、ASEAN諸国の安全に対する最大の脅威が域内関係であることを各国政府に改めて認識させるものだった。[3]

したがって、ASEAN設立の目的は外的脅威に煩わされることなく統一国家を形成するための安定した環境を、周辺諸国との協力関係のもとに作り出すことだった。政府の正統性と国家の自立性という最優先課題に取り組むため、域内環境の安定を図る地域協力の枠組みが要請されたのである。その意味でASEAN設立の第一の意義は政治協力であり、経済協力は二義的なものだった。[4]

とはいえ、地域協力の枠組みを維持していくうえで地域的な経済成長は不可欠だった。経済成長は各国政府の正統性と国家の自立を支え、地域協力機構としてのASEANの「レジリエンス（強靱性）」を強化すると考えられていた。加えて1970年代に入ると米国経済の停滞が深まり、戦後の国際経済システムにも動揺が拡がっていた。また、途上国と先進国との間の植民地主義的構造も解体されず、国連などの場では南北問題が国際政治経済上の主要課題となっていた。南北問題の解決に向け、1974年に国連の資源特別総会が採択した「新国際経済秩序（NIEO）樹立に関する宣言」は、ASEAN域内経済協力の方向性にも影響を及ぼすものだった。

1976年に開催された第1回ASEAN首脳会議は、域内経済協力に向けた行動計画を含む第1次ASEAN協和宣言を採択した。この行動計画は、途上国間の地域協力を重視するようになっていた国連が、ASEANに派遣した調査団の提言にもとづいてまとめられたものだった。「NIEO樹立に関する宣言」は植民地主義的構造の解体をめざし、途上国における先進国資本、とりわけ多国籍企業の影響力排除を唱っていた。したがってASEANに対する調査団の提言は、自立的経済を構築するための集団的輸入代替型工業化政策の推進だった。

輸入代替型工業化政策とは、関税などで国内市場を保護し、それまで輸入していた製品の生産を地場産業に代替させることで、自立的経済の構築をめざすものである。ただし、軽工業部門中心の第1次輸入代替から重工業部門を育成する第2次輸入代替に進むと、資本と市場規模の面から政策遂行の難易度は飛躍的に高くなる。一般的に繊維製品などの日用品に対する需要は途上国にも十分存在し、必要とされる資本も小規模にとどまる。ところが、工業全体が未成熟な途上国では工業原料や資材を供給する重工業への需要が限られ、生産設備等の調達に必要な資本も大規模になってくる。ASEAN各国の限られた資本蓄積と狭隘な市場規模では、単独での重工業部門の育成は困難だった。

　そこで、域内経済協力を通じて限られた資本を節約するとともにASEANを「1つの市場」とすることで規模の制約を打破することが、集団的輸入代替型工業化政策の目的だった。ASEANは1970～80年代にかけてASEAN産業プロジェクト（ASEAN Industrial Project：AIP、1976年）やASEAN 特恵貿易制度に関する協定（Agreement on ASEAN Preferential Trading Arrangements：PTA、1977年）、ASEAN産業補完プロジェクト（ASEAN Industrial Complementation：AIC、1981年）など、一連の経済協力協定を締結した。AIPのもとで各国は重工業部門を相互に分担して育成し、そこで生産された製品にPTA特恵関税を適用して域内市場で販売することにより、規模の制約を打破することが想定されていた。

　ところが一連の取り組みは、AIP育成産業を決定する段階で加盟国の意見が対立し、実施段階においても国内保護産業に対するPTA関税の適用を除外するなど自国の利害が優先され、その実効性は乏しいものだった。これらの協定が具体的成果をあげることはなく、域内経済協力としての集団的輸入代替型工業化政策は失敗に終わった。[5]

　その後、ASEANは域内経済協力の方針を外向きの開発政策に転換する。しかし、NIES（Newly Industrialized Economies：韓国、香港、台湾、シンガポール）につづいてASEANが外向きの開発政策を採用したことは、戦後の世界経済体制の変革をめざす南の諸国の取り組みを弱める契機となった。[6] 1990年代に入ると南北問題や新植民地主義といったテーマは後景へと退き、先進国主導のグローバリゼーションが世界経済体制の新たな潮流となった。

⑵　「集団的外資依存輸出指向型工業化戦略」への転換とAFTA設立

　1987年にフィリピンで開催された第3回ASEAN首脳会議が採択したマニラ宣言は、外資導入による輸出主導型工業化戦略を採用し、外向きの開発政策への転換点となった。会議後に加盟国間の関税率引き下げ幅拡大と、域内企業に対する外資の資本参加比率の引き上げが発表された。ASEANは地域一体となって外資導入を推し進め、輸出主導型工業化に取り組むことを宣言したのである。これが「集団的外資依存輸出指向型工業化戦略」の始まりだった[7]。

　このような政策転換の背景には、それまでの域内経済協力が不調に終わっていたことに加え、1985年9月のプラザ合意を契機とする世界経済の構造変化が作用していた。プラザ合意は景気低迷と経常収支の赤字拡大に直面していた米国が、国内経済の活性化を狙って取りまとめた多国間為替レート調整だった。プラザ合意後の1年間に、円は1ドル235円前後から150円台まで上昇し、日本の輸出企業は深刻な影響を被った。

　すでに日本の輸出企業はNIESを中心に生産の海外移転を展開していたが、より安価な労働力を利用して輸出環境を改善するため、また迂回輸出によって米国との貿易摩擦を回避するため、さらにASEANへと生産拠点の移転を推し進めた。ASEAN域内経済協力の方針転換は、世界経済の構造変化のもとで加速する日系企業のアジア進出を、「成長のエンジン」として取り込むことを目的とするものだった[8]。

　その具体的な最初の取り組みが、ASEAN自由貿易地域（ASEAN Free Trade Area：AFTA）の設立だった。ASEANは1992年1月の第4回首脳会議でシンガポール宣言を採択し、東アジアで最初の地域貿易協定（Regional Trade Agreement：RTA）となるAFTAの設立に合意した。同年1月に関税引き下げや非関税障壁撤廃など具体的手続きを定めた「AFTAのための共通効果特恵関税協定（Agreement on the Common Effective Preferential Tariff Scheme for the ASEAN Free Trade Area：CEPT）」に調印（1993年1月1日発効）し、農産品を除くすべての工業製品の域内関税率を、2008年までの15年間に0～5％へ引き下げる自由化措置をスタートさせた[9]。さらに、1994年の第6回経済閣僚会議で、原材料と未加工農産品を加えて対象範囲を全品目に拡大すると、関税の引き下げ完了時期も2003年に前倒した。

ただし、AFTA設立は域内経済の自由化を全般的・画一的に推進するためのものではなかった。域内産業を保護するため、自動車関連品目を中心に多くの除外品目が設定されていた。AFTAの試験的な取り組みとして1988年に導入された「ASEAN自動車部品相互補完スキーム（Brand to Brand Complementation Scheme：BBCスキーム）」は、外資導入とその活用を通じて自動車部品の域内における集中・分業生産と相互補完流通を推進し、域内産業の国際競争力を強化するためのものだった。

したがってマニラ宣言以降の一連の取り組みは、「成長のエンジン」である海外からの直接投資（Foreign Direct Investment: FDI）を加盟国の産業育成に最大限活用し、域内貿易の拡大を通じて相互連関を強化するためのものだった。それは、加速度的に進展する世界経済の全般的自由化のもと、貿易・投資の自由化と自国産業の自立的発展の両立を図るという、半ば相矛盾した課題に対する限られた選択肢のなかでの現実的対応だった。域内協力を媒介とすることで、ASEANは激動する世界経済への参画による利益の最大化とリスクの最小化をめざしたのである。

3 ASEANの経済成長と域内経済協力の展開

(1) 東アジア生産ネットワークとASEAN経済

プラザ合意以降、日本の製造業を中心とする海外への生産拠点移転の動きは、東アジア地域における外向きの開発政策採用と相まって、当該地域の輸出主導型経済成長を促進することとなった。1980年代末以降、とりわけ日本によるASEAN向けのFDIは急速に拡大し、1990年にはNIESへの投資額を上回った。日本は東アジア通貨・経済危機が発生するまでの期間、ASEANに対する最大の投資国だった。

さらに、それまでFDIの受け手だった韓国や台湾から、ASEAN向けのFDIが増加した。NIESにおいても急速な経済成長に伴う賃金上昇圧力と、輸出拡大による為替レートの増価から将来的な輸出拡大に対する懸念が生じていた。さらに主要輸出先の米国が、それまでNIESに供与していた一般特恵関税の適用除外を検討するなど、NIESでも生産拠点の海外移転による迂回輸出と市場の多角化を進める必要性が強まっていた。日本とNIESによるASEANへの生

図 4-1　EU・NAFTA・東アジアの生産段階別域内輸出シェアの推移

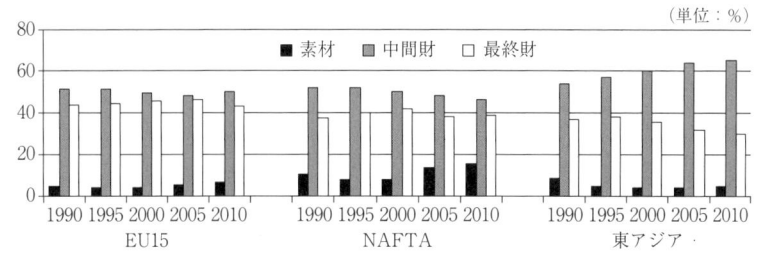

（単位：％）
■素材　■中間財　□最終財

EU15　　　　　　　　NAFTA　　　　　　　　東アジア

（注）ここでの東アジアは、日本、中国、NIES3（香港、韓国、台湾）、ASEAN5（インドネシア、マレーシア、フィリピン、シンガポール、タイ）、ブルネイ、カンボジア、ベトナム。
（出所）経済産業研究所「RIETI-TID 2012」より作成。

産拠点移転の動きは、1990年代に中国向けのFDI拡大が加わり、東アジアに国境を越える生産ネットワークを重層的に作り上げていった。

　この国際生産ネットワークの発展は、EUやNAFTAと比較した場合、大きな2つの特徴を備えていた。その1つが、垂直的な工程間分業と中間財を中心とする域内貿易の拡大である。垂直的分業とは、高い技術水準を要する部材を日本やNIESからASEAN、中国に輸出し、そこで安価な労働力を用いて中間財、あるいは最終財へ加工する工程間分業である。最終製品に至る生産工程が、基本的には技術力と労働コストにもとづき国境を越えて垂直的に統合され、域内における中間財貿易を拡大していった（図4-1）。

　もう1つの特徴は、生産と消費が域内で完結することなく、とりわけ米国を中心とする域外市場と強く結びついていたことである。3地域における最終財の域内輸出シェアを確認すると、東アジアは30％前後の水準にとどまり他の地域よりも域外市場への依存度が高いことが見て取れる（図4-2）。東アジアの垂直的工程間分業と域内貿易にもとづく国際生産ネットワークは、域外市場を最終需要先とすることで、初めてそのダイナミズムを獲得していた。すなわち、東アジア地域の成長は「太平洋トライアングル」あるいは「三角貿易構造」と呼ばれる、より大きな地域連関構造のなかで実現されていた（図4-3）。

(2)　域内経済協力の成果と限界

　このような東アジア地域の構造変化のなかで、ASEANの貿易構造の変化を

図4-2　EU・NAFTA・東アジアの最終財域内輸出シェアの推移

（単位：％）

-o- EU15　-o- NAFTA　-▲- 東アジア

（出所）図4-1に同じ。

図4-3　三角貿易の推移

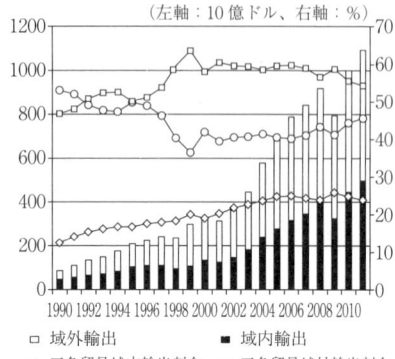

（左軸：10億ドル、右軸：％）

□ 域外輸出　■ 域内輸出
-o- 三角貿易域内輸出割合　-o- 三角貿易域外輸出割合
-o- 三角貿易のシェア（右目盛り：％）

（注）三角貿易額は、日本・NIES対中国・ASEAN4中間財輸出＋中国・ASEAN4対欧米最終財輸出。三角貿易シェアは三角貿易額÷（日本・NIES対世界輸出＋中国・ASEAN4対世界輸出）。
（出所）図4-1に同じ。

輸出先別に示したものが図4-4である。ASEANの域内輸出シェアは一貫して20％前後にとどまり、むしろ貿易構造の変化は輸出先としての東アジアのシェア上昇に現れている。2000年代に入ってシェアを伸ばす東アジアは、今日ASEANにとって最大の輸出市場となっている。輸入においても基本的な傾向に変わりはない。その他世界のシェア（42.6％）が東アジア（36.1％）を上回ってはいるものの、その差は縮小傾向にあり、またASEAN域内シェアも輸出と同様に20％の水準にとどまっている。そこで、東アジアとの貿易における生産段階別シェアを確認すると、中間財が圧倒的な割合を占めている（図4-5）。AFTA設立後もASEANは、東アジア地域における中間財の供給拠点として域内経済ではなく、東アジア地域との連関を強めていた。

　一般的に、自由貿易地域や関税同盟などのRTA締結は、加盟国間の貿易を活発化させ、域内貿易比率を高めることによって地域単位での経済的厚生を引き上げると同時に、域外依存度を引き下げることで経済的頑健性を強化することにあると考えられる。[15] ところが1990年代、ASEANの域内貿易水準にほとんど変化は見られず、AFTAの利用も低水準にとどまった。[16]

図4-4　ASEAN5輸出先別シェアの推移　　図4-5　ASEAN5の東アジア向け生産段階別輸出入シェア

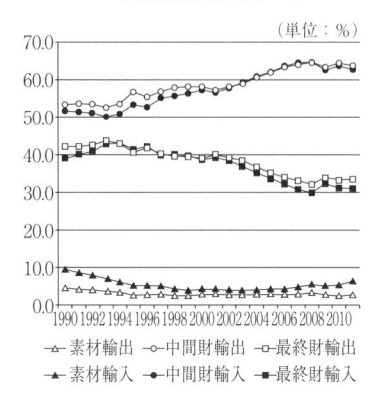

（左軸：10億ドル、右軸：％）　　　　　　　　　（単位：％）

□ その他世界　■ 東アジア　■ ASEAN域内
―◇―ASEAN域内シェア　―△―その他世界シェア　―○―東アジアシェア

―△―素材輸出　―○―中間財輸出　―□―最終財輸出
―▲―素材輸入　―●―中間財輸入　―■―最終財輸入

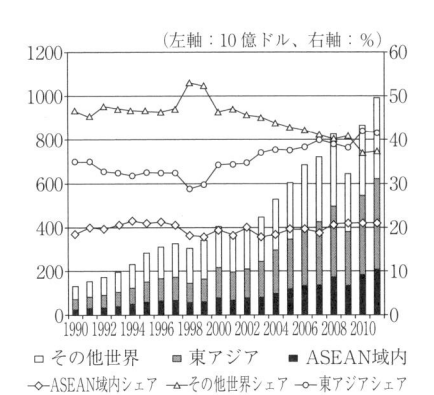

（注）ここでの東アジアは、日本、中国、NIES3。
（出所）図4-1に同じ。

（注）ここでの東アジアは、日本、中国、NIES3。
（出所）図4-1に同じ。

　ASEANでは、1990年代に経済自由化が進展し、WTO加盟国間で適用される実行最恵国（MFN：Most Favored Nation）税率の引き下げが進んでいた。電気機器関連産業では、1996年のWTO情報技術協定で、コンピューターと半導体およびその関連製品の関税を2000年までに撤廃することが取り決められていた。また1970年代以降、ASEAN各地に設けられていた輸出加工区では、外資系輸出型企業を呼び込むために輸出のための素材・中間財輸入に対する関税や法人所得税に対する減税・免税など、すでにさまざまな優遇制度が導入されていた。一方、CEPTの適用を受けるためには輸入製品の原材料や部品に占める付加価値総額の40％以上が、ASEAN域内で生産・調達されたものとする原産地規則をクリアーしなければならなかった。

　したがって、CEPTを利用することによる特恵マージン（CEPT税率とMFN税率との差）が小さく、また原産地規則を満たすためのコストから、AFTAを利用するメリットは限られていた。一方、BBCスキームやAICOは日本の自動車メーカーを中心に利用が進んだものの、後述するように域内産業の成長を促すという当初の目的を達成するまでには至らなかった。

　マニラ宣言以降に進められたASEAN域内経済協力の成果は、域内経済の連関強化という目標とは異なるものだった。しかし、日系企業を中心とする外資

系企業の企業内国際分業体制にASEANを組み込み、東アジア生産ネットワークへの包摂を通じて輸出主導の経済成長をもたらした。1990年代にASEANは、NIESにつづく「世界の成長センター」としての評価を確立した。

ところが、このような評価を覆すほどの衝撃が、1997年にASEANを襲った。タイを震源にASEAN全域へ伝播した東アジア通貨・経済危機（以下、通貨危機）である。それまで2桁近い伸びを示していたASEANの経済成長率は、1998年にマイナス成長に転落した。危機の衝撃とその広がりから、ASEANをはじめとする東アジア経済の長期的停滞が予想された。ところが大方の予想を裏切り、1999年に入ると輸出の急速な伸びに支えられ、V字型の回復を遂げたのである。

とはいえ、通貨危機はASEANにその存在意義を問いかけるものだった。震源地となったタイをはじめとするASEAN各国は、危機の発生に際して国内問題の対応に追われ、ASEAN全体として危機に対する有効な措置を講じることができなかった。通貨危機は地域協力機構としてのASEANの限界を露呈した。さらに、1990年代以降の中国経済の急成長とインドの対外開放政策への転換は、ASEAN経済の将来に大きな疑念を投げかけるものだった。危機の衝撃と国際環境の変化に遭遇し、ASEANは域内経済協力のさらなる拡大と深化の必要性を強く意識したのである。[18]

(3) 域内協力から域内統合へ

ASEAN域内経済協力は、通貨危機を契機にその速度をさらに加速していく。すなわち、AFTAを軸とする自由化プロセスの推進と域内経済協力から域内経済統合への深化である。通貨危機翌年の1998年にAFTAの完成期限を1年前倒し、2003年1月に当初の目標をほぼ達成すると、関税の「削減」を「撤廃」に変更した。[19] そして2003年の第9回首脳会議で採択した第2次ASEAN協和宣言で、ASEAN経済共同体（ASEAN Economic Community: AEC）を中心に3つの共同体[20]からなるASEAN共同体の2020年までの設立を打ち出した。[21]

ASEAN憲章に署名(2008年12月5日発効)[22]した2007年の第13回首脳会議では、AECの全分野を対象とする2015年までの行動計画「ASEAN経済共同体ブループリント」を採択した。「ブループリント」はAEC設立の目的を、「市場メカ

ニズムに則り、高い競争力を兼ね備え、グローバル経済と一体化した単一の市場と生産基地をASEANに形成し、もって公正な成長の実現」に資することにあるとしている。[23] 具体的には域内における財・サービス、資本、熟練労働者の自由な移動を実現し、「世界の生産基地としての、またグローバル・サプライチェーンの一環としての」ASEANの位置づけを強化することである。[24] すなわちAEC設立は、域内経済を市場メカニズムが貫徹する「単一の市場と生産基地」にすることで、中国、インドの台頭と通貨危機によって低下したFDIに対するASEANの求心力回復を図るものだった。[25]

さらにASEANの取り組みは、自由貿易協定（Free Trade Agreement: FTA）締結を軸にアジア太平洋地域へ拡がっていく。2002年11月に中国との間で最初のFTA（ACFTA）を締結すると、その後、韓国（AKFTA、2006年8月）、[26] 日本（AJCEP、2008年12月）、[27] オーストラリア・ニュージーランド（AANZFTA、2009年2月署名）、インドと次々にFTAを締結し、ASEANプラス1FTAの枠組みがアジア・太平洋地域にFTAのネットワーク網を構築していった。2012年11月には、これらFTAパートナー6カ国との間で地域包括的経済連携（Regional Comprehensive Economic Partnership: RCEP）交渉の開始を宣言し、東アジア全域を包括するFTA構築に向け動き出した。

通貨危機というグローバル化の反動に曝されながらも、ASEANの取り組みは域内協力の推進にとどまらなかった。むしろ、世界経済との結びつきをさらに強めることで、自らのプレゼンスを強化し、持続的成長の実現をめざしたのである。FTA締結はもとよりAFTAの加速もAEC設立も、目的はグローバルな生産ネットワークの一環としてASEANの位置づけを強化することだった。

ところがASEANが抱える問題は、まさに域内経済協力の推進が域外連関を強化することに起因する。東アジア地域における生産ネットワーク拡大を、自らの成長に取り込もうとする戦略自体は主体的なものである。だがそれは、あくまでも外部環境の変化に適応するための現実的な取り組みである。東アジア生産ネットワークはASEANの域内経済協力でなく、外資系民間企業による利益拡大を追求するための最適立地・調達戦略が作り出したものに他ならない。

したがって、企業の利益追求行動が、常にASEANの域内経済協力の目的と

同じ方向に向かっているとは限らない。むしろ、企業の行動は統合と相反し、ASEANを分断・解体するベクトルともなりうるのである。ここから協力の推進が、域外連関強化という「遠心力」を生み出すASEAN域内経済協力に内在する１つの陥穽を見て取れる。

　世界的な生産ネットワーク拡大により、今日、完成品に至るさまざまな生産プロセスは、商品の企画、製造、商業化に至る連続した付加価値創出活動の全体として構成される。したがって、ネットワークに参加することから得られる利益は、全体の付加価値創出活動のどの段階に特化するかで大きく異なってくる。そして、特化は集積効果を生み出し、ネットワークにおける各国の位置づけを固定化する方向に作用する。

　ASEANの戦略は、まさにこの生産ネットワークの特定段階に特化することにより、産業集積を進めて地場産業の育成を図るものだった。だが、この戦略はASEAN加盟国間で特化の位置づけと産業集積を巡る競争を加速させた。その結果、付加価値創出活動の高い段階に位置づけられ、産業集積を進める国もあれば、ネットワークからこぼれ落ちる国が出てこないとも限らない。さらにFTAプラス１のネットワーク構築が、このような競争を加速する方向に作用した。実際、通貨危機以降の自由化の推進は、ASEAN域内に複数の拠点を設けていた企業に、より効率的な生産・供給体制への転換を促し、拠点の統廃合や生産品目の調整による集中生産体制の構築を推進させることとなった。その代表的な事例の１つがタイとフィリピンにおける自動車産業の明暗である。

　通貨危機による市場の縮小と過剰生産能力に直面した外資系自動車・部品メーカーは、AFTAの拡大・深化も見越して、ASEANにおける生産拠点の統合・再編を進めていった。この過程においてASEAN自動車産業で進んだことは、当初AFTAが目指した加盟国内における地場産業育成と部品生産の棲み分けによる相互補完体制ではなかった。外資系の自動車メーカーは、域内に点在していた生産拠点を統廃合し、タイを国内・域内市場向けの生産拠点から完成車の輸出拠点へと再編していった。その結果、タイは自動車産業の集積に成功し、今日「アジアのデトロイト」としての立場を築くことに成功した。一方、フィリピンでは生産拠点の縮小・撤退により、域内の自動車生産ネットワークから取り残される動きが進んだ。タイとフィリピンにおける自動車産業の変化

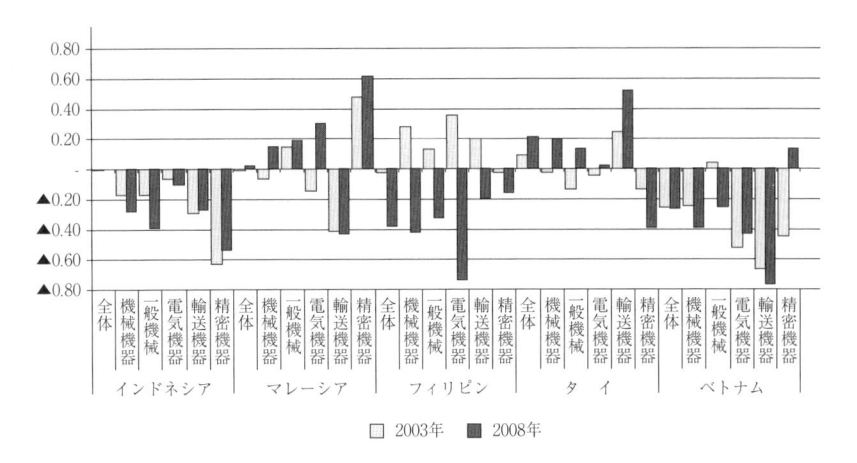

図4-6　ASEANの域内貿易における競争力の変化（貿易特化係数）

（注）貿易特化係数は、当該品目の純輸出額を往復貿易額（輸出額＋輸入額）で除すことにより算出される。係数が1に近いほど輸出に偏り比較優位が強いことを示している。
（出所）助川成也「FTA時代を迎えるASEANと変わる各国産業・企業の競争環境」『RIM環太平洋ビジネス情報』日本総研、11月号 Vol.10 No.38、2010年、78頁、図表5。

を分析した平川・河合の研究は、タイへの集積がフィリピンにおける自動車産業の「空洞化と輸入国化」を引き起こす可能性があると指摘している。

外資系企業による生産体制の再編は、自動車産業だけに影響を及ぼしたわけではなかった。貿易特化係数を用いてASEANの機械分野に関する競争力の変化を分析した助川の研究によると、2003年から2008年の間にタイとマレーシアが全般的に競争力を強化した一方、インドネシアとフィリピンは競争力を大きく後退させた（図4-6）。域外との連関強化を経済成長のダイナミズムとするASEAN域内経済協力は、必然的に「遠心力」を内包し、危機以降、それは加盟国内の二極分化構造となってあらわれたのである。

このような生産拠点の再編、すなわち東アジア生産ネットワークの再編が進むASEANでは、ADBが「根本的な原因は依然、謎である」と論じた特異な状況が現出していた。通貨危機後、ASEAN経済の急速な回復は、輸出の急速な伸びに支えられたものだった。だが、この輸出の伸びは投資の急激な減少のもとで実現していた（図4-7）。危機以前の過剰投資の調整だとしても、投資

図4-7　ASEAN4実質総固定資本形成対GDP比

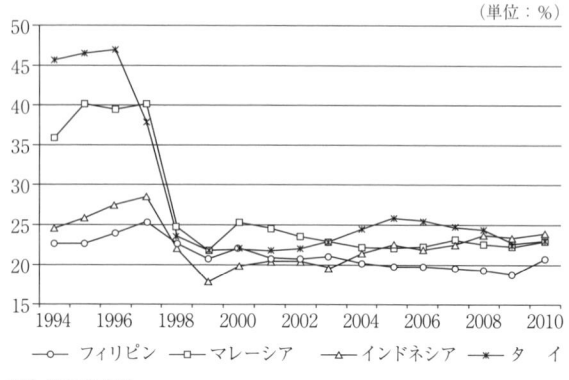

（単位：％）

（注）2000年基準。
（出所）World Bank, *World Development Indicator* より作成。

水準の停滞は現在もつづいている。2000年代のASEANの経済成長は、「投資なき輸出成長」に特徴づけられている[34]。

そこで、危機以降のASEANで進展する動きに目を向けると、そこにはASEAN域内経済協力のもう1つの陥穽が浮かび上がる。ASEAN共同体の中心となるAECは、財・サービス、資本の域内における自由な移動を推進するものである。だが、EUのように共通財政や共通通貨の創設は目標とせず、人の移動も熟練労働者に制限している。共同体の名を冠していても、その実態は「関税同盟なき『共同市場』」であり、いわばFTA + α」にすぎない[35]。したがって、市場主義に依拠したAECの目的が経済的成果の獲得に集約されることは当然だとしても、問われるべきは、その成果の中身である[36]。「投資なき輸出成長」の実態に注目すると、ASEAN域内経済協力のもう1つの陥穽が浮かび上がる。

4　ASEAN経済成長の陥穽

(1)　「アジア大消費市場」の実相

アジアは近年の経済成長と人口規模の大きさから、中間所得層の増加による市場の拡大が見込まれ、経済産業省の『通商白書2010年版』は、今後アジアが一大消費市場になる可能性を論じている。それによれば、アジアの中間所得

表 4 - 1　ASEAN 4 カ国の雇用関連指標

(単位：％)

	雇用シェア								
	農　業			工　業			サービス業		
	1995	2002	2008	1995	2002	2008	1995	2002	2008
INO	44.0	44.3	40.3	18.4	18.8	18.8	37.6	36.9	40.8
MAL	20.0	14.9	14.0	32.3	32.0	28.7	47.7	53.1	57.4
PHI	44.1	37.0	35.3	15.6	15.6	14.8	40.3	47.4	49.9
THA	52.0	46.1	42.5	19.8	19.8	19.6	28.3	34.0	37.9
	製造業生産性伸び率			実質賃金伸び率			製造業付加価値伸び率			製造業の雇用弾性値		
	1985-1997	1998-2002	2003-2008	1985-1997	1998-2002	2003-2008	1985-1997	1998-2002	2003-2008	1985-1997	1998-2002	2003-2008
INO	4.6	▲0.7	3.7	4.4	6.1	▲0.6	11.0	2.1	5.3	0.6	1.3	0.2
MAL	4.7	2.6	7.8	4.5	2.6	1.3	12.5	4.5	5.9	0.6	0.4	▲0.1
PHI	▲0.1	1.5	4.1	0.1	1.4	0.2	3.1	2.8	5.0	1.0	0.4	0.2
THA	5.4	0.1	5.4	2.8	▲0.9	0.5	12.6	3.8	6.9	0.5	1.0	0.2

(注)　国名：インドネシア（INO）、マレーシア（MAL）、フィリピン（PHI）、タイ（THA）。
(出所)　UNCTAD, *Trade and Development Report 2010*, p. 126, Table 4.10.

層（世帯可処分所得5000〜3万5000万ドル）は2000年の2.2億人から2010年の9.4億人へ拡大し、2020年には20億人に達すると推計している。そして、アジア全体の個人消費額は2020年に日本の約4.5倍の16.14兆ドルへ膨らみ、欧州を抜いて米国に並ぶとして、アジア市場の重要性を指摘している。[37]

　アジア市場の拡大が注目を集める一方、ADBは2012年の年次報告書で初めて格差をメインテーマに掲げ、1990年以降に東アジアで進む所得格差の拡大を分析した。[38]同様にUNCTADは、2010年の年次報告書で東アジアにおける雇用環境を分析し、進展する所得格差の拡大を指摘した。UNCTADの報告書は、製造業の急速な生産性上昇にもとづく東アジア諸国の成長に一定の評価を与える一方、その成長が雇用環境に及ぼした影響については一考を要するとして、通貨危機前後の変化に焦点を当て分析している。

　ASEAN4の雇用関連指標をまとめた**表4-1**で産業別の雇用シェアを確認すると、1995年から2008年までの間にすべての国で農業部門のシェアが低下していた。ただし、工業部門のシェアも減少あるいはほとんど変化せず、農業部門のシェア低下を吸収したのはサービス業部門だった。製造業の生産性と付加価値の伸び率に目を向けると、危機直後（1998〜2002年）に低下したが、その後、ほぼ危機以前の水準にまで回復したことが見て取れる。

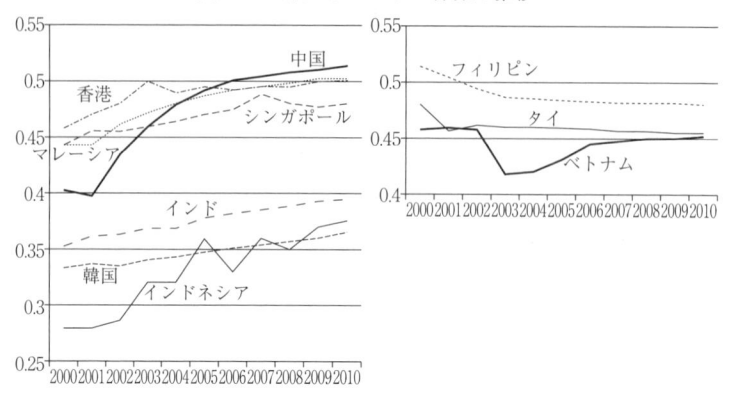

図4-8 東アジアのジニ係数の推移

(出所) 江川暁夫「アジア中間所得層の拡大を妨げる『成長の果実の偏在』」『NIRA モノグラフシリーズ』No.35、2012年8月、6頁。

　ところが実質賃金の伸び率は、生産性と付加価値の伸び率が回復しているにもかかわらず、対象期間に大きく低下した。すなわち、危機後の生産性改善と付加価値の回復は、賃金を抑制することで実現されていたことを示唆している。さらに、生産の拡大が雇用に及ぼす影響を雇用弾性値で確認してみると、製造業での生産拡大は雇用にほとんど影響を及ぼすものではなかった。
　ASEANはFDI導入による工業製品輸出の拡大を通じ、経済成長を遂げてきた。しかし、「投資なき輸出成長」は賃金上昇や雇用の拡大をもたらすものではなかった。雇用環境の改善を伴わない成長は、格差の拡大となってあらわれる。経済成長にもかかわらず、通貨危機後のASEANでは「成長の果実」の不均等な配分が進展していた。

(2) 「成長の果実」の偏在[39]

　図4-8は東アジアのジニ係数の推移を示したものである。左のグラフに記載されているのは2000年以降にジニ係数が悪化した国・地域であり、右のグラフに記載されている3カ国は同期間にジニ係数を改善した国である。東アジアの多くの国で、この間の成長が所得格差の拡大を伴うものだったことが見て取れる。ジニ係数の改善が認められた3カ国も、「きわめて不平等」[40]とされる

図4-9 所得階層別可処分所得伸び率

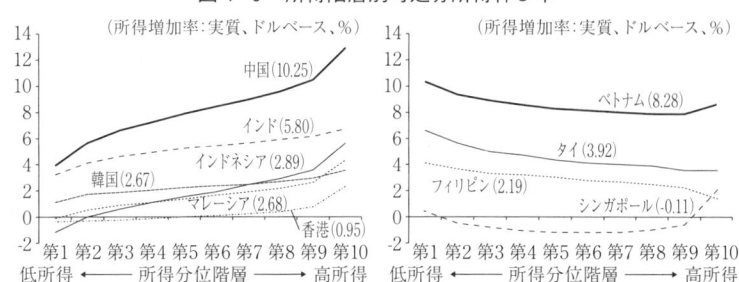

(注1) 各所得十分位層に関し、2000年から2010年までの10年間における年平均の実質可処分所得（1995年価格）の増加率を計算したもの。
(注2) グラフ中、各国の隣のカッコ書きの数字は、実質可処分所得の平均成長率。
(出所) 江川暁夫「アジア中間所得層の拡大を妨げる『成長の果実の偏在』」『NIRAモノグラフシリーズ』No.35、2012年8月、7頁。

水準（0.4以上）での改善にすぎず、依然としてその水準を大きく上回っている。

変化の程度だけ捉えると、フィリピンは所得格差を最も改善した国だが、この間のフィリピンの経済成長は、100万人を超える海外出稼ぎ労働者からの送金がもたらした消費拡大によるものであり、他のASEAN諸国と異なり輸出拡大を通じて実現されたものではなかった[41]。むしろインドネシアの急速な悪化とタイ、フィリピンにおける改善の停滞からは、ASEAN諸国の所得格差が「きわめて不平等」とされる水準に収斂する方向へ向かっているようにも読み取れる。

さらに、図4-9は所得階層別の1人当たり実質可処分所得の伸び率を比較したものである。フィリピンとタイでは低所得階層の伸び率が全所得階層の平均伸び率を上回っているものの、前掲表4-1で両国の実質賃金伸び率は、2003年から2008年の期間にそれぞれ0.2％と0.5％にすぎなかった。したがって、両国において低所得階層の伸び率が平均を上回った背景には、フィリピンにおける所得上昇が国内の賃金とは関連のない海外送金によるものだったこと、またタイではタクシン政権のもとで強力に実施された所得再分配政策が寄与したものだったと考えられる。

一方、ジニ係数が悪化した国では2000年からの10年間、「成長の果実」は高所得階層に偏在していた。マレーシアやインドネシアでは10年間の平均がプ

ラスだったにもかかわらず、最低所得階層の伸びはマイナスを記録した。またシンガポールでは上位所得階層がプラスを記録するなか、その他ほぼすべての階層がマイナスを記録し、「成長の果実」が極度に偏在していたことが読み取れる。

ここに「アジア大消費市場」の実相とASEAN域内経済協力のもう1つの陥穽が明瞭に示されている。

5 むすびにかえて

通貨危機以降ASEANはAFTAを完成させ、AEC設立を通じて域内経済統合を推し進めてきた。同時にアジア太平洋地域の国々とFTAを締結し、自らを国際生産ネットワークのセグメントと化すことで、輸出拡大による成長を遂げてきた。輸出額や経済成長率、AFTA完成や域内統合の進展だけ取り上げれば、ASEANは地域協力機構として大きな成果を達成してきたといえる。冷戦時代からつづく大国の影響力とグローバル化が進展する世界経済のなかで、その時々の外部環境の変化に適応し、自立性と経済成長を確保するための現実的な道を模索してきたASEANの取り組みは、決して過小評価すべきではないだろう。

だが、ASEANの成長戦略が途上国の開発モデルとなりうるかについては、より注意深い検討が必要である。ASEAN経済は外的環境変化をダイレクトに受ける構造となっており、その影響は域内で生活する人びとに直接作用する。FTA締結やAEC設立が単に企業の利益拡大を目的とするものでなく、そこで暮らす人びとの生活改善を最終的な目的とするならば、ASEANの取り組みは不十分なものにとどまっていると言わざるをえない。2000年以降のASEANの成長は、雇用の拡大なき成長であり、成長果実の配分の歪み、すなわち所得格差の悪化を伴うものだった。

現在ASEAN各国の主要都市を訪問すれば、所得の上昇に伴う生活環境の改善を見ることができる。だが、華やかな成長の影で格差の拡大が進行し、いわゆる「貧困ライン」以下で生活する人々が数多く取り残されていることも忘れてはならないだろう。日本各地の低賃金労働現場で働く労働者のなかに、ASEANからの出稼ぎ労働者が散見されるのは、そのためなのである。

1）IMF, Data Mapper（http://www.imf.org/external/datamapper/index.php）参照日：2013年10月3日。
2）Asian Development Bank, *EMERGING ASIAN REGIONALISM: A Partnership for Shared prosperity*, Asian Development Bank, 2008, p. 48.
3）シンガポールに侵入したインドネシア兵2名の処刑を巡る両国の関係悪化と1962年以来マレーシアとフィリピンとの間で燻りつづけていたサバ（北ボルネオ）領有紛争に関連して相互に内政干渉を巡る対立が発生した（山影進「初期ASEAN再考—冷戦構造下のアジア地域主義とASEAN」『国際政治』第116号、1997年、27頁）。
4）山影進『ASEANパワー—アジア太平洋の中核へ』東京大学出版会、1997年、36、51頁。
5）清水一史『ASEAN域内経済協力の政治経済学』ミネルヴァ書房、1998年、第2章。
6）ASEAN設立メンバーのインドネシアは冷戦体制が激化するなか、1955年にバンドン会議を主催し、東西両陣営のどちらにも属さない「第三世界」の立場を確立した。また、非帝国主義・非植民地主義を掲げた非同盟諸国首脳会議でも指導的役割を果たしていた。
7）［清水］前掲書、1998年、第4章。
8）平川均「貿易構造の変容と直接投資」佐藤元彦・平川均『第四世代工業化の政治経済学』（愛知大学国際研叢書第2期第4冊）所収、新評論、1998年、21頁。なおAFTA設立の外的要因として、EUやNAFTA、APECなどリージョナリズムの台頭に対応する必要もあった（西口清勝『現代東アジア経済の展開—「奇跡」・危機・地域協力』青木書店、2004年、153頁）。
9）実際の関税引き下げは、対象品目を①適用品目（IL：関税引下げ対象品目）、②一時的除外品目（TEL：引き下げ準備が整っていない品目）、③センシティブ・高度センシティブ品目（SL：適用品目への移行を弾力的に扱う未加工農産物、HSL：コメ関連品目）と一般的例外品目（GEL：関税率削減の対象としない防衛、学術的価値のあるものなどの品目）に分類した上で、②と③を段階的にILに組み込み、加盟国間の関税率を引き下げていくものだった（尹春志「東南アジア経済統合の現状と課題—地域化と地域主義の論理から見たASEAN」『東亜経済研究』第67巻第2号、2008年、90頁）。
10）マレーシアは2006年3月まで、自動車関連218品目を自由化の対象外である一時的除外品目に設定していた（石川幸一「東アジアの地域統合をリードするASEAN」『国際貿易と投資』Summer 2006/No.64、6頁）。
11）ASEAN域内で部品の相互供給を行う際、輸入関税の50％減免とその国産化率への算入を柱としていた。また、BBCスキームは1996年に対象範囲を自動車以外の全製造業種に拡大し、一定の条件の下でAFTAの完成税率0〜5％を前倒して適用する「ASEAN産業協力計画（ASEAN Industrial Cooperation: AICO）」に発展していった。BBCスキームとAICOに関する詳細は［清水］前掲書、1998年、第5章および丸山恵也・佐護譽・小林英夫編著『アジア経済圏と国際分業の発展』ミネルヴァ書房、1999年を参照のこと。
12）風間信隆「東アジア自動車産業の発展と変容—アジア経済危機の影響を中心として」『明治大学商学論叢』第83巻第3号、2001年、170頁。［尹］前掲論文、2008年、81頁。
13）1985年にわずか6億ドル程度にすぎなかったASEAN向けの直接投資額は、1987年に前年比86.6％の増加を記録すると、1990年には32億5000万ドルに達した（日本貿易振興

会ホームページ（http://www.jetro.go.jp/jpn/stats/fdi/）参照日：2013年3月28日）。
14) GATTの最恵国待遇原則における例外規定。1970年のUNCTADで枠組み合意された。開発途上国支援のため、先進各国は個別に定めた途上国原産の輸入品に対し、最恵国税率より低い関税率を適用できるものとした。
15) 青木健「ASEAN域内貿易比率は何故低いのか」亜細亜大学アジア研究所『東南アジアのグローバル化とリージョナル化』所収、アジア研究所・アジア研究シリーズNo.73、2010年、32頁。
16) CEPTを利用した輸出額を公表しているマレーシアとタイの統計によれば、1998年の総輸出額に占めるCEPT利用輸出額は、マレーシアで1.2％、タイで4.0％にすぎなかった。2010年には、それぞれ17.5％、31.6％に上昇した。タイは完成車輸出の増加により大きく上昇したが、マレーシアの数値は依然、域内輸出シェアの水準を下回っている（JETRO『世界貿易投資報告』JETRO、2008年および2011年）。
17) 1996年にシンガポールで開催されたWTO閣僚会議で29カ国が協定に署名し、段階的に関税を撤廃することとなった。その後、新規に参加する国・地域もあり、現在の加盟国数は75カ国、関税撤廃の対象品目はHS番号6桁分類で約200品目になる。
18) 通貨危機は東アジアの地域主義を呼び起こし、東アジアという単位で経済協力が進展する契機にもなった。今日、東アジア地域協力の制度的基盤として確立されたASEAN＋3最初の首脳会議は、危機の発生間もない1997年12月に開催された。危機への対応策として構築された東アジアにおける金融協力枠組みとしての「チェンマイ・イニシアティブ」も、ASEAN＋3首脳会議の場で始まった（小林尚朗「東アジア共同体とはなにか」平川均・小林尚朗・森元晶文編著『東アジア地域協力の共同設計』所収、西田書店、2009年、76～78頁）。
19) 1998年の第6回首脳会議でAFTAの完成期限を2002年とするハノイ行動計画を採択。2003年1月に「輸入関税撤廃のためのCEPTスキームに関する修正合意の議定書」に調印。なお、撤廃期限は先行加盟6カ国（ASEAN5＋ブルネイ）が2010年、後発加盟4カ国のCLMV（カンボジア、ラオス、ミャンマー、ベトナム）が2015年とされた。
20) AECとASEAN政治安全保障共同体（ASEAN Political-Security Community: APSC）、ASEAN社会文化共同体（ASEAN Socio-Cultural Community: ASCC）の3共同体。
21) 2007年1月の第12回首脳会議で共同体設立目標年限を2015年に前倒すことを決定。
22) ASEANは法的文書ではなく「バンコク宣言」（1967年採択）を設立根拠としていた。憲章発効により、共同体の創設を目指す法人格を有する国際的機関としての位置づけを確立した。
23) ASEAN Secretariat, *ASEAN ECONOMIC COMMUNITY BLUEPRINT*, ASEAN Secretariat, January 2008, p. 6.
24) *Ibid*, p. 8.
25) 石川幸一「ASEAN経済共同体とブループリント」石川幸一・清水一史・助川成也編著『ASEAN経済共同体—東アジア統合の核となりうるか』所収、ジェトロ（日本貿易振興機構）、2009年、19頁。
26) タイとの間の協定発効は、2010年1月。

27）ブルネイ、マレーシア、タイとの間の協定発効は2009年。
28）［清水］前掲書、1998年、終章。
29）ユベール・エスカット／猪俣哲史編著『東アジアの貿易構造と国際価値連鎖―モノの貿易から「価値」の貿易へ』ジェトロ、2011年、8頁。
30）［尹］前掲論文、2008年、100頁。
31）［風間］前掲論文、2001年、178頁。
32）平川均・河合伸「東アジアにおける自動車産業の発展と国際分業の変容―タイとフィリピンを中心にして」平川均ほか編著『東アジアの新産業集積―地域発展と競争・共生』所収、学術出版会、2010年、535〜536頁。
33）［Asian Development Bank］*op. cit*, 2008, pp. 35-36.
34）高坂章「『奇跡』から『再生』へ―東アジアの持続的成長」『アジア研究』第54巻第2号、2008年4月、96頁。
35）［尹］前掲論文、2008年、94頁。
36）UNCTADは、WTO体制のもとで世界経済への統合の自由度や国内産業の育成機会を失っている途上国が、関税の引き下げにとどまらずWTOの多国間交渉でまとまらなかった政府調達や競争政策、労働基準や環境基準などの新しいルールを求める先進国とのFTAを締結することは、さらに途上国の開発における自由や機会を奪い取ることになりかねないと警鐘を鳴らしている（UNCTAD, *Trade and Development Report 2007*, UNCTAD, 2007, p.57）。
37）経済産業省『通商白書2010年版』経済産業省、2010年、第2章第3節。
38）Asian Development Bank, *Asian Development Outlook 2012: Confronting Rising Inequality in Asia*, Asian Development Bank, 2012.
39）本項は主に以下の研究を参照している。江川暁夫「アジア中間所得層の拡大を妨げる『成長の果実の偏在』」『NIRAモノグラフシリーズ』No.35、2012年8月。
40）［Asian Development Bank］*op. cit*, 2012, p. 45.
41）森元晶文「途上国開発政策に内在する開発リスク生成の構造と展開―フィリピンの海外労働力促進政策を巡って」郭洋春編著『開発リスクの政治経済学』所収、文眞堂、2013年、第4章。

【森元晶文】

第5章　EU統合の歴史と垂直的経済統合の深化

1　EU統合の歩みと到達点

　EU統合の歴史は、半世紀以上にわたる拡大（enlargement）と深化（deepening）の過程であった。2度にわたる世界大戦で疲弊したヨーロッパ経済の復興を実現する唯一の方法は、分裂した諸国間の和解と協調によるヨーロッパ連邦の創設にあると考えられたのである。米ソ対立、西ドイツの工業化と西欧への同化の文脈のなかで中核国仏独の対立を止揚し、欧州全体の共通の繁栄の基礎を固めるべく1951年にパリ条約が締結され、フランス、西ドイツ、イタリア、ベネルクス3国（ベルギー、オランダ、ルクセンブルク）の6カ国からなる欧州石炭鉄鋼共同体（ECSC：European Coal and Steel Community）が創設され、1957年にはローマ条約の締結による欧州経済共同体（EEC：European Economic Community）および欧州原子力共同体（EURATOM）が結成された。さらに1960年には、EECに対抗して欧州自由貿易連合（EFTA：European Free Trade Association）がイギリス、スウェーデン、デンマーク、ノルウェー、スイス、オーストリア、ポルトガルの7カ国で結成された。1967年には3つの共同体（EEC、ECSC、原子力共同体）の理事会、委員会が合同し、EC（欧州共同体）となり、翌1968年には域内関税および数量制限の撤廃と共通域外関税を設定した関税同盟を実現した。この時期までに欧州では現在までの完全な経済統合をめざす統合段階の基礎が築かれたといえよう。[1]

　ECは、1973年にはイギリス、アイルランド、デンマークが加盟してEC9カ国（第1次拡大）へと拡大を果たしたものの、1970年代の石油危機（1973、1979年）の影響により、欧州各国で不況が深刻化し、加盟国間の非関税障壁の存在や経済成長の低迷、高失業問題に悩まされ、急激に保護主義的傾向を強めていった。したがって、1980年代においては、EC加盟国がいかにして長引く不況から脱却し、市場統合と経済発展を推進させることが最大の課題とされた。経済停滞を打開する方途として選択されたのは、先進国地域と後進国地域の垂直的経済

関係を包摂しつつ拡大をつづけることであった。すなわち、当時の国民1人当たりの所得水準がEU平均の半分にすぎなかったギリシャが1981年に加盟を果たし（第2次拡大）、1986年には同7割のスペイン、同4割のポルトガルが加盟（第3次拡大）を果たして12カ国となる。同時期、J. ドロールEC委員長らがイタリア人の経済学者であるP. チェッキーニに要請して提出された域内市場統合後の中期的マクロ経済効果を予測した「チェッキーニ報告」によれば、市場の拡大による「規模の経済」（生産規模の拡大に伴って生産物の単位当たりのコストを下げ、効率を改善させること）効果や企業の非効率と独占利潤を減少させる自由競争強化による利益（例えば製品の品質向上、企業の多様性の増加）によりECの中期的利益はGDP比で2～3.7%の増加が見込まれた。この報告書を受け、1990年代には再び欧州での市場統合に向けた機運が高まるとともに、通貨統合と政治統合をめざす時代へと移り変わっていく。

その第1段階として、1990年に経済通貨同盟（EMU：Economic and Monetary Union）の設立をめざして、EC加盟国間の資本移動が原則的に自由化され、1993年にマーストリヒト条約（欧州連合条約）の発効を経てヨーロッパ連合（EU：European Union）が創設された。マーストリヒト条約では、欧州の経済統合に加えて共通外交・安全保障政策、欧州安全保障・防衛政策、司法・内務協力へと政治的な統合分野が拡大された。そして、1995年にオーストリア、スウェーデン、フィンランドの3カ国が新たに加盟を終えEUは15カ国となり（第4次拡大）、2002年から単一通貨ユーロが導入され通貨統合の段階を迎えることになり、21世紀初頭、EUは世界でも類をみない統一通貨による財・サービス市場およびユーロ金融・資本市場の巨大な単一市場を実現したのである。

拡大に関してもEUは新たな局面を迎えることになる。1990年代のヨーロッパでは、「ベルリンの壁」の崩壊（1989年）に象徴される冷戦の終結を迎え、これまで東西対立により分断されていた中・東欧諸国の「ヨーロッパへの回帰」（Return to Europe）が声高に叫ばれるようになり、中・東欧諸国によるEU加盟プロセスが進展する。中・東欧諸国による加盟プロセスに伴う体制転換については後述するが、2004年には中・東欧8カ国にキプロス、マルタの2カ国を加えた10カ国の新規加盟が実現し、さらに2007年に、ルーマニア、ブルガリアのEU加盟（第5次拡大）により、加盟国は27カ国へと拡大した後、2011年

表 5-1　EU加盟国の推移

	加盟国	加盟国数
原加盟国	ベルギー、ドイツ（加盟時西ドイツ）、フランス、イタリア、ルクセンブルク、オランダ	6 カ国
第 1 次拡大（1973年）	デンマーク、アイルランド、イギリス	9 カ国
第 2 次拡大（1981年）	ギリシャ	10 カ国
第 3 次拡大（1986年）	ポルトガル、スペイン	12 カ国
第 4 次拡大（1995年）	オーストリア、フィンランド、スウェーデン	15 カ国
第 5 次拡大（2004年10カ国、2007年 2 カ国）	キプロス、チェコ、エストニア、ハンガリー、ラトビア、リトアニア、マルタ、ポーランド、スロバキア、スロベニア（2004年）、ブルガリア、ルーマニア（2007年）	27 カ国
第 6 次拡大（2013年）	クロアチア	28 カ国

（出所）外務省ホームページ。

　12月にはクロアチアが加盟条約に署名し、2013年 7 月の正式加盟を果たした（**表 5 - 1**）。現在、加盟候補国は、セルビア（2012年 3 月加盟候補国認定）、マケドニア、モンテネグロ（2010年10月）、アイスランド（2010年 7 月）、トルコの 5 カ国が名を連ねている。

　28カ国にまで加盟国を拡大したEUは、GDP約12兆2605億ユーロ（約1471兆円）、人口は 5 億人を超える世界最大の経済統合体となり、GDP、人口ともに米国（GDP約10兆8978億ユーロ（1307兆円）、人口 3 億1000万人）をも凌駕する規模となった（日本 4 兆1177億ユーロ（494兆円））。

　これまで長期にわたる拡大と深化をつづけてきたEUであるが、2007年の米国のサブプライムローン問題を端緒とする世界的な金融市場の混乱の影響に加え、2009年のギリシャの債務・財政問題に端を発した欧州債務危機により、域内財政政策の不調和や域内不均衡等の構造的な問題が顕在化し、ユーロ（欧州経済通貨同盟）圏の危機も叫ばれている。EU全体の経済成長率は、2009年に前年比 - 4.3％と大幅に悪化した後、2010年には2.1％に回復したが、2011年は1.5％に鈍化し、依然として景気後退局面に直面しており、欧州委員会によれば、今後も経済の収縮がつづき、本格的な回復は2014年以降になると予測されている。[2] 欧州金融安定化ファシリティ（EFSF）、欧州金融安定化メカニズム（EFSM）、欧州安定メカニズム（ESM）の 3 つの枠組みを設け、危機の震源となっているPIIGS（ポルトガル、イタリア、アイルランド、ギリシャ、スペインの

頭文字）に対しての緊急金融支援に向けた取り組みを講じているものの、この危機から欧州が脱却できるかはまだ不透明な状況にある。

　今次の金融危機で指摘されている各国の財政政策の調和もさることながら、これまでのEU経済にとっての最大の課題は、グローバル化のなかで欧州企業が世界的競争に参入し、競争力強化（特にPIIGSでの生産性上昇）と収斂（格差是正）に不可欠な優先度の高い政策分野の安定・成長を図り、世界市場において勝ち抜くための条件を整備することに置かれていた。2000年から2010年にかけての10年間、EU委員会は「リスボン戦略」と呼ばれる経済・社会政策を発表し、「世界最大の経済圏」になることを目標に「より多くの雇用とより強い社会的連帯を確保しつつ、持続的な経済発展を達成しうる、世界で最も競争力があり、かつ力強い知識経済となること」を宣言し、EUの平均経済成長率3％の達成が掲げられた。この「リスボン戦略」は、現在「欧州2020」（Europe 2020）戦略として引き継がれており、同戦略では、①知識とイノベーションにもとづく経済を基盤とした「賢い成長」（smart growth）、②資源の効率的利用、低炭素社会、競争力のある経済の実現による「持続可能な成長」（sustainable growth）、③社会・地域連帯を確保するとともに高水準の雇用を実現する「包括的な成長」（inclusive growth）の3つの優先課題領域を明らかにし、EUが2020年までに到達すべき目標に、雇用（20〜64歳）促進、教育水準の改善、貧困対策（貧困レベルに属する人びとを2000万人削減）、温室効果ガス排出量の2割削減および再生可能エネルギーの使用比率2割増加、イノベーション（R&D投資増加）を盛り込んでいる。すなわち、EU域内での製造工業部門の競争力の低下や失業者数が2300万人にも達する雇用喪失に起因する経済の「構造的な脆弱性」を補完するために、「知識依存型」社会モデルへの移行によって雇用機会を創出し、経済成長を高めることが必要とされている。同時に、EU中核諸国における工業部門の競争力低下を、EU周辺諸国との国際分業体制を不断に再編成（生産工程の圧縮および工程ごとの外部発注、周辺国への直接投資を通じた企業内生産ネットワークの再編）することで、域内の過剰資本や過剰生産の流出先を確保するための外延的拡大が迫られているのである。

　そこで本章では、自由貿易協定（FTA）を基軸としたEU域外経済圏との関係強化による世界経済における位置づけを確認するとともに、EU周辺諸国へ

の外延的発展・再編の過程、とりわけ東方(中・東欧諸国)および南方(地中海地域を含む近隣諸国)における低賃金生産基地の空間的な拡大過程を概観することで、EUによる周辺諸国への経済的影響と目的について考察してみたい。

2 自由貿易協定を基軸とするEU域外経済との連携強化

1990年代以降、貿易・投資の自由化を目的とする地域統合は、先進国、開発途上国を問わず増加・拡大の一途をたどっている。WTO(2013年1月時点)によれば、全世界で354の地域統合協定(RTAs:Regional Trade Agreements)が機能している。RTAsの多くは自由貿易協定(FTA:Free Trade Agreement)であり、締約国間の関税その他の制限的通商規則等の撤廃を内容とし、実質上すべての貿易について除去することで、一定地域内の貿易を自由化する取り極め(自由貿易地域を形成するための協定)である[4]。

EUにおいては、すでに1960年に欧州7カ国で設立された欧州自由貿易連合(EFTA:European Free Trade Association)や、EFTA加盟国の企業がEUの単一市場に参加できるように1994年にEFTAとEUとの間で発効した欧州経済領域(EEA:European Economic Area)がある。1980年代以降は、域外国との自由貿易協定(関税撤廃)に加えて、投資の自由化、競争政策の調和、政府調達、環境政策、資本移動の自由化等の市場制度や経済活動の一体化のための取り組みも含む対象分野が拡大した経済連携協定(EPA:Economic Partnership Agreement)や連合協定(Association Agreement)の締結が急激に増加している。連合協定では、貿易自由化や知的所有権保護等の経済連携に加えて、人権や民主主義原則等の政治的側面や労働者の権利、移民問題等の社会的側面を含むより包括的な協力が規定されている。

これまでEUは、その拡大過程において地理的に近接している中・東欧(および南東欧)諸国の加盟に向けた経済統合の実現を図るとともに、地中海南沿岸諸国との連合協定を締結してきた。だが、2000年代中頃に入り、域内成長戦略の行き詰まりから新たなグローバル戦略が迫られるようになると、欧州委員会は、2006年10月に世界経済における新たな均衡点を模索するとともに新興国との自由貿易協定の締結をめざす「グローバル・ヨーロッパ:世界での競争」を発表した[5]。そのなかでEUは、従来までの近接地域(東域または南域)に

加えて、非近接地域であるアジア、アフリカ、湾岸、北米、中南米諸国に対して、欧州多国籍企業のグローバルな活動の障害となるあらゆる規制を可能な限り取り払うため、選別的に外交手段が利用できる2国間を含む自由貿易協定の拡大を図ることを政策目標に加えている。[6]

すなわち、EUは目覚ましい経済成長をつづけている中国やインド等の新興アジア諸国での市場シェアを喪失しつつあり、こうした潜在成長性の高い市場で出遅れることは将来的にグローバル経済におけるEUのポジションに悪影響を及ぼす可能性があることを指摘し、新興アジア諸国と新たな自由貿易協定を通じた世界経済におけるEU経済（および欧州企業）の競争力強化を謳っている。この枠組みのなかで、EUは、韓国、インド、ASEANをアジアのニューフロンティアと位置づけ、2国間FTA締結の優先対象としてきた。FTA相手国・地域の選定にあたって、EUは、その経済基準として、市場の潜在力（経済規模と成長性）、EUの輸出利益に対する保護水準（関税および非関税障壁）等を挙げており、こうした諸国では、（当該国、地域と取引する）欧州企業のために市場開放を求める必要があるとして、2007年4月、欧州理事会は、優先的交渉相手国・地域（インド、韓国、ASEAN）との「新世代FTA」の交渉指令を発表した。FTAにもとづくグローバル戦略は、近年、次々に実現している。例えば、韓国とEUは2007年に自由貿易協定の交渉を開始し、2009年10月に協定に仮署名した。その後、2010年10月のEU・韓国サミットの際に正式署名が調印され、2011年7月には暫定発効に至っている。インドとは2007年6月からFTA交渉を開始し、2012年の共同声明では交渉が終わりに近づきつつあることが確認された。ASEAN諸国とは2007年から2009年まで7回の交渉ラウンドがおこなわれたが、EUはASEAN諸国との各国別の交渉に軸足を移し、2010年にシンガポールと交渉を開始し、2012年12月に交渉が終了している。現在、マレーシアやベトナムとの自由貿易協定締結に向けた交渉がつづけられている。

アジアと同様に、中南米諸国との経済連携も進められている。メキシコとは1997年に経済パートナーシップ合意に調印し、2000年に発効した。チリとは2002年の連合協定に調印の後、2005年に批准されている。その他、メルコスール（南米南部共同市場）との交渉（2004年に中断の後、2010年5月にEU・メルコスールサミットが開催されて交渉再開）や中米地域（コスタリカ、エルサルバドル、グア

テマラ、ホンジュラス、ニカラグア、パナマの6カ国で2010年に妥結後、2012年7月に調印)、アンデス共同体（ボリビア、コロンビア、エクアドル、ペルー）との交渉（2008年に中断の後、2010年にコロンビアとペルーとの間で交渉が妥結）も進められている。

　一方、これまでEUは中・東欧諸国および地中海南沿岸諸国に対しての経済連携を構築してきたが、現在ではさらに東域に位置するバルカン諸国等周辺諸国との連合協定の締結も積極化させている。2000年代以降、こうした諸国と将来的なEUへの加盟可能性を見据えつつ近隣諸国の安定化を図る安定化・連合協定（SAA：Stabilisation and Association Agreement）を次々に締結している。すでに加盟済みのルーマニアとブルガリアを除く西バルカン諸国を対象とするSAAは、クロアチア（2001年交渉開始、2005年発効）、セルビア（2005年交渉開始）、ボスニア（2007年交渉開始）、モンテネグロ（2007年交渉開始、2010年発効）、アルバニア（2006年交渉開始、2009年発効）、マケドニア（2000年交渉開始、2004年発効）との間で締結している。西バルカンよりさらに東域に位置する黒海周辺諸国（ウクライナ、モルドバ、グルジア、アルメニア、アゼルバイジャン）とは、連合協定の交渉が進められている。[7]

　以上のようなEUのグローバルな自由貿易協定の締結に向けた動きと近隣諸国・非近接地域に対する経済連携の強化・拡大の目的はどこにあるのか。「リスボン戦略」および「欧州2020戦略」で見たとおり、世界最大となったEUという経済統合体を支えるためには、ドイツ、フランス等の中核国は脱工業化による新たな競争優位産業を確立する必要がある一方、中・東欧などの近隣周辺国の低賃金労働による生産性（高い労働意識と教育）を利用・享受しつつ、EUが求める厳しい基準（法の支配、経済基準の達成、政治的民主化や自由化）を近隣周辺諸国に要求することで、欧州企業の投資・貿易の活性化を通じた国際競争力の強化により、グローバル競争における生き残りを図っているとみることができよう。さらに、21世紀には中国、インド等の新興国の成長による世界経済の多極化構造が進むなかでEUはグローバルなパワーバランスのシフトにも対応を迫られている。

　このように近年、世界中の国・地域に対して積極的な連合協定・FTA交渉の姿勢を鮮明にしているEUであるが、域外国との連携強化の結果、実態面からもEUと域外国との輸出入動向からも新興国等の外需に牽引された底堅い伸

表5-2　EU27の主要国・地域別輸出入

(単位：億ユーロ)

	輸　出				輸　入			
	2008	2009	2010	2011	2008	2009	2010	2011
EU27域内	27,183	21,969	25,407	28,045	26,444	21,295	24,688	27,343
EU27域外	13,175	10,991	13,566	15,584	15,829	12,330	15,308	17,171
EU加盟候補国	741	588	762	898	559	440	519	589
ロシア	1,048	656	861	1,083	1,783	1,180	1,606	1,990
アジア	3,938	3,571	4,495	5,136	6,323	5,108	6,610	7,240
中国（香港を除く）	782	823	1,133	1,363	2,479	2,141	2,825	2,933
日　本	422	359	439	490	761	582	673	691
インド	313	274	349	405	295	254	333	396
韓　国	255	216	279	325	395	324	394	361
北米（NAFTA）	2,949	2,413	2,904	3,174	2,215	1,839	2,114	2,380
米　国	2,475	2,034	2,423	2,636	1,824	1,545	1,730	1,909
地中海沿岸諸国	1,739	1,500	1,812	2,006	1,651	1,182	1,468	1,476
ブラジル	263	216	314	357	358	259	332	389
合計（域内＋域外）	40,358	32,960	38,973	43,629	42,273	33,625	39,996	44,514

(出所) Eurostat.

びが確認できる（表5-2）。

　表5-2にみられるように、2011年におけるEUの貿易額（域内、域外を含む）は、リーマン・ショック後の大幅な落ち込みを見せた2009年から大幅な回復をみせており、輸出が4兆3629億ユーロ（前年比11.9％増）、輸入が4兆4514億ユーロ（11.2％増）であった。そのうち、EU27域内の貿易は、輸出入ともに6割を超えており、域外との輸出入は3割程度（35～38％）にすぎない。EEC発足当初（1957年）の域内輸出比率（域内輸出/輸出合計）は3割程度にすぎなかったが、加盟国の拡大を果たすことで域内輸出比率を増加させ、1995年の第4次拡大（EU15カ国）時点で6割を超えている。

　一方、域外貿易に関しては、EUの最大の貿易相手国は米国（輸出3174億ユーロ、輸入2380億ユーロ）であるが、特に新興国（BRICs：ブラジル、ロシア、中国、インド）を中心に輸出入ともに増加が見られる。なかでも中国からの輸入額は、2006年以降米国をしのぐ規模に達しており、2011年には2933億ユーロと、大幅な貿易赤字（1570億ユーロ）となっている。また、EUからインドへの輸出は、2011年に前年比16％増の405億ユーロ、EUのインドからの輸入は前年比19％増の396億ユーロに達しており、貿易額（輸出＋輸入）では、2000年の266億ユー

ロから2011年には801億ユーロと3倍に増加した。同様にブラジルとEUの貿易額は、2000年から2011年では356億ユーロから746億ユーロへと倍増している。

　以上のように、EUは、新興国の経済成長および消費市場拡大が進むグローバル経済のなかで、選別的な自由貿易協定を取り結びつつEU域外との貿易を増加させていることがわかる。次節では、EUに対する新たな対抗関係として存在感を増している中国、インド、ロシアなどの新興経済国とのグローバル均衡を模索するEUの経済戦略を、中・東欧諸国へのEU拡大プロセスの経緯をたどりながら、EUによる周辺諸国（中・東欧諸国、地中海南沿岸諸国）を包摂する汎欧州生産ネットワーク（製造拠点）の再編と包摂に向けた動きから検討する。

3　中・東欧諸国への外延的拡大──汎欧州生産ネットワークへの再編と包摂

　すでに述べたように、中・東欧諸国がEUに加盟した第5次拡大は2004年、2007年であったが、そのための加盟申請は1990年代から行われていた。EUへの加盟条件は、1993年に「コペンハーゲン基準」として原則化されている。「コペンハーゲン基準」では、新規加盟国の条件として、①政治的基準（民主主義、法の支配、人権および少数民族の尊重と保護を保障する安定した制度を有すること）、②経済的基準（市場経済が機能しており、EU域内での競争圧力と市場諸力とに対抗しうる能力を有すること）、③法的基準（EUの政治、経済、通貨統合の目的を支持し、加盟国としての義務を果たせること）の3点が定められている。また、法制度については、EU加盟国が基本条約にもとづいて積み上げてきたEUの法体系の総体である「アキ・コミュノテール（共同体の既得物）」（Acquis Communautaire）を受け入れなければならない。加盟を希望する国に対して、人、物、資本の移動の自由、司法制度、社会制度、環境保護などEUが規定する35の分野ごとに、国内法に置き換えていかなければならない。中東欧諸国に対するEUの移行支援策は、1989年から「ポーランド・ハンガリー経済再建援助計画」（PHARE：Pologne, Hongrie, Assistance à la Reconstruction Economique（フランス語で灯台という意味））が実施された。具体的には、民営化（および旧国営独占企業の解体、国有企業の再構築、民間部門、特に中小企業に対する援助、財政、金融制度（税、銀行、保健など））の整備に向けた移行支援である。[8] PHAREは当初、ポーランドとハ

ンガリー向け融資が中心であったが、その後、チェコ、スロバキア、ブルガリア、東ドイツ、アルバニア、ルーマニア、スロベニアとバルト3国へと適応範囲が拡大され、1990～99年間の援助額は約68億ユーロにも達した。さらに、1999年以降は、新たに農業・農村開発特別加盟準備プログラム（SAPARD：Special Pre-Accession Assistance for Agriculture and Rural Development）と加盟前構造政策（ISPA：Instrument for Structural Policies for Pre-Accession）によりPHAREを補完するかたちで支援額を拡大させてきた。

　加盟候補国はEU加盟にあたって、移行に向けた支援・援助とともに、EUが提示する政治、経済、法・諸制度にわたるあらゆる基準を受け入れ、共産主義体制下に置かれていた諸国の民主化と市場化が強力に推し進められることになった。1980年代まで、中・東欧諸国は旧ソ連による経済相互援助会議（COMECON）域内での社会主義分業体制と計画経済政策を基本的な特徴としていたが、1990年代の第5次拡大プロセスを通じて、周辺国の構造改革の実施と、欧州を出自とする資本に門戸開放を迫り、EU経済を中心とする急速な地政学的な構造変化と国際分業体制の大幅な再編と包摂を引き起こすことになった。

　EU加盟に伴い中・東欧諸国で採用された市場経済化をめざす構造的措置は、一般的にポーランドなどに施され、ジェフリー・サックス（Jeffrey Sachs）によって主導された「ショック療法（ビック・バン）」とハンガリーなどに対する「漸進主義」と呼ばれる2つの政策が主流であった。「ショック療法」は、短期間のうちに民営化と市場自由化を推し進め、ハイパー・インフレーションの封じ込めやマクロ経済の安定化といった全面的な改革を推進し、「漸進主義」は、制度インフラ構築を重視し、時間をかけて改革を進めるというものであった。両者の間には、移行スピードの差が存在するにせよ、いずれの政策も、インフレや財政赤字、対外債務に悩まされていた中・東欧諸国のマクロ経済安定化をめざした経済政策プログラムである。世界銀行の1996年の報告書『計画から市場へ』（Plan to Market Patterns of Transition）によれば、移行諸国の経済分析を行った上で、旧ソ連体制下におけるマクロ経済の不均衡を取り払い、経済成長の最も重要な要素である自由化を進めることは、「以前には抑圧されていた部門を解放し、資本と労働の再配置を促すことができる」とされた。[9]

　だが同時にEUが中・東欧諸国に迫った「ショック療法」は、禁断状態に置

かれた麻薬中毒患者に特有の鳥肌状態となぞらえて、「コールド・ターキー」プログラムと呼ばれたように、社会主義経済体制時代の過去の負の遺産を徹底的に清算し、EUが提示する新自由主義的市場化モデルに有無を言わさず組み込むことを意味していたのである。

　以上のような中・東欧諸国の移行プロセスについて、フランスの経済学者で「社会主義諸国国際経済学センター」所長であるマリー・ラヴィーニュは、EU近隣諸国が均一の新自由主義的市場化モデルに塗り替えられていく様を、次のように描写している。「ドイツあるいは英国の若者が、旅をして、ブダペストあるいはヴィリニュス（リトアニア共和国の首都）の街を歩き、そこがかつては別の世界であったということを決して思い出すことがなければ、移行が完了したといえるだろう。あるいは、もっと洗練された答え方としては、移行諸国における発展によって、『西ヨーロッパの『西』という形容詞が持っているニュアンスが消し去られた』時、移行は終わったといえるかもしれない[10]」。

　以上のような欧州の外延的発展とそれに伴う均質化は、実態面としてFDI流入額の推移からも看取できる。

　中・東欧諸国へのFDI流入額（ネット）は、1990年代前半までは100億ドル程度であったが、移行プロセスが本格化し始めた1990年代後半から2000年にかけて200億ドル近くにまで増加することになった（図5-1）。さらに金融危機以前のピークの2007年には350億ドルまで急激な増加をみせている。同時に、中・東欧諸国よりさらに周辺に位置する南・東欧諸国へのFDI流入額は、1990年代は30～40億ドル程度にすぎなかったが、中・東欧諸国のEU加盟が最終段階を迎えた2003年から急激な伸びをみせており、2008年には291億ドルを記録するなど中・東欧諸国の水準に匹敵している。国別では、チェコ、ポーランド、ハンガリーの中欧3カ国が中・東欧諸国全体の9割を占めていたが（1999年）、最近ではスロバキアやバルト3国へのFDIも増加している。南・東欧諸国に対しては、ルーマニアを筆頭に、セルビア、クロアチア、ブルガリアでFDIの増加がみられた。中・東欧諸国への投資増加の決定要因は、欧州に地理的に近接していることに加え、比較的安価ではあるが質の高い労働力と消費市場としての潜在性が挙げられてきた。EUからの巨額の移行支援金やインフラ投資と引き換えに、とりわけドイツの影響力の強いハンガリーやチェコ、ポー

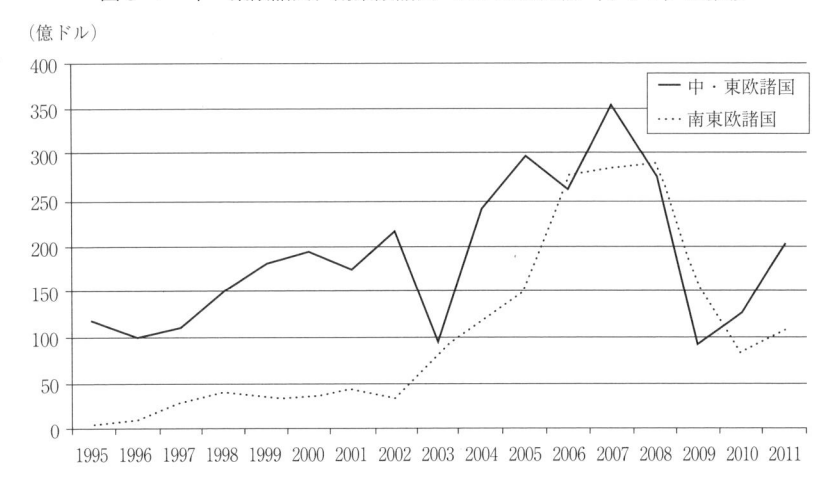

図5-1 中・東欧諸国、南東欧諸国へのFDI流入額(ネット)の推移

(億ドル)

(注) 中・東欧諸国はチェコ、エストニア、ハンガリー、ポーランド、スロバキア、スロベニア、ラトビア、リトアニア、南東欧諸国は、ブルガリア、クロアチア、ルーマニア、アルバニア、ボスニア・ヘルツェゴビナ、マケドニア、モンテネグロ、セルビアの合計。
(出所) EBRD, Economic Statistics and Forecast.

ランドでは、1990～2000年にかけて製造業(電気・機械産業、自動車産業)の産業集積が進んだ。ブルガリアやルーマニア等の東欧諸国では、衣類・繊維産業などの労働集約産業もしくは製鉄、木材といった資源集約産業での産業間貿易が行われていたが、近年ではこれら工業化が遅れていた諸国においても自動車産業や電気・電子機器産業などの生産拠点が拡大している。EU(および米国、日本)を出自とする多国籍企業は、これら地域に複数の生産拠点を展開し、下請け加工工程移転や委託加工取引を通じた新たな産業基盤を集積し、産業内貿易によって結びつけられた汎欧州生産ネットワークを形成することになったのである。

フランスの国際経済予測センター(CEPII: Centre d'Etude Prospectives et d'information International)は欧州拡大に伴う貿易パターンの変化を指摘している。産業内貿易とは、同一の商品分類に属する商品を一国が同時に輸出入を行っている貿易形態を指しているが、CEPIIの分析によれば、EUと中・東欧諸国との貿易形態では、産業内貿易のなかでも、類似製品貿易(水平的双方向貿易)

第5章 EU統合の歴史と垂直的経済統合の深化 | 95

ではなく、製品単価の差が15％以上の差別的製品貿易（垂直的産業内貿易）が増加していることを指摘している。この垂直的産業内貿易は、自動車、化学、木材・紙、金属、繊維などの産業でのシェアが高まっていった。すなわち、市場統合によって企業間の競争はEU規模に拡大し、とりわけ製造業部門においては、EU全域において企業間競争を中心とした国内市場型の関係へと転化させたのである。[11]

例えば製造業の代表産業である自動車産業を例に、中・東欧地域への地理空間的再編成のプロセスを見てみたい。図5-2に見られるように、中・東欧諸国における自動車生産は、1990年の53万台から2007年には349万台に急激に増加している。チェコでは、仏日（PSA Peugeot Citroën/トヨタ、2002年～生産台数30万台）、韓（Hyundai、2006年～30万台）の自動車工場の稼働により、2011年の生産台数は119万台に達した（図5-2）。スロバキアでは独（Volkswagen、1993年～35万台）、仏（PSA Peugeot Citroën、2003年～45万台）、韓（Hyundai、2004年～30万台）により、63万台を記録するようになった。

また図5-3は、欧州における自動車産業の製造拠点の変遷を示している。伝統的な自動車産業の中核地域であったフランスやドイツから、1980年代にはスペイン等の第3次拡大により製造拠点が移管され、さらに1990年代には、中・東欧諸国という旧社会主義諸国を、政治経済、法制度に至るあらゆる分野にわたりEUが規定する水準に収斂させることで、EUの過剰資本と過剰生産物の流出先を確保し、新たな周辺地域として低賃金生産基地と市場に組み替える作業が行われている。自動車産業の生産ネットワークは、ドイツ東部からチェコ、スロバキア西部、ポーランド南部、ハンガリー、ルーマニアへとさらに東方へと拡大をつづけているが、これら諸国の月額法定最低賃金（2012年11月時点）は、チェコが313ユーロ、スロバキアが327ユーロ、ポーランドが355ユーロと、EU主要諸国の4分の1程度であり、[12]南・東欧のルーマニアでは157ユーロ、ブルガリアでは148ユーロとさらに賃金水準が低い。

こうしたEU自動車企業の中・東欧の低賃金労働力を利用した工場移管が進む一方で、EU中核諸国内では大規模な産業空洞化を引き起こす結果を招いている。今次債務危機の影響により業績不振に陥った自動車企業は、工場の閉鎖と大量の人員削減を次々と発表している。仏PSA Peugeot Citroënは、2011年

図5-2 中・東欧諸国における自動車生産台数の推移

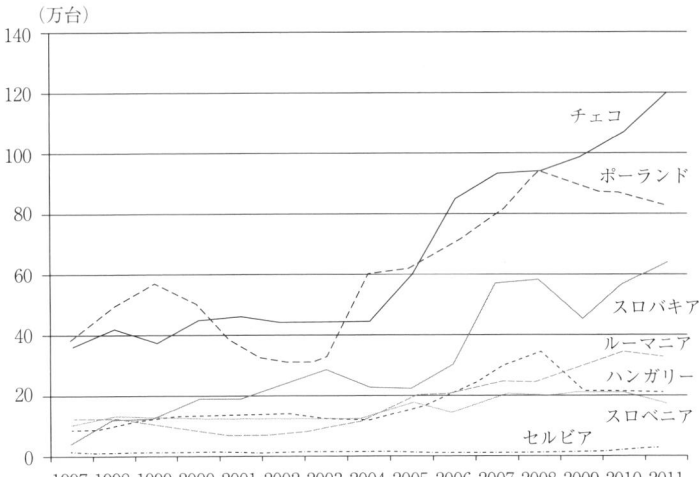

(注) 乗用車、商用車両方を含む。
(出所) OICA (Organisation Internationale des Constructeurs d'Automobiles) より作成。

図5-3 欧州における自動車産業製造拠点の変遷

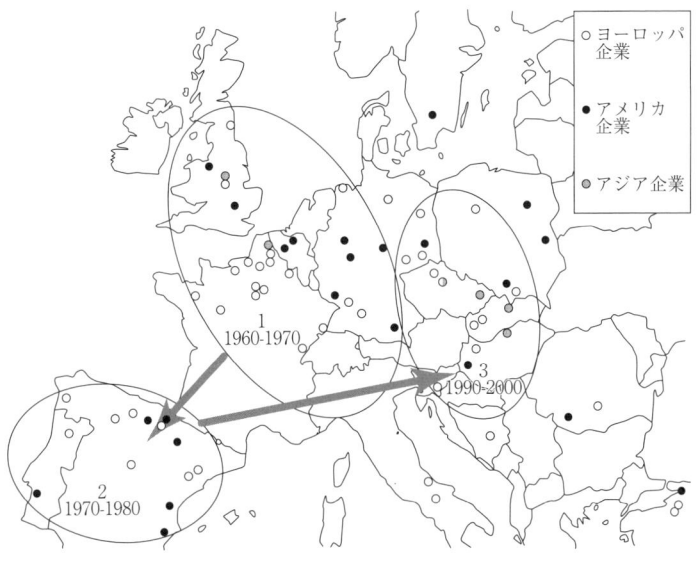

(出所) Sebastien Bourdin, Anais Le Thiec et Bernard Elissalde, "Le Changement spatial dans l'industrie automobile en Europe central et orientale: entre effets d'heritage, cycle de vie et transition, Geocarrefour, Vol.84/3, 2009.

に6000人を解雇し、さらに2014年までにフランス国内の2工場の閉鎖を発表し8000人を解雇すると発表し、米GMの欧州部門Opelは、2016年までにドイツの工場で3000人、ベルギーでは2600人を解雇すると発表している。米フォードは2014年までにベルギーとイギリスの3工場の閉鎖を決定し、6200人の解雇を予定している。今後欧州の16工場が閉鎖され、4万人以上の工場労働者が解雇され、臨時雇用150万人が失業するとも言われている。[13]

　以上は、EUの中・東欧諸国への外延的拡大プロセスによる製造拠点の変遷プロセスをたどってきたが、自動車産業をはじめとして、金融仲介（銀行、証券、保険）、卸小売、不動産、インフラ（輸送、テレコム、電力ガス）に至るほぼすべての部門において、労働コストの低下や生産効率の向上を通じて西欧・北欧企業の国際競争力の回復を図るため、中・東欧を包含した生産拠点の外延的拡大が進んでいる。[14]

4　欧州近隣国政策（ENP）を通じた垂直的経済統合の深化

　EUを中心とする多国籍企業の国際生産ネットワークに編入させ、周辺地域を包摂する拡大プロセスは、東方（中・東欧諸国）だけでなく、南方（地中海南沿岸諸国）にも向けられている。2004年、EU委員会は、欧州近隣国政策（ENP: European Neighbourhood Policy）を発表し、地中海南沿岸の10カ国（モロッコ、アルジェリア、チュニジア、リビア、エジプト、イスラエル、パレスチナ暫定自治政府、レバノン、シリア、ヨルダン）に加え、旧ソ連の東域6カ国（ウクライナ、モルドバ、ベラルーシ、グルジア、アルメニア、アゼルバイジャン）の合計16カ国を対象とする経済統合を図ろうとしている。

　ENPが提唱された背景には、EUと対象国間における自由貿易協定の締結と、欧州の近隣地域における政治、経済、社会面での改革と安定化を図ることである。EUが西バルカンを対象として安定化・連合協定（SAA）を締結している状況はすでに指摘したが、中・東欧諸国と同様に、ここにおいてもEUは、将来的にEUのさらなる後背地候補と目される諸国に対しても民主化と市場経済化（人権、法の支配、グッド・ガバナンス）に向けた強力な圧力と基盤構築を進めている。EUはENPに参加する諸国に対して、各国別に3～5年単位の行動計画を策定し、欧州委員会によるマクロ経済のモニタリングと財政・技術支援に

よる改革を行いながら、さらなる影響力と監督の強化をめざしており[15]、また、欧州多角的地域協力政策として、東方パートナーシップや地中海連合、黒海シナジー（2008年）も打ち出している。東方パートナーシップ（EaP：Eastern Partnership）は、2009年5月に開始され、アルメニア、アゼルバイジャン、ベラルーシ、グルジア、モルドバ、ウクライナを対象とし、当該諸国とのEU経済への漸進的な統合とより密接な関係強化が可能となるように、自由貿易協定を通じたより深く、包括的な、新たな連合協定の締結をめざしている。2011年1月のチュニジアでの政変を発端とする「アラブの春」の影響を受け、欧州対外活動庁は2011年5月に、ENPのさらなる見直しと強化を行うための新方針を打ち出しており、そのなかで、治安の不安定化が著しい地域と欧州への経済的影響が強い地域に対しては「より強力な改革に向けた基金の拡充」（more fund for more reform）を提示するに至った。すなわち、治安の不安定化が懸念される北アフリカを含む地中海諸国とは、これまで以上の人権および民主主義の尊重の徹底と不法移民の取り締まり強化（国境整備や警備員の増員）を図りつつも「高度かつ包括的な自由貿易地域」（DCFTAs：Deep and Comprehensive Free Trade Areas）の創設による強力な経済統合を呼びかけるに至ったのである。2011年12月の外相理事会では、エジプト、ヨルダン、モロッコ、チュニジアとの間でDCFTA交渉を進めるべく、欧州委員会への交渉権限の授権を承認している。EUは、地中海諸国に対して2011年から「アンブレラ」プログラムと名づけられた金融支援を開始しており、同プログラムの内訳は、金融支援（SPRING：Support for Partnership, Reform and Inclusive Growth）（2011～13年で5.4億ユーロ）、東域向け金融支援（EaPIC：Eastern Partnership Integration and Cooperation Programme）（2011～13年で1.3億ユーロ）で構成されている。

　EUと地中海諸国との経済関係の強化はすでに1990年代中頃から本格化しており、1995年11月にはEUと地中海の両地域から27カ国が参加し、平和と安全秩序構築に向けた政治・安全保障の協力、繁栄を共有する地域の創設に向けた経済・金融上の協力、人的資本の発展、相互理解と市民社会間の交流増進に向けた社会・文化・人的協力が宣言された（バルセロナ宣言）[16]。同宣言のなかで、とりわけ経済協力分野では、最長12年間の移行期間を設け2010年までに関税・非関税障壁の完全撤廃による自由貿易圏を創設することで、発展が遅れている

地中海南沿岸地域との経済格差を縮小することとした。このバルセロナ・プロセスを進展させるにあたり、1998年3月のEUとチュニジアの連合協定発効を皮切りに、EUは各国別交渉を重ね、現在レバノン（批准待ち）とシリアを除きすべての地中海諸国と連合協定を発効するに至った。

　しかし、バルセロナ宣言採択から10年を経過した2005年11月、再びバルセロナでEUと地中海諸国の首脳陣が参加したサミットが開催されたが、両地域の経済格差の縮小や政治協力での大きな進展はみられず、状況の行き詰まりが指摘された。ドイツが中・東欧諸国との貿易・投資の拡大を通じた生産拠点の拡充を図る一方、地中海諸国に対する経済的影響力をより強化させたいフランスは、EU27と地中海沿岸諸国（16カ国）[17]の43カ国による「地中海連合」（UPM: Union pour la Méditerranée）を提唱し、2008年7月にパリで開催された首脳会議で発足した[18]。「地中海連合」は、EUと地中海沿岸諸国との間で、政治対話や人的交流、経済協力支援（特に農業支援や環境対策）などの包括的な地域連携の強化を目的としている。「地中海連合」では、経済協力だけでなく、環境問題（気候変動）や水・エネルギーへのアクセスに加え、不法移民問題や国際テロを含む組織犯罪等の治安維持対策も含まれている。

　EUにとっての北アフリカ諸国は、地中海を挟み地理的に近接し、植民地統治時代からつづく歴史的に深い関係にあるばかりでなく、原料・エネルギー供給基地としても重要な下位地域に位置づけられる。例えば、アルジェリアは政府歳入の約7～8割、輸出品目の98％を炭化水素（石油・天然ガス）部門に依存するモノリソース経済構造を特徴としているが、EUにとっては欧州域内の需要増が確実視されていることから、アルジェリアからの経済的かつ効率的な石油・天然ガスの安定供給は重要な生命線をなしている。アルジェリアは、1990年代半ば移行、IMF・世銀の構造調整プログラムを受け入れ、民営化（国営企業の再編・解体）と外資導入による市場自由化政策を積極的に推し進めてきた。炭化水素資源開発に関しても外資の参画を認めており、現在も英国（BP）、フランス（Total）、スペイン（Repsol）等の欧州石油会社をはじめ米国（Royal Dutch/Shell）、中国（CNPC）等の世界の主要な石油会社による資源開発が進められている。また、アルジェリア政府は、国内のガス増産開発計画およびガス・パイプライン輸送インフラ整備を進めるとともに、地中海を横断して欧州に輸

送するガスネットワークの拡充を図っている。天然ガスは、生産量の約6割がパイプラインで輸送されており、ほぼ全量が欧州向けとなっている[19]。しかし、外資主導によるエネルギー開発事業は、アルジェリアの社会・経済構造を分断したまま今日に至っており、外資導入による投資は国内の雇用創出につながるような生産的投資に結実しておらず、多国籍企業が資源国の利益を吸い上げるだけの寄生的・投機的投資であると、不満が募っている[20]。

　アルジェリアのような資源国だけではない。アフリカ大陸北西端に位置し、わずか14キロメートルのジブラルタル海峡を隔てて欧州大陸のスペインに対峙するモロッコにおいても、バルセロナ・プロセスにもとづく貿易自由化とEU（欧州投資銀行の借款を含む）から欧州企業の投資促進、モロッコの市場経済化に向けた金融支援が実施され、より労働コストが低い北アフリカ地域への製造拠点の移管や生産規模の拡大が図られている。EUの政策意向に沿うように、モロッコ政府は、輸出志向部品産業や食品加工産業、繊維・被服産業等の産業別「優先支援計画」（Plan Emergence）を策定し、国内の一部を自由化し、外国投資の促進により競争力の強化を図ろうとしている。その一環として、国内最北部のタンジール（タンジェ）に欧州輸出向けフリーゾン（TFZ：Tanger Free Zone）やコンテナターミナルを併設したタンジール地中海（Tanger Med）港を建設している。仏Renault-Nissanは、地中海南沿岸諸国では最大規模の自動車工場を建設し、2012年2月に生産を開始した。投資総額11億ユーロで、2013年には欧州市場向け自動車生産（年間40万台）を予定している。EUは、エネルギー資源とともに、中・東欧諸国と同様に、地中海諸国においても垂直的経済統合を通じた低賃金生産基地を次々と構築しようとしているのである。

　EU専属の低賃金生産基地となりつつあるタンジールは、皮肉にも、同時に欧州大陸への代表的な密入国経路で知られており、マリなどのサハラ以南のアフリカ出身者も含めて毎年10万人以上がジブラルタル海峡越えやモロッコ北部にあるスペイン領飛び地のセウタやメリーリャへ密入国を試みており、毎日のように逮捕者や溺死が報道されつづけている。

　地中海諸国の危機打開策として提起されたEUのバルセロナ・プロセスや地中海連合は、金融支援政策と貿易・投資の拡大を通じた繁栄を共有する地域の創出がめざされてきた。しかしながら、アルジェリアのような外資主導による

社会・経済構造が分断されたままでのエネルギー供給基地としての固定化やモロッコのような「飛び地」的な輸出加工区の形成は、欧州企業によるさらなる覇権強化でしかない。構造的な内的矛盾を抱えるEUは、周辺諸国への無限の外延的拡大と垂直的経済統合を繰り返しながら、民主化と市場化を絶対的な基準として標榜し、その帝国主義な触手を拡大しつづけている。

1) 経済統合モデルとしては、バラッサによる5段階の発展モデルがある。同モデルによれば、経済統合は、自由貿易地域（参加国間の関税および数量制限の撤廃）→関税同盟（参加国間の貿易自由化と共通域外関税の設定）→共同市場（資本・労働力等生産要素の移動制限の撤廃）→経済同盟（参加国の金融・財政（租税措置、各種規制）政策などの調整）→完全な経済統合（予算制度や通貨措置の統一、参加国を拘束する超国家機関の創設）の発展段階が想定される。
2) European Commission, *European Economic Forecast Autumn 2012*, 2012.
3) European Commission, *Europe 2020 A strategy for smart, sustainable and inclusive growth*, 2010.
4) 関税同盟（CU）は域内の関税その他の制限的通商規則等を撤廃し、かつ域外に対する関税その他の制限的通商規則を共通にする単一の関税地域を設定する協定を指す。
5) European Commission, "Global Europe-Competing in the world A contribution to the EU's Growth and Jobs Strategy", 2006.
6) 高田太久吉「欧州統合と多国籍企業のグローバル化戦略 金融財政危機から政治危機へ」『経済』2012年8月。
7) EU・ウクライナの間では、2007年から自由貿易協定の締結を含む包括的な協力協定の交渉が開始され、複数回にわたる交渉ラウンドを経て2012年3月には仮調印が締結された。
8) 清水嘉治・石井伸一『新EU論 欧州社会経済の発展と展望』新評論、2001年。
9) World Bank, "Plan to Market Patterns of Transition", Policy Research Working Paper 1564, 1996.
10) マリー・ラヴィーニュ『移行の経済学 社会主義経済から市場経済へ』日本評論社、2001年、320〜321頁。
11) 田中素香・長部重康・久保広正・岩田健治『現代ヨーロッパ経済』有斐閣、2011年。
12) 西欧主要諸国（ベルギー、オランダ、フランス、イタリア、スペイン、イギリス）の法定最低賃金の平均は1403ユーロである。JETRO「欧州投資関連コスト一覧」2012年11月。
13) 朝日新聞デジタル（2012年10月26日付）。
14) ［田中・長部・久保・岩田］前掲書、2011年。
15) 2000〜06年間は、地中海地域向け金融支援としてMEDA（53億ユーロ）、東欧・中央アジア向け金融支援プログラムとしてのTACIS（31億ユーロ）が実施されてきたが、2007年

以降、MEDA と TACIS は ENPI (European Neigbourhood and Partnership Instrument) に一本化され、ENP 諸国に対して 2007 ～ 13 年の間に 120 億ユーロの金融支援を実施している。

16) Commission Européenne, "Partenariat Euro-Méditerranéen Déclaration de Barcelone", Conférence Euro- Méditerranéenne, 27-28 Novembre 1995, pp.2-7.
17) 地中海沿岸諸国側の参加国は、アルジェリア、モロッコ、チュニジア、エジプト、シリア、レバノン、ヨルダン、イスラエル、パレスチナ自治政府、トルコ、アルバニア、ボスニア・ヘルツェゴビナ、クロアチア、モーリタニア、モナコ、モンテネグロの16カ国である。バルセロナ・プロセスでは、上記リストのアルジェリアからトルコまでの10カ国に加えて、マルタ、キプロス（両国は1995年時点でEU非加盟）の12カ国が参加した。リビアは、地中海連合、バルセロナ・プロセス（1999年以降）ともにオブザーバー国として参加している。
18) 2008年3月14日、仏独両国が主導して開催された欧州理事会では、EUと地中海諸国の協力関係の構築に向けた「バルセロナ・プロセス：地中海連合」宣言が採択された。
19) 主要な欧州向けガス・パイプラインの経路は、チュニジアを経由してイタリアに接続するTransmed（1983年完成）と、モロッコを経由してスペインに接続するGME（1996年完成）に加え、新たにアルジェリアとスペインを直結するMedgaz（2011年完成）と、サルジニア島を経由してイタリアに接続するGALSI（2014年予定）がある。
20) El Moudjahid, 2009/11/15.

【吉田敦】

■ **コラム①　EUとギリシャ財政危機**

　欧州通貨危機の様子は、日本におけるバブル崩壊に似ているかもしれない。日本のバブル期、銀行は返済能力を上回る融資を中小企業に行った。バブル崩壊後、金融機関は国に救済される一方、貸し渋りによって倒産する中小企業が相次いだ。欧州においても似たような状況である。「貸し手」は欧州の大手金融機関、「借り手」はギリシャ政府などの欧州の中小国家である。

　2009年10月の政権交代を発端に、ギリシャでは前政権の長年の粉飾決算が明らかになり、ギリシャ国債は暴落した。ギリシャは国外からの借金によって財政の多くを賄っていたので窮地に陥った。同じく国外からの借金に頼って財政運営をしていたアイルランド、スペインなど他の欧州各国にも同様の信用不安が広がった。現在ギリシャは国際通貨基金（IMF）、欧州中央銀行（ECB）などから公務員の解雇、規制緩和などを含む緊縮財政計画と引き換えに融資を受けている。

　ギリシャは2002年のユーロ導入以後GDPを急速に伸ばし、2001年に1290億ドルだったのが、2008年には3倍近くの3410億ドルにまでなった。一方、この期間は貿易収支が慢性的に赤字であった。これはユーロ導入によって垣根の無くなったお金が大量に流入し、輸入品の消費だけが先行していたということである。ギリシャの豊かさは外国製品の消費によるものであった。

　こうした積極的な消費の背景には不動産バブルがあった。欧州大手金融機関から大量に流入してくる資金がバブルを誘引していたのである。こうした経済状況はギリシャだけでなくスペインなどでも顕著にあらわれた。このように欧州で借金漬けの国がいくつも出現したのは欧州金融機関の動きと関係している。欧州の金融機関は1980年代以降、世界中で最も活発に合併・買収（M&A）を繰り返してきた。それは次第に国家を超える巨大な組織となっていき、一国の銀行から欧州の銀行となった。こうした活発な金融機関の統合の背景には、2つの大きな流れがあった。1つは規制緩和を推進していくという新自由主義政策の流れである。もう1つは、欧州の通貨統合である。ユーロ導入によって通貨の壁が取り除かれたことで、金融機関の欧州域内への進出がより容易になった。

　欧州主要国の金融機関は、まず国内で統合を繰り返し規模を拡大した。例えば、フランスでは1980年代に主要な銀行が7行あったが、2000年以降3行（クレディ・アグリコル、BNPパリバ、ソシエテ・ジェネラル）に統合した。また、イタリアでは18行が2行（ウニクレディト、インテーザ・サンパオロ）に統合した。次に、力をつけた各国の金融機関は、国外での買収を繰り返し欧州全域に影響力をもつような体制を構築した。フランスの銀行がイタリアの銀行を、ドイツの銀行が英国の銀行を買収するなど国境を越えた買収合戦が起き、その矛先は東欧など欧州周辺の国々に移ってきたのである。統合することによって、シェアの拡大、システムの効率化、人員削減などが可能となる。こうした利益追求のなかで金融機関が欧州全体

を飲み込んでいき、ギリシャなどの欧州の周辺国に入りこんでいったのである。

　このような大手金融機関は周辺の国々が返済能力に乏しいことを知りながら、貸し付けていた。例えば、ギリシャが信用を失う発端となった財政収支の粉飾は2001年にユーロ圏加入の規定をクリアするために行ったものが始まりであった。このとき、金融取引を通じて米大手金融機関ゴールドマン・サックス（GS）がこの粉飾に加担したと疑われている。返済能力がいかがわしいものであることを大手金融機関は理解しながらも、大量の資金の貸し付けをしていたのである。それらは中東欧や南欧に向けた開発のための資金でもあったが、実需をはるかに超え、不動産価格の上昇と地価の変動による投機を引き起こした。こうして不動産バブルが発生し欧州の大手金融機関はその利益を得たのである。

　このバブルのツケがギリシャの財政破綻であった。そして、これらのツケを支払わされるのは大きすぎる金融機関ではない。彼らは公的資金によって救済されるのである。これらのツケは大量の失業や年金の削減といった形で、一般の人びとにのしかかってくる。ここには国家の規模を超えた構図が存在している。その構図とは、「貸し手」としての金融機関と「借り手」としての中東欧や南欧の国々である。「貸し手」はEUという国家を超えた枠組みを利用して、「借り手」をまるで中小企業のように扱っていたのである。この不均等な関係を利用した「貸し手」の責任はどのように問われていくのだろうか。

【馬場智也】

第6章　ラテンアメリカ経済・貿易の構造と史的展開

1　植民地時代から独立までの社会経済と貿易

(1) 植民地時代の幕明け──15世紀末～16世紀

1492年、クリストファー・コロンブスが「新大陸」に到達した。

アダム・スミス（A. Smith）は、主著『諸国民の富』で「新大陸」の発見とヨーロッパ人の植民の世界史的意義を、こう評している。第1に、ラテンアメリカと直接に貿易しているすべての国々（スペイン、ポルトガル、フランス、イングランド）の産業発達に寄与した。第2に、これら諸国はその剰余生産物の輸出先となる広大な市場を獲得した。そして生産量を増加させるためのインセンティブが増大した。第3に、「新大陸」の発見と喜望峰経由の東インド航路の発見は、人類史上で最重要な2つの事件であった。なぜなら世界の最も遠く離れた諸地方を結合させ、互いに欠乏を緩和しあい、互いに享楽を増加しあい、互いに産業を奨励しあうことを可能にしたからである。第4に、とはいえラテンアメリカの先住民にとっては、これらの事件による商業上のあらゆる利益は、恐るべき不幸とともに損なわれてしまった、と。

なぜ、「恐るべき不幸」（スミス）なのか。発見後、ラテンアメリカは征服者（コンキスタドーレス）によって植民地化されたからである。当時のスペイン人が先住民（インディヘナ）や彼らの文明に対して行った無限の破壊行為は、ラス・カサス（Las Casas）司教が告発書『インディアスの破壊についての簡潔な報告』で記録を残している。同書では、コンキスタドーレスが現地の豊饒な土地を荒廃させ、破壊し、略奪し尽くす様子が描かれている。その結果、さまざまな部族が殺害され、多くの言語も消滅した。現代のチリ人作家ガレアーノ（E. Galeano）も『収奪された大地』のなかで500年間の暴力の構造を克明に記述している。

それだけではない。コンキスタドーレスは先住民を奴隷のごとく扱った。過酷な労働を通じて、その多くが死に絶え「新大陸」の人口は激減した。この先

住民の搾取を制度的に支えたのが、エンコミエンダ制（encomienda system）である。先住民を託された者（スペイン人）＝エンコメンデロス（encomenderos）には、征服の論功行賞として先住民から貢納を受け、その労働力を自由に利用する特権が与えられた。それと引き換えに「野蛮な」先住民のカトリック改宗を手助けする義務を負ったが、それは同制度により彼らの莫大な蓄財を可能とするための単なる大義名分であった。[1]

その上、クロスビー（A. Crosby）が『ヨーロッパ帝国主義の謎』のなかで「生態学的帝国主義」と名づけた通り、細菌の「コロンブス的交流」も始まった。天然痘などヨーロッパ人が「新大陸」に持ち込んだ病原菌が、免疫をもたない先住民に対して破壊的な効果を発揮し、たちまち絶滅の危機に瀕することになった。カリブ海域では、1492年の人口300万人から30年で十数万人へ、アステカ帝国が支配していたメキシコでは2500万人から100年後にはわずか100万人へ、インカ帝国が栄えた中央アンデスでは1200万人から50年後には240万人まで激減したといわれている。[2]

では、なぜラテンアメリカの「あらゆる利益は損なわれてしまった」（スミス）のか。これに関して、メキシコ人歴史学者のセーモ（E. Semo）は、植民地時代を把握する上で「本源的蓄積喪失」という概念を提起する。それは、ヨーロッパにとっての本源的蓄積の時代は、ラテンアメリカにおける富の略奪と「本源的蓄積喪失」の時代に相呼応するという考え方である。ヌエバ・エスパーニャ（現在のメキシコ周辺）やリマ（ペルー）周辺のスペイン領で産出された膨大な価値（余剰）は現地にほとんど残らず、副王政府やスペイン人がその大半を本国へ持ち出してしまったからである。特に16世紀半ばに南米のポトシ銀山（現在のボリビア）やメキシコのサカテカス銀山が発見されてからは、大量の銀がヨーロッパへ運ばれた。当時、世界の銀のほとんどを、これらの銀山から産出していた。

エクアドル人社会学者のクエバ（A. Cueva）によれば、ヌエバ・エスパーニャ副王政府では、1821～23年のわずか3年間で2000万ポンドに相当する資産が本国に送金された。また、リマ副王政府では、1819～25年までに数隻のイギリス艦隊が搬出した貴金属だけで2690万ポンドに達したと推定されている。[3]

ドイツ人でチリ大学などに在職したフランク（A.G. Frank）も16世紀に「新

第6章　ラテンアメリカ経済・貿易の構造と史的展開　107

大陸」で生産された銀（1万7000トン）は、そのほとんどがヨーロッパに送られたとしている。そして17〜18世紀について、それぞれ3万7000トン、7万5000トンが生産され、うち2世紀間の合計で8万1000トンがヨーロッパに送られ、うち約半分はアジア（特に中国）へ送金されたという[4]。中国産の商品や金などと交換するためである。こうして「新大陸」の銀は、貨幣間の交換や商品との交換を通じて、ヨーロッパのみならず世界中を循環していった。

(2) 植民地経済の形成——16〜17世紀

16〜17世紀にかけて、鉱山開発は盛んになり、その周辺都市は発展した。そしてヨーロッパから持ち込んだ小麦、コメ、バナナ、コーヒー、タバコ、砂糖きびなどの新種植物を育成する新タイプの農業、および渡来の新動物である牛、豚、鶏などの牧畜業の導入で、植民地経済は急拡大した。しかし、17世紀には鉱山の衰退や強制労働に駆り出されていた先住民人口の激減（＝エンコミエンダ制の弱体化）によって、経済は縮小傾向に転じた。こうした時期に形成され始めたのが、今日でも同地域で根強く残存している大土地所有制度の基盤であった。

当初、土地所有よりも貢租を徴収することに重点を置いていた白人支配層は、貢納の減少と鉱業の衰退とともに徐々に都市部へ販売する農牧業へと関心を移していった[5]。そして、鉱山業で巨万の財を成した彼らは、極端な安価で広大な土地を買占め、高い租税や鉱山労働への徴発を恐れた先住民を雇い入れて、巨大な私有大農地ラティフンディオ（latifundio）を構築していった。その対極に、極小の経営規模の零細農民ミニフンディオ（minifundio）も誕生した。

この大農地におけるプランテーション型農業を担った膨大で低廉な労働力は、どうしたのか。歴史家ウォーラーステイン（I. Wallerstein）の『近代世界システムI』の記述によると、彼ら大農園主は比較的早い段階で先住民の使役を諦め、プランテーション用奴隷としてアフリカ人を頼り始めた。恐らく生存する先住民を使うとして、その逃亡を阻止するためのコストと比較して、アフリカからの奴隷輸送コストの方が安上がりだったと推測されている[6]。

アフリカ人の居住領域の地理的分布にはある特徴がみられる。チリ人学者のメジャフェ（R. Mellafe）によれば、それは気候条件・生産・労働力の諸関係に

規定される。例えば、征服前にはアンデス高地やメキシコ中央高原など最も温和な地方に先住民は集中して居住していた。一方、海岸地帯や南米内陸部の熱帯低地では人口密度はかなり低く、ヨーロッパからの伝染病との接触によって最初に先住民が絶滅した。ところが、この熱帯低地の自然による高い生産性と熱帯作物への白人の関心によって、黒人奴隷の大々的な活用がとられた。今日、アメリカの熱帯地方に黒人や黒人系住民が多いのはこうした理由による[7]。

　経済史家のバルマー＝トーマス（Bulmer-Thomas）は、この時期の植民地経済の特徴を重商主義との関係で分析している。宗主国のスペインとポルトガルは、国内で十分な量の金銀を確保できなかったため、ラテンアメリカとの貿易によって金銀（正貨）を蓄積した。当時の重商主義の考えの下では、ラテンアメリカの輸入商品はすべてスペインとポルトガル産品でなければならず、一方、同地域の輸出商品はすべて域内市場向けへと限定されていた。その結果、宗主国との間で生じた商品貿易赤字は、金銀の輸出によって補填された。宗主国は自分たち以外の国との貿易を抑制し、ラテンアメリカとの貿易を独占していった。

　同時に、副王政府や王室が鉱山の産出物を分配するルートや鉱山へのキント（quito）と呼ばれる課税を通じて、また、その他の多くの現地での税収入、例えば先住民に課せられた人頭税や実質的な売上税であるアルカバラ（alcabala）などのルートを通じて、莫大な正貨がイベリア半島へ流出していった[8]。

　この植民地の遺産は長時間かけて同地域の社会経済構造を形成し、それは低い生産力水準と奴隷制にもとづく社会的生産関係によって特徴づけられた。

　しかしながら、アフリカ人奴隷の供給が豊富だったとはいえ、人数の限界があったため、あらゆる部門や場所で奴隷制が採用されたわけではないという見解も存在する。例えば、ウォーラーステインが述べるように、穀物栽培や家畜の飼育、鉱山業などでは、基礎的な生産過程に従事する労働者の場合でさえ、砂糖生産よりも高度な熟練を要したため、奴隷制は採用できなかったし、ましな労働管理の形態をとる必要に迫られたという[9]。この形態をウォーラーステイン自身は、「換金作物栽培のための強制労働制」と呼称し、封建的というよりは資本主義的な労働管理であったと指摘している。大地主は資本主義的な「世界経済」を相手に世界市場向け生産活動を行うことで、ラティフンディオはす

第6章　ラテンアメリカ経済・貿易の構造と史的展開

でに「資本主義的企業体」になっていたという捉え方である。

(3) 三角貿易の発達から「独立の時代」へ──18〜19世紀前半

　17世紀以降、特に18世紀に大西洋をまたぐ複数の互いに関係しあった三角形の貿易（三角貿易）が発達した。なかでも前出のフランクは次の2つの三角形を強調している。1つ目は最も重要な三角形で、ヨーロッパ（特にイギリス）から工業製品（繊維製品、およびインド・中国製品）を南北アメリカやアフリカへ輸出し、またアフリカからカリブ海および南北アメリカの奴隷プランテーションへ奴隷を輸出し、そしてヨーロッパへ戻って当地へカリブ海から砂糖、北アメリカからタバコや毛皮その他の商品を輸出する、という循環である。

　2つ目は、その他の関連の三角形として、カリブ海から砂糖や糖蜜を北アメリカへ輸出し、その対価として北アメリカからカリブ海へ穀物や材木、海軍用備品を輸出する。同時に、北アメリカで加工したラム酒（カリブ海産の糖蜜が原料）をヨーロッパへ輸出する、という循環である。これには商品の輸送のみならず金融業や奴隷貿易なども伴っていた。この交易の利益は特にアメリカの植民地人にとっては、ヨーロッパとの交易で累積していた貿易収支赤字を補填し、資本を蓄積する上で大いに役に立った。

　18世紀中の大きな特徴は、植民地の略奪が以前よりも一層強力になったことである。フランス人経済学者のボー（M. Beaud）の『資本主義の世界史』によれば、1720〜80年のラテンアメリカの金の生産量は、年間平均20トンの水準に達し、これは前世紀までの最大限（1年で10トン）と比べて倍増している。砂糖生産においても、イギリスはバルバドス、ジャマイカを、フランスはサント・ドミンゴなどを、ポルトガルはブラジルを一大砂糖生産地へと塗り替えていった。それに応じて、労働力としてアフリカの奴隷売買貿易も隆盛を迎え、その数は18世紀の年間平均で5万5000人（多い年では年間10万人程度）にもなり、16世紀の年間2000人弱の水準をはるかに上回った。奴隷の強制労働から抽出した膨大な額の余剰価値は、「貨幣形態をとって、主としてイギリスの仲買人と製造業者によって、だが同時にヨーロッパや北米植民地の銀行家や金融業者によっても、収奪・取得された」のであった。

　その後、1810〜20年代（19世紀前半）に入るとラテンアメリカ各国に続々と「独

立の時代」が訪れた。独立の火ぶたを切った国の1つにベネズエラがある。以下、リューエン（E. Lieuwen）の著書『ベネズエラ』に沿って流れを概括すると、それまで同国では1728年に設立された独占貿易会社ギプスコア社（Guipuzcoa）を通じて、スペイン王室が貿易から利益を得ていた。同社は王室から付与された貿易特権を背景に、輸出用のカカオやコットン、獣皮生産などで独占的利益を獲得した。しかし同社の成功と巨万の富は、ベネズエラの先住民や混血（メスティソ）に対する抑圧の上に成り立っていたため、次第に広範な不満と抵抗機運が高まった。さらにフランス思想の影響による自由主義の台頭で、18世紀半ば頃からギプスコア社に対して、植民地生まれの白人クリオージョ（criollo）による数多くのデモ、抵抗運動も勃発するようになった。

その後、スペインの権威失墜（1808～10年のスペイン内戦とナポレオンによるスペイン攻略などの欧州戦線の急変）を契機に、ベネズエラのクリオージョは1810年4月にスペイン人統治者の罷免・追放に成功した。市参事会の指導者は自治評議会を発足させ、議会招集後の1811年7月に独立宣言を発表した。

しかるにこの共和制にすべてのクリオージョが納得したわけではなかった。そのため、さまざまな抵抗諸勢力によって独立宣言後の10カ月も経ないうちに最初の共和国は崩壊した。そして旧政府の指導権はこの動乱を生き延びた「建国の父」であり、解放者（el Libertador）と呼ばれるシモン・ボリーバル（Simón Bolivar）へと移った。彼は幾度もの戦闘を繰り返した後、ようやく1821年にカラカス（現在のベネズエラの首都）西部の戦いでスペイン軍に決定的な勝利をおさめた。そしてコロンビアとベネズエラ、そしてエクアドルの一部を加えた「グラン・コロンビア共和国」の樹立を宣言し、ボリーバル自身が初代大統領に就任した（後に、同共和国は分裂）。時を同じくして、メキシコでも1810年9月にイダルゴ神父の「ドロレスの叫び（el grito de Dolores）」を発端に、植民地政府への長きにわたる独立運動が開始された（1821年にヌエバ・エスパーニャ副王政府は廃止、独立達成）。ブラジルでも1822年に独立戦争が発生し、独立宣言の後にペドロⅠ世が皇帝即位を果たした（ポルトガルからの独立）。

では、こうした多くの独立運動の主要な担い手は一体、誰であったのか。独立後の諸国のほとんどの政治体制は、白人の大農園主や大商人、プランテーション地主、学識者・エリート層などによって寡頭制支配（オリガルキー）がとら

れてしまった。また、植民地経済構造の重要な構成要素である大土地所有制なども手つかずのまま継続された。植民地を「再構築」しただけの保守的な体制、すなわち独立後の大統領や皇帝、将軍などが旧宗主国のスペイン王室に取って代わり、クリオージョの法律家がスペインの行政官に取って代わっただけで、植民地体制は一切、変革されず温存されたのである。

だからといって、独立運動が大衆を排除したクリオージョだけのものであったという考え方は、正確ではない。むしろラテンアメリカ歴史学者の増田義郎が主張するように、クリオージョ階級は先住民やメスティソとの激しい階級間の緊張関係のうちに各国の独立運動を進め、政治的主権を掌握したのである[12]。したがって、彼らにとっての独立戦争とは、一方ではスペイン本国人に対する戦いであり、他方では植民地時代の社会的諸矛盾を一身に背負わされてきた、先住民やメスティソ、黒人などの下層民との戦いでもあった。

2　19世紀中葉から戦後までの社会経済と貿易

(1)　イギリス自由貿易体制と1次産品経済──19世紀～20世紀前半

独立後の大きな改革（自由化）は、それまで宗主国が重商主義のもとで規制を加えていた独占的貿易の放棄であった。そして、当時すでに産業革命を達成し、自由貿易制度を採用していたイギリス自由貿易体制に編入されることであった。有力なクリオージョは、ラテンアメリカからイギリス向けの輸出を促進した。イギリス工業製品のための原料供給（綿花や鉱産物など）であり、かつ食料供給（小麦、コーヒー、砂糖、食肉など）であった。

とはいえ、フランクの『世界資本主義とラテンアメリカ』によれば、この改革が導入されるまでには、同地域の各国内で貿易政策をめぐる激しい対立といくつもの内戦が展開された。対立主体は、主に「ヨーロッパ派」と「アメリカ派」の勢力グループに大別される。前者はヨーロッパ輸出向け農・畜産業者のラティフンディオやそれと結びついた少数の大商社であり、自由貿易政策を奨励し、したがって彼らはヨーロッパから確固たる政治的・軍事的支持を得ていた。一方、後者はヨーロッパと距離を置き、借款も受けず、保護貿易政策によって民族主義的な地域開発を推進する現地派である。次第に両者の角逐は深まり、しばしば内戦という事態にまで至った結果、最終的に「ヨーロッパ派」が勝利

した。パラグアイでは例外的に「アメリカ派」が一旦は勝利をおさめたものの、その後、ブエノスアイレス、モンテビデオ、リオデジャネイロ、そしてヨーロッパ自体における「ヨーロッパ派」連合と戦争し、敗北した。[13]

国家権力の奪取に成功した「ヨーロッパ派」は、19世紀中葉以降、果敢に自由主義の名において諸改革を進め、国内経済を1次産品の対外輸出モデルに再構築していった。なかでも農地改革を通じて、教会の保有地のみならず先住民の共同保有地の払い下げ、分割、没収、私有財産化を推し進めた。分割された土地は、ますます少数の富裕層に集中し、国内外の実業家もそこへの進出を果たし（外国資本の導入）、外国市場向けのモノカルチャー（単一換金作物）経済へと国内構造を改編していった。そして、これによる階級間での経済的、社会的、政治的あつれきや緊張が高まると、弾圧や軍事的措置を強行した。

1次産品輸出経済の具体的な内容については、主要輸出品目により3形態に分類する見解がある。[14] それに従うと、第1に、温帯農産物輸出国としてアルゼンチン、ウルグアイ、ブラジル南部があげられ、主要産品は穀物、羊毛・皮革、食肉などとなっている。主に小作人がエスタンシア（estancia）というラティフンディオの一形態（大土地所有制）のもとで農作業した。第2に、熱帯農産物輸出国としてブラジル、コロンビア、エクアドル、中米、カリブ、メキシコがあげられ、主要産品はコーヒー、砂糖、バナナ、カカオ、ゴムなどとなっている。主に賃労働者がプランテーションにおいて生産した。第3に、鉱産物輸出国としてメキシコ、ペルー、ボリビア、ベネズエラがあげられ、主要産品は銀、銅、貴金属、硝石、石油となっている。加えて、同地域では大農園アシエンダ（hacienda）で従事するペオン（peon）と呼ばれる債務奴隷や賃労働者もいた。

その後、イギリスは第1次世界大戦まで同地域の経済権益を掌握する盟主となった。とりわけ、アルゼンチンには多くの鉄道や港湾を建設するため大量の資金を投下した。1860～1913年に投下された外国投資残高は、全世界の海外投資の8.5％、ラテンアメリカ向け投下資本の33％に相当した。これらは広大なパンパ平原で生産された農牧畜産品（トウモロコシ、小麦、食肉、羊毛）を運搬するためのインフラ投資であった。アルゼンチンは「世界の食糧庫」へ変貌した。アルゼンチン人学者フェレール（A. Ferre）によれば、特に牧畜部門は生産過程（家畜の飼育、皮革・食肉加工）への投資、賃金労働者の雇用と管理を

通じて土地の生産システムを確立し、「同国経済史上最初に出現した大規模な資本主義的発展企業」となった。これに伴い、1857〜1914年にヨーロッパなどの移民純流入数も330万人に達した。また、イギリスは、メキシコに油田開発、チリに鉱物（硝石など）投資を展開した。ブラジルには鉄道や鉱山開発、そして特にコーヒー産業（生産、運輸・輸出、流通、焙煎加工などの全過程）に多額の投資を行った。金融資本の進出も相次ぎ、1863年にロンドン＆ブラジリアン・バンクが設立され、その後はロンドンでバンコ・ブラジレイロ・エ・ポルトゲスも誕生した。これらは有利な事業機会があるところにすぐさま流れ込み、利益の大部分を獲得したのみならず、ブラジル人経済学者のプラド（C. Prado）が指摘するように、為替相場の激しい変動、財政を特徴づける不安定、商業活動に必要な流動資本の不足、金融市場で繰り返される縮小と拡大を好機として、大々的な投機活動も行った。[16]

(2) アメリカ資本主義への編入——20世紀前半

19世紀以降、同地域は1次産品供給国としてイギリスを頂点とする国際分業に組み込まれたが、19世紀中葉からは、急激な経済発展を遂げるアメリカ資本主義への経済的編入も始まった。高まる一方だった米国の工業品原料（鉱物資源）や熱帯産食料の需要を満たすため、ラテンアメリカがその供給地に位置づけられた。そして、モンロー・ドクトリン（Monroe Doctrine）や自らの理念と価値観を普及する膨張主義思想である「明白なる使命（Manifest Destiny）」に象徴されるように、米国は南北アメリカ大陸からヨーロッパ勢力の締め出しを図る一方、メキシコやカリブ海域への領土的拡張の野心を露わにするようになった。1846〜48年にはテキサス領土をめぐって米墨戦争を誘発し、メキシコから3分の1に値する巨大な国土を割譲させることに成功した。またルーズヴェルト（T. Roosevelt）の対西半球外交戦略（＝「棍棒外交」）を契機に、次第にスペイン領植民地にも触手を伸ばし始め、米国東部の砂糖企業がキューバ、ドミニカ共和国、プエルトリコへ進出した。

彼らは砂糖きび栽培地を大規模化し、精製工場の機械化を進め、経済進出の足場を固めた。米国はキューバの独立運動の勃発とハバナ港での戦艦メイン号爆沈事件に乗じてスペインへ宣戦布告し、勝利をおさめた（1898年、米西戦争）。

「プラット修正条項（Platt Amendment）」を通じてキューバも支配した。これを転機として、全世界を巻き込んだ植民地再分割と帝国主義の時代が本格化した。

　キューバを半植民地化した米国は、カリブ海（キューバのグアンタナモ基地）への米軍進出を果たすと同時に、砂糖産業の大量生産を開始し、20世紀前半においてもカリブ海では「砂糖が王様」であることを証明した。歴史学者であり、トリニダード・トバゴ初代大統領にもなったウィリアムズ（E. Williams）は、「キューバで砂糖を王様にしたのは、他でもない米国系資本であった」と述懐する。[17]彼は、1897～1930年に米国資本の大量流入によって同地域で大プランテーションへの極端な土地集中が生じ、米国企業による生産集中の鍵になったのは、鉄道だったと指摘する。

　米国系の砂糖プランテーションは、貨物用の鉄道線路施設を有しており、自社用蒸気機関車、自社用の埠頭、倉庫施設をも自前で所有していた。この集中過程に応じて大工場も出現し、1930年頃には製糖工場158のうち58工場は米国人所有（全生産量の55％を占有）となった。米国企業の平均産出量は島内平均を50％以上も上回る15万7000トンに及び、同国の砂糖生産の従業員全体の60％近くは米国企業に属していた。その他、カリブ海以外でも中米からコロンビアにかけて、米国のユナイテッド・フルーツ社は巨大農園でバナナ栽培を一大展開し、「バナナ帝国」を築いた。

　また、この時期の米国投資は地理的要因によってメキシコの鉱山や油田へ集中していた。メキシコの石油生産のほぼすべては、米国のスタンダード・オイル社や英国のロイヤル・ダッチ・シェル社など外国石油メジャーに領有された。地下資源は国家財産ではなく、あくまで地表（土地）を所有する外国資本の保有であった。これは地下資源の所有者はメキシコ人に限られるとした1917年憲法27条の発布後も実態は変わらなかった。ようやく憲法が効力を発揮したのは、1938年になってからである。当該期は、貧富格差改善と農民への土地分配を大義としたラテンアメリカ初の革命であるメキシコ革命（20世紀初頭）を源流とする民族主義の高揚期であった。カルデナス（L. Cárdenas）政権（1934～40年）下で外資規制や国有化路線（外資所有の鉄道やスタンダード・オイル社の資産を含む石油産業の接収）、国営企業の整備が徐々に実現され始めた。

(3) 輸入代替工業化から従属論の台頭——20世紀中葉

　同地域は19世紀に「独立」したものの、最初はヨーロッパ（特にイギリス）に、その後は「北の巨人」米国からの大規模な資本進出に規定された発展を余儀なくされてきた。前出のクエバは、この欧米諸国に対するラテンアメリカの関係を「従属性」という観点から捉え、同地域は自律的な蓄積メカニズムを発展させることができず、常に1次産品輸出部門とその国際市場における価格変動に依存しつづけることになったと論じている。しかも、工業化過程も土台から構築されたのではなく、「上から」展開された。生産財部門が発育不全だったため、工業化はすべて機械設備の輸入能力に左右され、それもその多くが鉱業や油田開発、および農工業複合的プランテーションへ集中投下され、技術の蓄積も進まなかった。その上、クエバによれば、第2次世界大戦後、パクス・アメリカーナ体制が確立した後もラテンアメリカは決して自律的な経済開発を実現し、「従属性」から脱却したわけではなかったという。

　かかる状況下、1950～60年代にかけて、国連貿易開発会議（UNCTAD）で主導的役割を果たしたアルゼンチン人のプレビッシュ（R. Prebish）やその流れを汲む国連ラテンアメリカ・カリブ海経済委員会（CEPAL）は、構造学派という新たな開発理論の潮流を生み出した。そして、工業国の「開発」とラテンアメリカ1次産品輸出国の「低開発」は一対の関係であり、世界経済は「中心」である工業国と「周辺」である1次産品輸出国から構成される1つの歴史的総体なのだと主張した。これはロストウ（W. W. Rostow）の著書『経済成長の諸段階』の近代化論の考え方、すなわち周辺国は中心国よりも段階的に発展が遅れているのであり、現行の先進国のように周辺国も5段階（伝統的社会→成長への離陸の準備段階→離陸→成熟への前進→高度大量消費社会）を経て発展の道をたどるという単線的な発展史観を、根底から論難するものであった。

　構造学派は、その分析枠組みに植民地時代以来のラテンアメリカを舞台とした収奪構造と1次産品輸出経済構造の「外から」の形成という歴史的視点を組み入れた。同時に、工業製品は1次産品に対して常に優位であり、また1次産品の交易条件は長期的に悪化する傾向にあるから、現行モデルの国際貿易を継続していても周辺国にとっては不利であり、両者の経済格差は再生産されてしまうと抗弁した。そのため、ラテンアメリカが工業化を達成するためにはモノ

カルチャー的な生産構造を変革し、輸入工業品を国内生産に切り替える輸入代替工業化戦略の採用が必要とされた。その主要な政策手段として、国内幼稚産業の保護・育成のために、輸入事前許可制度や関税の引き上げ、インフラや基幹産業への公共投資、主要経済部門に対する国家介入などが提起された。

構造学派の潮流は、「低開発の開発 (development of under-development)」の概念を用いたフランクによって、よりラディカルな従属学派へと繋がった。そこでは、ラテンアメリカは「中枢 (metropolis)」である先進国によって外的に規定された「衛星 (satellite)」であり、発展途上の「未」開発 (un-development) の状態にあるのではなく、中枢国との歴史的関係を通じて「低」開発 (under-development) を強制されてきたことが強調される。そしてこの中枢に対する「支配－従属」関係が存続する限り、今日の資本主義体制の発展と構造のなかでは半永久的に低開発が再生産されるため、先進国からの投資受け入れを拒否し、資本主義体制からの決別が必要であるという政治的結論が導かれた。

同じく急進派のブラジル人学者のドス・サントス (T. Dos Santos) は、フランクの一元的に「外的要因」のみを決定的審級とする議論を批判した。国際状況が国内現実に作用するその形態は、国内の構成要素 (＝国内構造) によって規定されると論じ、従属概念の精緻化に努めた。加えて、従属の歴史的形態に関する検討も行い、植民地時代から始まった「輸出・商業的従属」、そしてイギリスを中心とした国際分業が発達し、先進国からの直接投資が急膨張した19世紀末までの「金融・産業的従属」、最後に第2次世界大戦後に多国籍企業が低開発国の国内市場向け工業投資へと戦略転換したことで生じた「新しい従属」形態 (＝「技術・産業的従属」) とに、それぞれを区別した。[18]

表6-1で、実際に1960年代中葉の米国多国籍企業の対ラテンアメリカ直接投資動向を確認してみる。全体の投資額は1950年の44.5億ドルから1965年は93.7億ドルへと倍増した。産業別でみるとメキシコ、アルゼンチン、ブラジルに対しては製造業向け投資が中心で、産油国のベネズエラに対しては石油産業向け、銅大国のチリには鉱溶業向けがメインとなっている。とはいえ、同地域の主要産業や資源に対する国家介入の強まりとともに、メキシコの鉱溶業やベネズエラの石油産業では、資金流出 (投資の引き揚げ) 額が各3200万ドル、9800万ドルとなった。にもかかわらず、米国多国籍企業子会社の投資収益は

表6-1 米国多国籍企業の対ラテンアメリカ戦略（直接投資・収益）（1965年）

(単位：100万ドル)

		直接投資額				純資本流出				投資収益			
		合計	鉱溶業	石油	製造業	商業	合計	鉱溶業	石油	製造業	合計	鉱溶業	石油	製造業
ラテンアメリカ全体		9,371	1,114	3,034	2,741	1,034	171	−14	−80	214	1,095	206	496	269
中米	メキシコ	1,177	103	48	752	138	100	−32	−5	115	92	15	1	62
	パナマ	704	19	122	24	288	11	−	7	2	68	−	14	5
	その他	621	35	152	60	30	23	4	11	11	36	10	5	5
南米	アルゼンチン	992	−	−	617	47	17	−	−	46	91	−	−	84
	ブラジル	1,078	51	57	722	162	−7	−	−5	2	58	−	10	64
	チリ	829	509	−	89	24	23	9	−	3	81	57	−	6
	コロンビア	527	−	269	160	49	11	−	13	6	33	−	11	8
	ペルー	515	263	60	79	53	54	21	11	11	83	64	19	6
	ベネズエラ	2,715	−	2,033	248	222	−86	−	−98	15	547	−	405	29
	その他	219	8	89	40	21	25	1	21	4	6	−	−1	−1
その他西半球地域		1,437	310	500	199	91	89	57	−5	34	149	85	24	21

(注) 投資収益は、在ラテンアメリカ子会社の利潤、配当、利子。
(出所) U.S. Dept. of Commerce, BEA, *Survey of Current Business Online*, September 1966（http://www.bea.gov/scb/date_guide.asp）より作成（2013年1月アクセス）。

莫大で、ラテンアメリカ全体で鉱溶業では2億ドル、石油では4.9億ドルもの利潤を獲得している。おおむねこの時期を転機にドス・サントスが述べる通り、製造業向け（国内市場向け工業部門への）投資が激増したことが看取できる。

他方、従属学派のもう1つの潮流として、穏健派の歴史社会学者カルドーゾ（後にブラジル大統領を歴任）らは、従属分析の方法論を新たに定義した。彼らは、「（従属は）外国との経済的な結びつきを構造的に維持しようとして支配体制に関与する階級・集団間の関係に、その真の特徴が表れる」ため、従属国内で構築される社会階級間の諸関係にもとづいて分析する必要があるとした。そして、現地の支配層と多国籍企業との利害にもとづいた「連携従属的発展」（associated-dependent development）という形態を提起するとともに、その「階級同盟」が国家と国民の諸関係（政治的力学）に及ぼす動態的な作用をも分析枠組みに包含した。

この連携従属的発展テーゼは、従属と発展を相反した概念としていない。むしろ現地の支配集団の利害は国際的利害や世界経済と調整可能であり、さらに言えば国際的利害との相互連関（＝連携）すら生じる可能性があることを認めている。

その後、従属学派内で旺盛な議論が重ねられた。その間、輸入代替工業化戦略下のラテンアメリカでは、特にブラジルやメキシコなど国内市場規模が大きい国において、1970年代にかけてそれまでの耐久消費財から中間財や素材などの第2次輸入代替期（重化学工業化）に突入していた。しかし、1960年代頃から傾向的に現れてきた1次産品輸出の低迷とそれに起因する外貨収入の減少に多くの国々が直面した。中間財や資本財（機械類）の輸入も増加し、国際収支の悪化が顕在化した。

　その上、重化学工業化は政府からの巨額な公共投資によって主導され、開発資金の大部分は国際金融市場からまかなう債務依存型工業化であった。特に1970年代後半は石油ショックによる世界的不況と先進国の資金需要の停滞が重なったため、同地域は対外債務償還額を上回る新規借款が可能となり、増大する経常収支赤字を資本収支黒字で補填しつづけることができた。結果、工業化の推進はますます対外借入の増大をもたらした。

3　1980年代以降のラテンアメリカ

(1)　**債務危機の衝撃**── 1970～1980年代

　1980年の同地域全体の対外債務総額は、発展途上国のなかでも圧倒的規模の約2億4283万ドルに膨張し、債務サービス／商品・サービス輸出比率（debt service ratio：DSR）は36.4％となった。もはや返済が不可能な額へ接近しつつあった。

　当初、メキシコやベネズエラなどの産油国は石油収入に依存した経済開発であった。メキシコはすでに1976年、経常収支赤字の拡大と対外借入れの膨らみによって経済危機に陥り、国際通貨基金（IMF）から緊急融資を受けていた。ところが、大規模な石油埋蔵量が確認されると一転して野心的な重化学工業化が外国借款を梃子に進められた。ベネズエラでは、1970年の対外債務総額は14億2200万ドル、DSRはわずか4.2％であり、自国の石油収入中心の開発であった。だが、政府は開発の速度を上げるために積極的に外国からの借款を受け入れた。その結果、同国も他のラテンアメリカ諸国と同様、1980年には対外債務総額293億5600万ドル、DSRは27.2％にまで急増した。

　その後、次第に世界経済全体の停滞によって石油輸出は伸び悩み、他方、輸

入は一方的に増加したために経常収支は悪化した。両国ともそれを補填するため多額の短期債務の借入れを余儀なくされた。さらにこの時期、膨大な「双子の赤字」に苦しむ米国が、ウォール街出身のボルカー（P. Volcker）連邦準備制度理事会議長の手によって、インフレ抑制とドル防衛のための劇的な高金利政策（「ボルカー・ショック」）を実施した。同地域の債務利率はこの金利と間接的にリンクしていたため、各国は一挙に新規資金の調達コスト負担が過重され、それと同時に、既存債務への重い利子負担がのしかかった。そして、急騰した利払いへの自転車操業（債務利払いのために短期債務を借入れる）がついに間に合わなくなり、1982年にメキシコが債務不履行（デフォルト）に陥った。

　直後から、ブラジルやアルゼンチンといった他のラテンアメリカ諸国に危機が伝播した。ベネズエラも為替管理などで危機の回避に努めたが、石油価格の低下とともに巨額の資金流出（資本逃避）が発生した。これは、為替切下げ見通しを強めた国内民間銀行の投機的な外貨（主にドル）運用によって引き起こされた。経常収支赤字と資本逃避によって外貨準備高が激減するなか、短期債務の比重が高い同国では満期に間に合わず、1984年にIMFと債務リスケジュール（返済繰り延べ）の協議をもつに至り、債務危機が表面化した。

　これらの危機に対する国際的対応は3つに区分できる。1982～84年（第1期）にかけては、IMF勧告のもとで緊縮的な経済調整政策、リスケジュール、新規融資などが実施され、流動性不足（資金の流れの一時的な停滞）を克服するための短期的対策がとられた。1985～88年（第2期）にかけては、債務返済能力の向上をめざし、当時のベーカー（J. Baker）米財務長官が主導した「ベーカー提案」によって、ニューマネー供与、多年度リスケジュールなどの長期的対策へ転換した。ベーカーは債務国の経済成長を促進するため、世界銀行（世銀）による構造調整融資を実施した。1989年以降（第3期）は、ウォール街出身者のブレディ（N. Brady）米財務長官によって、中所得債務国に対する債務の株式化と民間債務削減を骨子とした新たな債務返済戦略である「ブレディ構想」が提唱された。1990年にメキシコがブレディ債券発行の最初の適用国となり、つづいてベネズエラ、ウルグアイ、アルゼンチン、ブラジル、ペルーが国内市場の新自由主義的改革の断行を条件に、ブレディ構想に同意した。

　では、なぜ国際諸機関とラテンアメリカの一連の債務返済交渉に米国政府

（ベーカー、ブレディ両長官）が深く関与したのか。それは対ラテンアメリカの民間流入資金の国籍において、米国商業銀行のプレゼンス比率が圧倒的だったからである。したがって、これらの交渉や返済計画は米銀を中心とした先進国商業銀行の貸し倒れ損失のリスクを回避するための処方箋であった。ベーカーはIMFや世銀の構造調整を通じて、債権を大量に抱える米銀を債務不履行の危機から救済したのである。「国際機関のアメリカ化」である。ブレディは債務軽減と引き換えに新自由主義を債務国へ導入し、金融自由化と資本移動の自由化、各種規制の撤廃などを先導した。この自由化され、抉じ開けられた金融・資本市場には、ウォール街から大量のマネーが流入した。

重要な点は、『新自由主義』の著者ハーヴェイ（D. Harvey）が喝破するように、この債務危機の事例が証明するのは、「自由主義的な実践と新自由主義的な実践とのあいだに決定的な違いが存在すること」であった。つまり、「前者にあっては、貸し手は自分の行った誤った投資決定から損失を被ったが、後者にあっては、借り手〔ラテンアメリカ諸国――引用者〕は国家や国際機関の権力に強制されて、その地域の人びとの生活や福利におかまいなく、債務返済費用を捻出させられた」のである。[20]その後、同地域は一貫して利払いや特許料などを通じて莫大な資金を先進国に移転しつづけた。その先の中心は米国である。1972～92年で同地域から米国には総計2330億ドルもの利払いが実現し、うち1982～94年だけで2060億ドルにのぼった。この膨大な資金移転は同地域の経済成長、輸入、国内需要に対して重大な打撃を与えた。まさしく貧しい国から世界で最も経済力のある国へと資金が「逆」還流していった。1980年代ブラジルの大司教区のアーンズ枢機卿は、以下のように窮状を訴えている。

「過去２年間のたいへんな努力によって一ヵ月あたり10億ドルの輸出超過をもたらした。しかしこの金は債務利子返済にあてられるのみである。このやり方を続けることは不可能である。すでに３分の２の民衆が飢えているにもかかわらず、われわれは彼らが食べなければならないものまで取り上げてしまった。〔…〕われわれが借り入れたときの金利は４％であったが、いまやそれは８％であり、時には21％にもなったことがあった。〔…〕民衆は現在、低賃金と飢餓状態の中でこうした債務を返済することが求められている。だが、われわれはすでに債務を、金利返済を含めて考えれば、２～３倍も返済したことになる。

われわれは民衆の血と困窮を第一世界のために捧げるのを止めなければならない。」[21]

(2) 新自由主義的経済改革と民営化——1980〜1990年代

　ブレディ構想への合意と引き換えに、ラテンアメリカが甘受した新自由主義的改革の帰結はいかなるものか。そもそも新自由主義とラテンアメリカの親和性は、1970年代に全世界に先駆けてチリ、ウルグアイ、アルゼンチンで新自由主義が導入されたことにさかのぼる。いずれも選挙で選ばれた政権を軍事クーデターで転覆した軍事政権であり、これら政権を支えたのが米国である。そして、当時の米国シカゴ大学で勃興したサプライサイド経済学を学んだ新進気鋭の学者たち（シカゴ・ボーイズとも呼ばれる）が自らの経済理論や政策の正しさを証明するための「実験場」として、これら3カ国を活用した。

　新自由主義的改革は、「ワシントン・コンセンサス」と表現される経済開発戦略と重なる部分が多く、債務国に導入された一連の政策改革プログラムである。その政策手段はおおむね、財政規律の確立、公共支出の削減・見直し、税制改革（増税）、金利自由化、貿易自由化（外向きの経済政策）、外国投資の受け入れ促進、国営企業の民営化、規制緩和（競争促進）を基本枠組みにする。

　メキシコでは、1988年から政権の座に就いたサリナス（C. Salinas）によって諸改革が劇的に進められた。とりわけ民営化の徹底は大量失業を生み出し、また労働争議の頻出による社会不安の増大を引き起こした。同国を代表する鉄鋼・銅関連の巨大企業、航空輸送、電信電話企業の閉鎖や事業リストラ、売却など大規模な民営化も断行された。1982年には1155社あった公営企業は、2003年には173社まで激減した。この売却資金の多くは、債務返済に充当された。この間、組織労働者側も抵抗運動やストライキで応戦したが、組合指導者の不正逮捕やストライキ弾圧のために軍隊を動員するなど、サリナスは容赦ない攻撃を加えた。民営化でリストラや失業が蔓延し、抵抗力が弱体化した労働者部門（労働者連合）は政府と産業界の圧力で賃金抑制策を受諾した。結果、インフレとも相まって多くの労働者は1982〜86年のうちに35％以上の実質賃金低下に直面した。

　他方、サリナスは農業部門を外国へ市場開放するために、農村部でも「民営

化」を実行し、農民セクターへ痛撃を与えた。憲法27条を改定し、大都市首都圏の共有地エヒード（ejido）の賃貸と売買を自由化＝市場化した。エヒード制度はメキシコ革命の理念を体現しており、植民地期の負の遺産である大土地所有制の是正、すなわち土地と地下資源の根源的な所有権を国家に帰属させることを通じて、土地（農地）改革とその再分配を目的とするものであった。そして貧しい先住民の法的権利を保護し、エヒードの集団所有・利用を認めてきた。サリナスは革命後80年以上も維持してきた同制度を、解体した。

　これまでも同部門は1985年GATT加盟以降、輸入自由化と緊縮政策に伴う支援（農業補助金）や融資制度（農村金融）の縮減で痛手を負ってきた。主食のトウモロコシも1994年の北米自由貿易協定（NAFTA）締結によって、非関税障壁や事前許可制度が輸入割当てに取って代わられ、関税も大幅に削減された（輸入枠や関税は15年間で段階的に引き下げ、2008年に全廃）。反面、エヒードの土地再分割も着実に進み、少数の輸出関連アグロインダストリーは耕作面積、生産、貿易（コーヒー、果実、豆、野菜などの換金作物）の拡大を実現した。

　カナダ人文化人類学者のフィッティング（E. Fitting）は、これらの事態を「新自由主義コーン体制」と名づけている。その特徴は、食料の国内自給の軽視、食料輸入の重視、近代化をめざす農村開発や商業的農業の推進、改良種子の導入と貿易自由化、多くの非能率的な零細自作農を離農に追い込むこと、などである[22]。

　長年トウモロコシを生産する小規模農家を価格支援によって支え、その分配や調整役を担ってきた公的機関の全国基礎食糧公社は整理・解体された。そして、その機能は少数の多国籍アグリビジネス（巨大穀物商社）に取って代わられた。また、種子法改正によって、農業バイオテクノロジーを有する多国籍企業が種子市場を圧倒するようになった。同国の市場向けトウモロコシ農業は、米国産の多額の公的補助金を受けた「競争力のある」輸入品に駆逐され、農村コミュニティは困難な状況に陥った。

　生活の糧を求めて土地を手放し、大勢の貧農が出稼ぎ労働者として漂流し始めた。農民を土地から排除することで、この数十年で賃労働（wage labour）者は加速度的に堆積された。彼らは大挙して、失業者や半失業者、スラム住民で飽和状態の世界最大級のMegacity（メキシコ・シティ首都圏）へ流入した。ある

いは、労働集約的な輸出用加工工場、インフォーマル部門（路上や地下鉄での物売りや自営的な露天商、日雇い労働を中心とする非正規就労）、場合によっては米国への越境移民となり、膨大な「産業予備軍」を形成していった。

　また、ボリビアでも厳しい局面に至った。1993～97年に親米派大統領ロサーダ（G. Lozada）によって石油・天然ガス、電信電話、航空が民営化されたからである。民営化で売却された国有財産の落札先は、ほぼすべて外資企業であった。顕著な事例として、上下水道事業の民営化がある。首都ラ・パスの公営水道の民営化に引きつづき、翌年には大都市のコチャバンバ市でも水資源が民営化された。その背景には、世銀が再融資の条件（市の水道事業へ2000万ドル超の融資）として、公営水道を民間セクターへ譲渡し、その経費を消費者に負担させることをボリビア政府に通告したことがある。こうして水道事業権は首尾よく米国巨大資本ベクテル社の新しい子会社へと渡り、市民の共有財産であった水資源は資本主義的な「商品」へと転化した。直後、水道料金の大幅値上がりを契機に2000年には市民による大暴動が爆発した（＝「ボリビア水戦争」）。

　当時、ボリビア政府経済顧問を担当していた開発経済学者のサックス（J. Sachs）はIMFとの債務支払い延期交渉についての心情を、こう吐露している。

　「債務に関する議論にどれほど消耗させられるかも、私はこのときはじめて身を持って知ることになった。私は、利子支払いを再開したら、いまでさえ貧しい人々の生活水準がさらに悪くなり、国の政情も不安定になると強硬に主張した。だが、IMFの方は頭から聞く耳を持たないという態度だった。〔…〕なんとしてもボリビアから金を搾りとろうとしているようだった。とにかく、ここで債務帳消しを認めたら、もっと多額の負債を抱えたアルゼンチン、ブラジル、メキシコなどに示しがつかないというのだ。彼らはついに怒りにまかせてこういった。『アメリカに帰ったら、ビル・ローズにさっそく電話しますよ。彼だって、こんな提案はだめだというに決まっています』。それを聞いて、私は椅子から転げ落ちそうになった。ビル・ローズはシティバンクのシニア・エグゼクティブで、対ラテンアメリカ債務の責任者である。この国では、人々が飢えに苦しみ、鉱山が閉鎖され、ハイパーインフレーションに悩まされ、混乱の極みにある。そんな国を訪れたIMFの代表団の長が、債務帳消しに関するIMFの決定権を、一介の民間銀行にすぎないシティバンクに委ねるというの

か？〔…〕IMFを支配する債権国が大手（民間）銀行の意向に沿った債務政策をとり、極度の貧困に苦しむ国々の求めに応じる国際社会のコミットメントや有益なマクロ経済政策など二の次になっている。」[23]

　ベネズエラでは、ルシンチ（J. Lusinchi）大統領（1984～89年）によって通貨切り下げ、総需要抑制政策、外資受け入れ促進、税制改革、貿易自由化などが実施された。ブレディ構想への合意後は、ペレス（C. Pérez）第2次政権（1989～93年）下で本格的な新自由主義的改革が導入され、公共料金引き上げや各種補助金の撤廃など、厳しいショック療法で国民に窮乏生活を迫った。もともと同国では1950年代末から30年間、腐敗した寡頭支配層の二大勢力である民主行動党（AD）とキリスト教社会党（COPEI）による政党間合意（野合）によって、政権がたらい回しにされてきた。これはプントフィホ（punto fijo）体制と呼ばれる独自の政治体制である。この間、豊富な石油資源があるにもかかわらず、その利益は一部特権階層のみに占有されつづけてきた。首都カラカスなどの都市には無数のランチョ（貧民窟）が形成され、貧富格差への不満が充満していた。1989年に石油価格などの値上げ反発に端を発し、ついに政府の諸改革に抗議する全国規模の市民大暴動が発生した（＝「カラカソ」事件）。

　また、ブラジルでも、1989年コロル（F. Collor）政権誕生以降、新自由主義へと舵を切った。その後、経済安定化計画の「レアルプラン」を策案した、かつての従属論者カルドーゾ大統領が1995年以降、諸改革を本格的に実行した。同大統領は、巨大鉱業コングロマリットのリオ・ドセ社や通信事業テレブラスをはじめ、鉄道や電力分野での大規模な民営化を行った。

　民営化を契機に国家の役割が国民の基礎的ニーズに応じるよりも、富裕層と特定の外国企業の諸利害に沿う傾向が強まった。摩擦と緊張が生じ暴動も多発した。ノーベル経済学賞受賞者のスティグリッツ（J. Stiglitz）は国家事業の再構築に民営化は時に有効な手段になりうるかもしれないと前置きした上で、途上国における「生産性の低い国家事業の労働者を失業者にしたところで、国の収入は、増えはしない。もちろん、労働者の社会福祉も向上しない」と述べている。また、民営化に伴う収賄と政府の腐敗についても触れ、政府事業を市場価格より安く売るといった不正に操作された民営化プロセスは、政府の閣僚や役人が自分の懐に入れる分を最大限に高めるように設計されていると、指摘し

ている。[24]

1) 高橋均・網野徹哉『ラテンアメリカ文明の興亡』中央公論社、1997年、124〜125頁。
2) 国本伊代『概説ラテンアメリカ史』新評論、1992年、34〜35頁。
3) アグスティン・クエバ（アジア・アフリカ研究所訳）『ラテンアメリカにおける資本主義の発展』大月書店、1981年、14〜15頁。
4) アンドレ・グンダー・フランク（山下範久訳）『リオリエント』藤原書店、2000年、265〜267頁。
5) 斎藤広志・中川文雄『ラテンアメリカ現代史Ⅰ』山川出版社、1978年、22〜23頁。
6) イマニュエル・ウォーラーステイン（川北稔訳）『近代世界システムⅠ』岩波現代選書、1981年、127頁。
7) ローランド・メジャフェ（清水透訳）『ラテンアメリカと奴隷制』岩波現代選書、1979年、41頁。
8) ビクター・バルマー＝トーマス（田中高ほか訳）『ラテンアメリカ経済史』名古屋大学出版会、2001年、19〜23頁。
9) ［ウォーラーステイン］前掲書、1981年、127〜129頁。
10) ［フランク］前掲書、2000年、152〜153頁。
11) ミシェル・ボー（筆宝康之・勝俣誠訳）『資本主義の世界史—1500-1995』藤原書店、1996年、73〜74頁。
12) 増田義郎「ラテン・アメリカの植民地時代と文化的アイデンティティーの問題」増田義郎編『ラテンアメリカのナショナリズム』所収、アジア経済研究所、1977年、14頁。
13) アンドレ・グンダー・フランク（西川潤訳）『世界資本主義とラテンアメリカ』岩波書店、1978年、68〜83頁。なお、フランクは、この「ヨーロッパ派」のことを、「ルンペン・ブルジョワジー」と呼称し、彼らが建設した国家は真の独立を達成できず、その後「ルンペン的発展」の経路を辿ったとしている。
14) 宇佐見耕一・浜口伸明「一次産品輸出経済から輸入代替工業化へ」宇佐見耕一『図説ラテンアメリカ経済』所収、日本評論社、2009年、10〜12頁。
15) アルド・フェレール（松下洋訳）『アルゼンチン経済史』新世界社、1974年、57、108頁。
16) カイオ・プラド（山田睦男訳）『ブラジル経済史』新世界社、1972年、362〜363頁。
17) エリック・ウィリアムズ（川北稔訳）『コロンブスからカストロまでⅡ』岩波現代選書、1978年、193〜207頁。
18) テオトニオ・ドス・サントス（青木芳夫ほか訳）『帝国主義と従属』柘植書房、1983年、125〜146頁。
19) フェルナンド・エンリケ・カルドーゾ／エンソ・ファレット（鈴木茂ほか訳）『ラテンアメリカにおける従属と発展』東京外国語大学出版会、2012年、55頁。
20) デヴィット・ハーヴェイ（渡辺治監訳）『新自由主義—その歴史的展開と現在』作品社、2007年、44頁。
21) スーザン・ジョージ（向壽一訳）『債務危機の真実』朝日選書、1989年、201〜202頁。
22) エリザベス・フィッティング（里見実訳）『壊国の契約—NAFTA下メキシコの苦悩と

抵抗』農文協、2012年、129頁。
23）ジェフリー・サックス（鈴木主税ほか訳）『貧困の終焉―2025年までに世界を変える』早川書房、2006年、160〜161頁。
24）ジョセフ・スティグリッツ（鈴木主税訳）『世界を不幸にしたグローバリズムの正体』徳間書店、2002年、93〜94頁。

【所康弘】

第7章 中国
▶貿易大国の光と影

　中華人民共和国（以下、中国）は、対内改革・対外開放（以下、改革・開放）路線を歩みだして30数年、急激な勢いで経済成長をつづけてきた。その経済規模を名目GDPで見てみると、1980年には世界第11位にすぎなかったが、2010年には日本を抜いて、アメリカに次いで世界第2位となった（図7-1）。

　このような目覚ましい経済成長の決定的な要因の1つとして、外国資本の導入に伴う国際貿易の急速な拡大が挙げられる。とりわけ、2001年12月11日の世界貿易機関（WTO）加盟をきっかけに、対外開放政策がいっそう推進されるようになり、中国の対外貿易額は大きく伸長し、「世界の工場」および「世界の市場」として、輸出入先や製造品目の幅を広げてきた。その結果、2012年における中国のモノの貿易総額は3兆8668億ドルとなり、アメリカ（3兆8628億ドル）を上回って初めて世界一になった。[1]

　その一方で、世界一の貿易大国となった中国には、まだ解決すべき課題も多くある。地域間、あるいは都市部と農村部との経済格差が広がっており、資源やエネルギー消費量の急増に伴う大気・水質汚染問題が発生し、黄砂、酸性雨、地球温暖化などの環境問題への影響が懸念されている。

　本章では、計画経済体制から市場経済体制へと移行した歴史的経緯を俯瞰しながら、改革・開放期における中国の対外開放のプロセスおよび貿易構造の特徴を分析し、その上で、現在の中国経済が抱える課題についても検討を加えていきたい。

1　対外開放と市場経済化の進展

(1) 計画経済体制から市場経済体制への転換

　改革・開放期以前の毛沢東（もうたくとう）時代（1949〜76年）の社会主義制度は、経済的には国家が統一計画によって管理する「計画経済体制」を基盤とし、政治的には戦争に備える「政治優先」、「階級闘争優先」という革命路線を採用した。そし

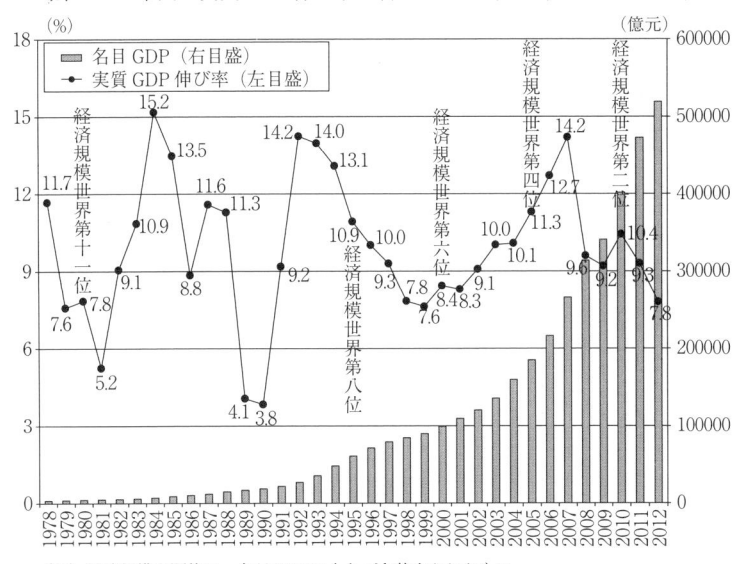

図7-1 中国の実質GDP伸び率と名目GDPの推移（1978～2012年）

(注) 経済規模の順位は、名目GDPにもとづき算出されたもの。
(出所) 世界銀行資料、中国国家統計局『中国統計年鑑』各年版より作成。

て、プロレタリア文化大革命[2]（1966～76年）の結果、「革命国家」という国是の下、中国経済は、農業・工業生産の停滞、人口急増の圧力、経済効率の低下という危機的状況に直面していた。

そこで、1978年12月の中国共産党第11期中央委員会第3回全体会議を機に、毛沢東時代の計画経済体制・革命路線からの脱却をめざし、改革・開放政策を掲げる鄧小平体制が樹立された。経済発展の重要性を第一に考える鄧小平路線は、戦争が回避できるという前提で、市場原理を導入し、現代的な「経済建設」に向かうことになった。

国内改革は1979年、中国人口全体の約8割（当時）を抱える農村から始まった。具体的には、農家の生産意欲を向上させるために、「農業生産請負制」を導入すると同時に、計画経済体制下で集団労働と各自の労働に応じた分配を特徴としていた「人民公社」[3]が漸次解体されていった。農業生産請負制の実施によって、農民は割り当てられた耕地の生産を任され、収穫量から政府へ供出する所定の農産物の量や税金などを除き、それ以外の余った農作物を自分で自由

第7章 中国

に処分できるようになった。これは余剰農産物の自由売買を認めることを意味し、その結果、農業の労働生産性が上がり、1984年までに大幅な食糧増産を実現させた。その一方、長年抱えてきた大量の農村余剰労働力問題が顕在化し、内陸部（農村）から沿海部（都市）への大規模な出稼ぎ労働ブームが1980年代後半から大きな社会問題となっていった。

　1984年以降、中国の経済改革は農村から都市、農業から工業に重点が移され、経済改革がさらなる進化を遂げた。そのなかで、中国経済の市場経済化の転換点となったのは、1983年4月から導入された「利改税」である。利改税とは、国営企業の利潤納入制を利潤所得に対する課税制へと改めることである。1986年、国家財政収入の減少などの理由で利改税制度は中止となったが、この制度は経営と所有権の分離、経営責任の明確化において重要な意義をもっていたといえる。その後、1993年12月に制定された公司法（企業法）にもとづく株式化、法人化に関する改革は、中国の「現代企業制度」の確立を具体的に推進する動因となった。

　また、1980年代に中国政府は農村の個人経営、郷鎮企業などの非公有制経済の発展を奨励したが、この時期になっても計画経済中心の考え方は残っており、いわゆる「鳥籠経済論」という段階にとどまっていた。しかし、1992年1月の鄧小平の「南巡講話」により、「改革・開放路線はゆるぎない」という決意が表明された。さらに、同年10月に開かれた中国共産党第14回全国代表大会では、「社会主義市場経済システム」（社会主義の条件下での市場経済）が提唱され、これにより、中国経済は計画経済体制から市場経済体制への転換に向けて、大きく前進したのである。

　それ以来、中国政府の公式見解として、①株式制度など現代的な企業制度の確立、②財政・金融政策を利用した間接的なマクロ・コントロールの確立、③統一国内市場の形成が、社会主義市場経済システムの重要な特徴となっている。これらの特徴を見る限り、このシステムは、日本や欧米などの資本主義経済体制と本質的に近いがゆえに、資本主義の一形態（いわば、国家資本主義）と見なすこともある。

(2) 対外開放の対象エリアの拡大

　市場経済体制への転換に先立ち、対外開放の実験場として、1980年5月に広東省の深圳、珠海、汕頭と福建省の廈門に、中国初の「経済特区」が設置された。また、1988年4月には、海南島が5番目の経済特区として追加指定された。経済特区に進出する外資系企業に対して、企業所得税の減免、輸出入関税の免除、土地使用権の付与、経営権の保証、外貨の海外送金の保証などの優遇措置が講じられた。そのため、安価な労働力を求めて、香港の企業を先頭に、経済特区への生産拠点の移転が推進した。この時、鄧小平が述べた「四つの窓口」（技術、管理、知識、対外政策の窓口）の役割を担う経済特区は、外国の資本、技術、経営ノウハウの導入を積極的に奨励する一方、社会主義理念に反する欧米諸国の価値観の拡散を防ぐために、一般の人びとが自由に往来できないよう、域内外への出入りが国境並みに厳格に管理されていた。

　1984年には、経済特区に次ぐ対外開放政策として、上海、天津、大連などの沿海14都市が、外国資本および技術の導入に対して自主権をもつ「沿海開放都市」に指定された。企業所得税の大幅軽減などの優遇措置が実施された結果、沿海開放都市に設置された「経済技術開発区」に、多くの生産型企業（製造業）が誘致され、輸出の拡大に大きな役割を果たした。さらに、1985年2月、長江デルタ（上海市、江蘇省、浙江省）、珠江デルタ（広東省）、閩南デルタ（福建省南部）が「沿海経済開放区」に指定され、1988年3月には遼東半島、山東半島と環渤海湾の一部地域もこれに追加された。その後、1990年4月の「上海浦東新区」の設置決定を機に、長江・黄河流域の沿岸地域と国境周辺地域も外国資本に開放され、その結果、中国の対外開放政策は全国に及ぶ「全方位開放戦略」へと進展した。

　1980年代までの対外開放地域における外資をみると、その投資主体は香港資本を中心とする「華僑資本」であった。したがって、外資優遇政策の大きな特徴として、地理的条件に恵まれ、華僑の故郷が多い沿海部への地域的傾斜が顕著にみられた。さらに、この傾向に拍車を掛けたのは、1988年1月に趙紫陽・中国共産党総書記（当時）が提起した「沿海地域発展戦略」[9]であった。「両頭在外」（原材料・部品などの調達および製品販売の両方を国外に求めよう）、「大進大出」（大量輸入して大量輸出しよう）というスローガンで示されたように、この

発展戦略の核心は、外資誘致により、豊富かつ廉価な労働力を生かし、原材料輸入と製品の輸出を通じて、まずは沿海部の経済成長を加速させるという構想であった。ここでいう労働力は、主に農村から都市へ流入し、農業生産請負によって生じた「余剰労働力」とされる出稼ぎ農民、いわゆる「農民工[10]」のことである。その後、趙紫陽は1989年6月の「天安門事件[11]」で失脚したものの、沿海地域発展戦略は対外開放の基本的な戦略として定着したのである。

2 外資導入政策の展開と貿易構造の変化

(1) 1980年代の外資と貿易構造

1980年代に中国に流入した外資は、先に述べたとおり、香港資本を中心とする華僑資本であった。その背景には、1985年のプラザ合意による円高で香港が輸出競争力を高めた一方で、賃金上昇によって生産コストが上がり、製造拠点を海外に求めざるをえなくなっていたという事情がある。そこで、香港に近く、言葉の障壁がない華南地域（広東省）が華僑資本の第一投資候補地となり、労働集約型産業の中国へのシフトが進み、衣料品などを中心に中国の軽工業品の輸出競争力向上につながったのである。

1980年代における中国の貿易収支を見ると、1982～83年を除けば、赤字基調であった（表7-1）。この貿易収支の赤字要因としては、1980年代を通して中国が石油、石炭などの工業用原材料供給国であり、主に1次産品を輸出し、工業化に不可欠な機械類を輸入する貿易構造だった点にある（表7-2、表7-3）。

1980年代後半に入ってからは、中国経済は部分的に加工貿易国としての貿易構造を形成し始めた。表7-2に示したとおり、1989年の輸出割合を見ると、1次産品は輸出全体の28.7％にとどまり、他方、工業製品は71.3％に上昇した。このように、国際市場とリンケージするための初期条件は、改革・開放に伴って1980年代に備わったといえる。

(2) 外資導入の拡大と「世界の工場」化

先に述べたように、1992年に「社会主義市場経済システム」が提起されることに伴い、中国における市場経済化への移行がいっそう推進されるようになった。この時期、対外開放政策の最大の特徴として、積極的な外国資本導入

表7-1 1980年代における中国の対外貿易額と貿易収支

年	輸出（億ドル）	前年比（％）	輸入（億ドル）	前年比（％）	輸出入総額（億ドル）	前年比（％）	貿易収支（億ドル）
1980	181.2	32.7	200.2	27.8	381.4	30.0	▲19.0
1981	220.1	21.5	220.2	10.0	440.3	15.4	▲0.1
1982	223.2	1.4	192.9	▲12.4	416.1	▲5.5	30.3
1983	222.3	▲0.4	213.9	10.9	436.2	4.8	8.4
1984	261.4	17.6	274.1	28.1	535.5	22.8	▲12.4
1985	273.5	4.6	422.5	54.1	696.0	30.0	▲149.0
1986	309.4	13.1	429.1	1.6	738.5	6.1	▲119.7
1987	394.4	27.5	432.1	0.7	826.5	11.9	▲37.7
1988	475.2	20.5	552.7	27.9	1,027.9	24.4	▲77.5
1989	525.4	10.6	591.4	7.0	1,116.8	8.6	▲66.0

（出所）中国国家統計局国民経済総合統計司『新中国50年統計資料彙編』中国統計出版社、1999年、60頁より作成。

表7-2 1980年代における品目別輸出額のシェアの推移

（単位：％）

年	1次産品						工業製品				
	食料品	飲料・タバコ	非食用原材料	鉱物性燃料	動植物性油脂類		化学製品	原料別製品	機械・運送機械	雑製品	その他
1980	50.3	16.4	0.4	9.4	23.6	0.3	49.7	6.2	22.1	4.6	15.7	1.2
1981	46.6	13.3	0.3	8.9	23.8	0.4	53.4	6.1	21.4	5.0	16.9	4.1
1982	45.0	13.0	0.4	7.4	23.8	0.4	55.0	5.4	19.3	5.6	16.6	8.1
1983	43.2	12.8	0.5	8.5	21.0	0.5	56.8	5.6	19.7	5.5	17.1	8.9
1984	45.6	12.4	0.4	9.3	23.0	0.5	54.4	5.2	19.3	5.7	18.0	6.1
1985	50.5	13.9	0.4	9.7	26.1	0.5	49.5	5.0	16.4	2.8	12.8	12.5
1986	36.4	14.4	0.4	9.4	11.9	0.4	63.6	5.6	19.0	3.5	16.0	19.4
1987	33.5	12.1	0.4	9.3	11.5	0.2	66.5	5.7	21.7	4.4	15.9	18.7
1988	30.3	12.4	0.5	8.9	8.3	0.1	69.7	6.1	30.5	5.8	17.4	18.3
1989	28.7	11.7	0.6	8.0	8.2	0.2	71.3	6.1	20.7	7.4	20.5	16.6

（出所）中国国家統計局国民経済総合統計司、前掲書、1999年、61頁より作成。

および輸出指向加工貿易の拡大が挙げられる。特に、1980年代からつづいていた税制面などの外資優遇措置は、中国の対内外国直接投資（Foreign Direct Investment：FDI）の拡大に大きく寄与した。

例えば、経済特区にある外資系企業（生産型企業に限る）の税率が15％（また

表7-3 1980年代における品目別輸入額のシェアの推移

(単位:%)

年	1次産品						工業製品					
		食料品	飲料・タバコ	非食用原材料	鉱物性燃料	動植物性油脂類		化学製品	原料別製品	機械・運送機械	雑製品	その他
1980	34.8	14.6	0.2	17.7	1.0	1.2	65.2	14.5	20.7	25.6	2.7	1.6
1981	36.5	16.4	1.0	18.3	0.4	0.5	63.6	11.9	18.4	26.7	2.5	4.1
1982	39.5	21.8	0.7	15.6	0.9	0.5	60.5	15.2	20.3	16.6	2.5	5.8
1983	27.2	14.6	0.2	11.5	0.5	0.3	72.8	14.9	29.4	18.7	3.6	6.3
1984	19.0	8.5	0.4	9.3	0.5	0.3	81.0	15.5	26.7	26.5	4.3	8.1
1985	12.5	3.7	0.5	7.7	0.4	0.3	87.5	10.6	28.2	38.4	4.5	5.8
1986	13.2	3.8	0.4	7.3	1.2	0.5	86.8	8.8	26.1	39.1	4.4	8.5
1987	16.0	5.6	0.6	7.7	1.2	0.8	84.0	11.6	22.5	33.8	4.4	11.8
1988	18.2	6.3	0.6	9.2	1.4	0.7	81.8	16.5	18.8	30.2	3.6	12.6
1989	19.9	7.1	0.3	8.2	2.8	1.5	80.1	12.8	20.8	30.8	3.5	12.2

(出所)中国国家統計局国民経済総合統計司、前掲書、1999年、62頁より作成。

は24%)であるのに対して、国内企業は33%と断然高い状況にあった。また、経営・生産の継続期間が10年以上の生産型外資系企業に対して、「二免三減半」(利潤が出た最初の2年間は免税、その後の3年間は税金半減)などの優遇措置が採用された。[12]

1980年代と同様に、1990年以降の外国資本の大半も香港資本であった。しかし、図7-2に示したように、この時期において投資国(地域)が多様化する傾向にある。多くの日欧米、NIESなどの多国籍企業は、安価な労働力が得られる中国へ生産拠点を移転し、投資国への逆輸出および第三国への輸出と中国国内市場での販売という目的で、中国へのFDIを増やしてきたのである。その額は近年飛躍的に拡大し、2012年のFDI受入額(実行ベース)は1117億ドルに上っている(図7-3)。

FDIを最大限に活用した結果、1990年代から世界貿易における中国のプレゼンスは急速に拡大した。輸出だけを見ても、世界輸出総額に占める中国の比率は、1990年の1.8%から、1995年の3.0%、2000年の3.9%、2005年の7.3%、2010年の10.4%、2011年の10.4%へと5倍以上に膨張し、2009年からは世界首位を占めている。[13]

図7-2 対中直接投資の国・地域別比率の推移（1986〜2012年）

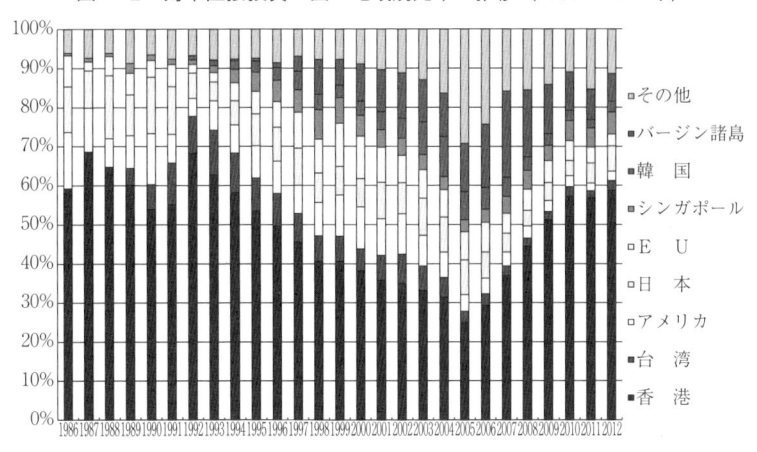

凡例：
- その他
- バージン諸島
- 韓　国
- シンガポール
- Ｅ　Ｕ
- 日　本
- アメリカ
- 台　湾
- 香　港

（注）実行ベース。
（出所）中国国家統計局『中国統計年鑑』各年版、中国商務部『中国外商投資報告』各年版より作成。

図7-3 中国の直接投資受入額（実行ベース）の推移

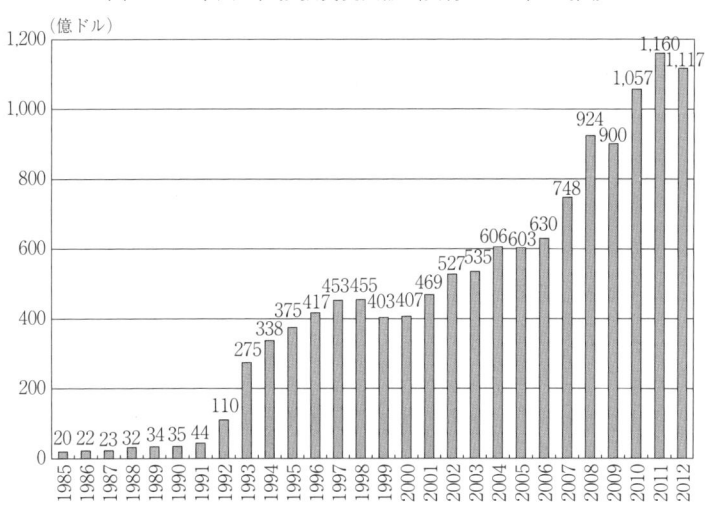

（億ドル）

年	金額
1985	20
1986	22
1987	23
1988	32
1989	34
1990	35
1991	44
1992	110
1993	275
1994	338
1995	375
1996	417
1997	453
1998	455
1999	403
2000	407
2001	469
2002	527
2003	535
2004	606
2005	603
2006	630
2007	748
2008	924
2009	900
2010	1,057
2011	1,160
2012	1,117

（出所）中国国家統計局『中国統計年鑑』各年版より作成。

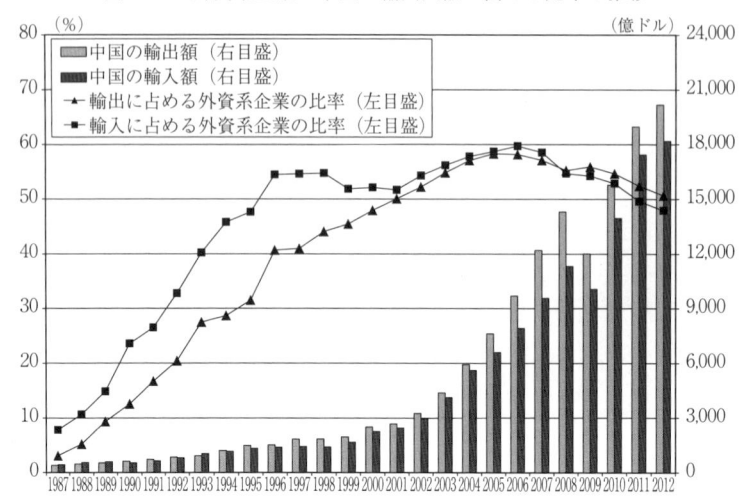

図7-4 外資系企業が中国の輸出入額に占める比率の推移

(出所)中国国家統計局『中国統計年鑑』各年版より作成。

(3) 外資系企業主導の貿易大国化

　貿易大国化の進行と同時に、中国の貿易総額に占める外資系企業の比率が急伸した。1990年にはその比率が17.4％（輸出12.6％、輸入23.1％）であったが、1995年には39.1％（輸出31.5％、輸入41.7％）にまで上昇し、さらに1999年以降には、50％以上を占めるようになり、中国の対外貿易を躍進させる原動力となっている（図7-4）。

　外資系企業の貿易収支を見ると、1987〜97年までに外資系企業の輸出は急速に伸びたが、それ以上に輸入が増加したため、赤字の状況がつづいていた。1998年以降はプラスに転じたが、貿易黒字は微々たるものであった。その理由は、外資系企業の貿易に占める加工貿易の割合が大きく、加工・組み立てに必要な技術集約度の高い部品、コンポーネントなどの中間財の輸入が多かったからである。言い換えれば、確かに中国の対外貿易拡大により、広東省や上海市などの沿海部には、情報通信機器のような、一部の産業の集積は顕著に見られたが、これは日欧米、NIESの多国籍企業とその関連企業による海外生産戦略から導かれた結果である。

表7-4 中国輸出入額の品目内訳（1980～2012年）

(単位：%)

		1980	1985	1990	1995	2000	2001	2002	2003	2004	2005	2006	2007	2008	2009	2010	2011	2012
輸出品目	1次産品	50.3	50.6	25.6	14.4	10.2	9.9	8.8	7.9	6.8	6.4	5.5	5.0	5.4	5.3	5.2	5.3	4.9
	食品及び食用活動物	16.5	13.9	10.6	6.7	4.9	4.8	4.5	4.0	3.2	3.0	2.7	2.5	2.3	2.7	2.6	2.7	2.5
	飲料及びタバコ類	0.4	0.4	0.6	0.9	0.3	0.3	0.3	0.2	0.2	0.2	0.1	0.1	0.1	0.1	0.1	0.1	0.1
	非食用原料	9.4	9.7	5.7	2.9	1.8	1.6	1.4	1.1	1.0	1.0	0.8	0.7	0.8	0.7	0.7	0.8	0.7
	鉱物燃料、潤滑油・関連原料	23.6	26.1	8.4	3.6	3.2	3.2	2.6	2.5	2.4	2.3	1.8	1.6	2.2	1.7	1.7	1.7	1.5
	動植物油脂及び蝋	0.3	0.5	0.3	0.3	0.0	0.0	0.0	0.0	0.0	0.0	0.0	0.0	0.0	0.0	0.0	0.0	0.0
	工業製品（完成品）	49.7	49.4	74.4	85.6	89.8	90.1	91.2	92.1	93.2	93.6	94.5	94.7	94.6	94.7	94.8	94.7	95.1
	化学品及び関係製品	6.2	5.0	6.0	6.1	4.9	5.0	4.7	4.5	4.4	4.7	4.6	4.9	5.5	5.2	5.6	6.0	5.5
	繊維製品、ゴム製品、鉱物冶金製品	22.1	16.4	20.3	21.7	17.1	16.5	16.3	15.7	17.0	16.9	18.0	18.0	18.3	15.4	15.8	16.8	16.3
	機械及び輸送設備	4.7	2.8	9.0	21.1	33.1	35.7	39.0	42.8	45.2	46.2	47.1	47.3	47.1	49.1	49.5	47.5	47.1
	その他製品	15.7	12.7	20.4	36.7	34.6	32.7	31.1	28.8	26.4	25.5	24.6	24.3	23.5	24.9	23.9	24.2	26.1
	未分類のその他製品	1.1	12.5	18.7	0.0	0.1	0.2	0.2	0.2	0.2	0.2	0.2	0.2	0.1	0.1	0.1	0.1	0.1
	合計	100.0	100.0	100.0	100.0	100.0	100.0	100.0	100.0	100.0	100.0	100.0	100.0	100.0	100.0	100.0	100.0	100.0
輸入品目	1次産品	34.8	12.5	18.5	18.5	20.8	18.8	16.7	17.6	20.9	22.4	23.6	25.4	32.0	28.8	31.1	34.7	34.9
	食品及び食用活動物	14.6	3.7	6.3	4.6	2.1	2.0	1.8	1.4	1.6	1.4	1.3	1.2	1.2	1.5	1.5	1.7	1.9
	飲料及びタバコ類	0.2	0.5	0.3	0.3	0.2	0.2	0.1	0.1	0.1	0.1	0.1	0.1	0.2	0.2	0.2	0.2	0.2
	非食用原料	17.8	7.7	7.7	7.7	8.9	9.1	7.7	8.3	9.9	10.6	10.5	12.3	14.7	14.1	15.2	16.3	14.8
	鉱物燃料、潤滑油及び関連原料	1.0	0.4	2.4	3.9	9.2	7.2	6.5	7.1	8.6	9.7	11.2	11.0	14.9	12.3	13.5	15.8	17.2
	動植物油脂及び蝋	1.2	0.3	1.8	2.0	0.4	0.3	0.6	0.7	0.8	0.5	0.5	0.8	0.9	0.8	0.6	0.6	0.7
	工業製品（完成品）	65.2	87.5	81.5	81.5	79.2	81.2	83.3	82.4	79.1	77.6	76.4	74.6	68.0	71.2	68.9	65.3	65.1
	化学品及び関係製品	14.5	10.6	12.5	13.1	13.4	13.2	13.2	11.9	11.7	11.8	11.0	11.2	10.5	11.1	10.7	10.4	9.9
	繊維製品、ゴム製品、鉱物冶金製品	20.8	28.2	16.7	21.8	18.6	17.2	16.4	15.5	13.2	12.3	11.0	10.8	9.5	10.7	9.4	8.6	8.0
	機械及び輸送設備	25.6	38.4	31.6	39.9	40.8	43.9	46.4	46.7	45.0	44.0	45.1	43.1	39.0	40.5	39.3	36.2	35.9
	その他製品	2.7	4.5	3.9	6.3	5.7	6.2	6.7	8.0	8.9	9.2	9.0	9.2	8.6	8.5	8.1	7.3	7.5
	未分類のその他製品	1.7	5.8	16.9	0.5	0.7	0.7	0.5	0.3	0.3	0.3	0.3	0.4	0.3	1.3	2.8	3.8	
	合計	100.0	100.0	100.0	100.0	100.0	100.0	100.0	100.0	100.0	100.0	100.0	100.0	100.0	100.0	100.0	100.0	100.0

（出所）中国国家統計局『中国統計年鑑』2012年版より作成。

　こうして外国直接投資を最大限に活用した結果、世界貿易における中国のプレゼンスが急拡大すると同時に、中国の輸出入に占める外資系企業の比重も急伸している。また、中国の輸出構造にも大きな転換が見られた。輸出に占める1次産品のシェアは急速に低下し、逆に工業製品は大きくシェアを伸ばした。表7-4に示しているように、1990年時点で、食料品などの1次産品が輸出全体の25.6%を占めていたが、そのシェアは次第に低下し、2012年には4.9%までに減少した。中国は1995年から1次産品の純輸出国から純輸入国へと転換する一方、工業製品の純輸出国として台頭するに至った。そのなかでも単純加工型製品より電機製品・情報機器（貿易統計では、機械・運送機械に分類）などの資本集約的な精密加工型製品の輸出が急増した点に特徴が見られる。輸出に占める機械・運送機械の比率は、1990年の9.0%から2012年の47.1%まで上昇し、

輸出品目のトップとなっている。

例えば、電機製品の場合、輸出急増の要因について、森谷正規（2003）は、「電機製品の生産が長年の経験と深い蓄積をあまり必要とせず、高度な情報機器でも組み込む部品が標準化されていて、安い部品を探して調達して、単純労働力での組み立て生産が可能である」と指摘している。

3 貿易大国が直面する課題

これまで分析してきたように、外資系企業が主導してきた貿易大国化は、中国の経済成長、とりわけ製造業の成長に大きく寄与してきた。また、2001年のWTO加盟により、これまで外資に対して行われた為替規制、輸出義務、部品の現地調達率規制などが順次撤廃（または緩和）されていくことになった。その結果、これらWTOのルールに反する投資障壁がなくなり、低廉な労働力を目当てとした外資系企業は、中国の内国民待遇を得て、いっそう中国向けの直接投資を拡大させる傾向が観察される。さらに、現在の中国は、「世界の工場」だけではなく、成長する「世界の市場」としても、ますます経済のグローバル化に組み込まれており、これは外資へのさらなる依存が中国で進展することを意味する。

しかしながら、このような外資依存型の経済発展には、政策当局の意図しない負の側面が必ず存在することに留意する必要がある。その第1は、技術移転の問題に他ならない。本来、中国のWTO加盟は、世界の潮流である貿易・資本の自由化の波に乗り、中国の「巨大市場」と外国の「先進的技術」との引き換えを狙うものでもあった。市場と技術の交換戦略は、中国への外資進出を許容することと引き換えに外国の先進技術を国内に導入させる技術移転政策であり、1980年代後半に提起され、1990年代以降積極的に推進されてきたものである。しかしながら、多国籍企業が合弁相手の中国企業に導入・伝播する技術は中国国内市場指向のものが多いため、必ずしも最新技術とはいえないのが実情である。このことは、例えば合弁企業の場合、コア技術は国外から投資する多国籍企業に支配されることが多い点に示されている。

第2に、改革・開放期以降に中国の高度経済成長がつづくなか、公正な成長が実現したわけではなく、社会構造に大きな変化が生起している。特に、改革・

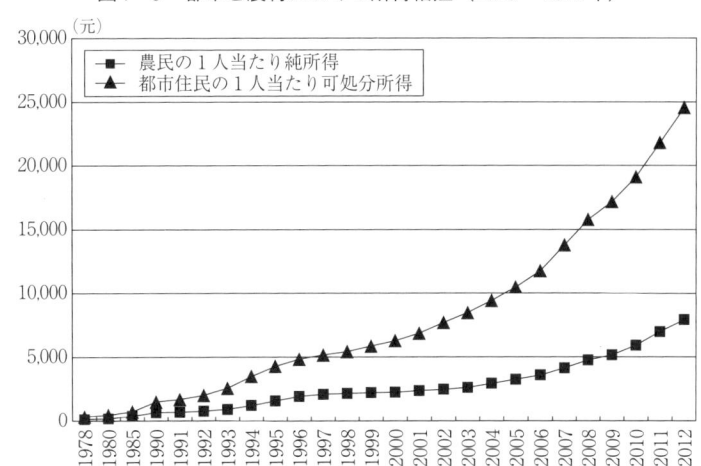

図7-5　都市と農村における所得格差（1978～2012年）

(注1) 純所得とは、農産物の売上、労働報酬、政府からの補助金などの合計収入から、税金や費用などの負担分を差し引いた農民の収入をさす。
(注2) 可処分所得とは、全収入から税金や社会保険料などを差し引いた都市住民の収入をさす。
(出所) 中国国家統計局『中国統計年鑑』2013年版より作成。

　開放政策は、経済条件が優れた沿海部を優先的に発展させた結果として、経済成長および所得における地域間、都市・農村間の社会経済的格差を拡大させたのである。

　所得や資産の分配の不平等度を測る尺度によく用いられるジニ係数[15]で見てみると、2013年1月18日に中国国家統計局が2003～12年のジニ係数を発表したが、それによると、各年のジニ係数は次のとおりであり、いずれも警戒ラインとされる0.4を超えている。2003年0.479、2004年0.473、2005年0.485、2006年0.487、2007年0.484、2008年0.491、2009年0.490、2010年0.481、2011年0.477、2012年0.474[16]。この推計結果から、現在中国では不平等な所得分布が存在していることが確認できる。

　中国の所得格差の現状については、具体的に次の問題点が挙げられる。まず、第1の問題点は、農村・都市間の所得格差が拡大したことである。農村部と都市部の住民所得は、図7-5に示したように、住民1人当たり所得（ここでは、都市住民1人当たりの可処分所得、農村住民1人当たり純所得をさす）から見ると、

第7章　中　国　139

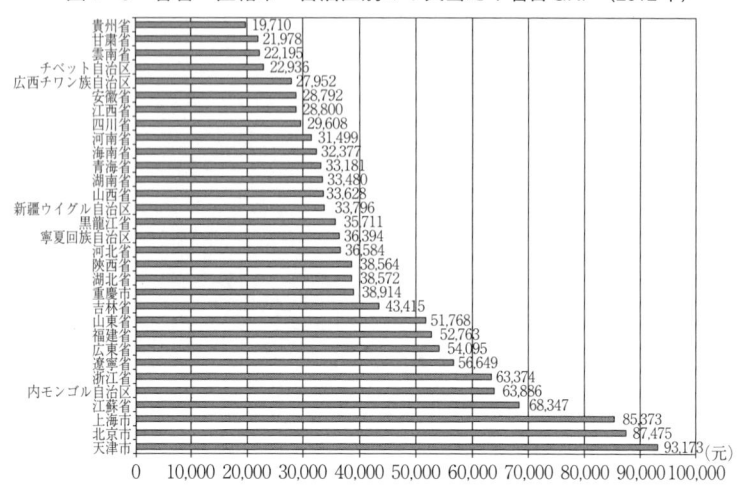

図7-6　各省・直轄市・自治区別の1人当たり名目GRP（2012年）

地域	1人当たり名目GRP（元）
貴州省	19,710
甘粛省	21,978
雲南省	22,195
チベット自治区	22,936
広西チワン族自治区	27,952
安徽省	28,792
江西省	28,800
四川省	29,608
河南省	31,499
海南省	32,377
青海省	33,181
湖南省	33,480
山西省	33,628
新疆ウイグル自治区	33,796
黒龍江省	35,711
寧夏回族自治区	36,394
河北省	36,584
陝西省	38,564
湖北省	38,572
重慶市	38,914
吉林省	43,415
山東省	51,768
福建省	52,763
広東省	54,095
遼寧省	56,649
浙江省	63,374
内モンゴル自治区	63,886
江蘇省	68,347
上海市	85,373
北京市	87,475
天津市	93,173

（出所）中国国家統計局『中国統計年鑑』2013年版より作成。

　その格差は一目瞭然である。都市部と農村部の住民1人当たりの所得比は、1985年の1.86：1から1994年の2.86：1となった。1995年から1997年の間、この比率は微減したが、1998年以降再び上昇傾向に転じ、2009年には改革・開放路線開始以来の最高比率となる3.33：1を記録した。その後、2010年の3.23：1、2011年の3.13：1、2012年の3.10：1と、やや縮小したとはいえ、依然として大きな所得格差が存在する。

　そして、第2の問題点は、地域間の所得格差が拡大したことである。各省・直轄市・自治区別で見た場合、図7-6に見るとおり、2012年時点の1人当たり名目域内総生産（GRP）では、沿海部に属し最高値を取る天津市の9万3173元（1万4760ドル）と、最も低い内陸省・貴州省の1万9710元（3122ドル）との比率（天津／貴州）は4.73倍に達しており、地域間の所得格差が深刻であることが確認できる。

　これまで見てきたように、外資系企業主導の「貿易大国化」へのプロセスと、農村と都市、地域間の格差の悪化の関係は、表裏一体の歪んだ経済構造が生んだものといえる。また、中国における不公平な所得分配のもとでは、大多数の国民が経済成長の果実を享受できていないでいる。つまり、経済のグローバル

化が進むなかで、輸出依存型の経済成長だけでは、大半の国民は幸せになれないのが現代中国の実態である。したがって、国民の不安を解消するため、公平な社会をいかに構築するかが、今後の中国における政治経済体制改革のキーポイントになる。

1)「中国『モノの貿易額』世界一　12年、米を上回る」『日本経済新聞』2013年2月9日付。
2) プロレタリア文化大革命とは、1966年から10年間にわたって繰り広げられた中華人民共和国内の大規模な思想・政治闘争である。毛沢東らは学生中心の紅衛兵や軍を動員し、劉少奇国家主席ら党や行政の幹部を「資本主義の道を歩む実権派」としてその実権を奪い、多数の粛清者を出した。
3) 人民公社とは、1958年に創設された、生産組織と行政組織が合体した中国農村機構である。人民公社体制は、中国農村における政治・経済・文化・軍事を包含した機能を担っていたが、文化大革命が終結すると、その非効率性が批判されていた。その結果、1982年の憲法改正によって、人民公社は解体されることとなった。
4) 計画経済体制のもとでは、国営企業（1992年の憲法改正で「国有企業」と改称）の生産資金は国家財政によって賄われ、その代わりに企業利潤を上納することになった。
5) 郷鎮企業とは、郷（村）と鎮（町）における村営や私営など中小企業のことである。人民公社体制では、「社隊企業」と呼ばれていたが、人民公社の解体に伴い、郷鎮企業と改称された。1980年代後半から1990年代前半にかけて飛躍的な成長を遂げた郷鎮企業は、中国経済の高度成長を支える重要な存在であった。
6) 1981年に保守派政治家の陳雲・副総理（当時）は、「計画経済を主とし、市場調節を補助とする」と提唱し、さらに翌年の1982年には、「籠」を「計画」、「鳥」を「市場」に例え、市場を計画の枠内に閉じ込める「鳥籠経済論」と呼ばれるようになった。
7) 南巡講話とは、1992年1月に鄧小平が武昌市、深圳市、珠海市、上海市を視察した際、改革・開放政策の堅持と経済成長の加速を呼びかけた講話である。これは、1989年の天安門事件で低迷した経済を回復させ、1992年以降の経済高度成長のきっかけとなった。
8) 加藤弘之・渡邊真理子・大橋英夫『21世紀の中国経済篇─国家資本主義の光と影』朝日新聞出版、2013年、17〜18頁。
9) 1988年1月に国家計画委員会（当時）の王建氏によって、世界経済とのリンクを前提とする「国際大循環」という経済発展戦略構想が提起された。これは「沿海部の一層の開放の拡大、大量に輸入し大量に輸出する加工型経済の発展、国際経済という大きな循環への参加」という構想であった。この構想は趙紫陽中国共産党総書記（当時）の目に留まり、「沿海地域発展戦略」に結びついたといわれる。
10) 農民工とは、農村戸籍人口で農業以外の職に従事する労働者を指し、中国国家統計局が2013年5月27日に発表した「2012年全国農民工状況観測調査レポート」によると、2012年末の全国の農民工総数は2億6261万人に上る。製造業、建設業を中心とする労働集約型産業の成長を下支えしてきた農民工だが、都市労働者との賃金や労働時間の格差は大きく、社会保険の加入率も低い。

11) 天安門事件とは、1989年6月4日に北京市の天安門広場に民主化を求めて集結していた学生・市民のデモ隊に対し、中国人民解放軍が武力弾圧して多数の死傷者を出した事件をさし、「六四事件」とも呼ばれている。
12) 2007年3月16日に開催された第10期全国人民代表大会第5回会議では、新企業所得税（法人税に相当）法が採択され、内外資企業所得税が統一され、税優遇策は廃止された。この新税法が2008年1月1日より実施され、5年以内に新税率（25％）に移行することとなっている。
13) 中国商務年鑑編輯委員会『中国商務年鑑』2012年版、中国商務出版社、2012年、75頁。
14) 森谷正規『中国経済―真の実力』文藝春秋、2003年、141頁。
15) ジニ係数とは、イタリアの数理統計学者ジニが1936年に考案した指数である。理論的には構成員全員が同じ所得であればジニ係数は0となり、逆に1人が全所得を独占する完全不平等の場合、ジニ係数は1となる。したがって0と1の間にジニ係数が大きいほど、不平等な状態が拡大することを示す。国際的には通常、ジニ係数が0.3以下の場合は社会が公平な状態にあり、0.3～0.4の場合は社会の公平度が基本的に合理的で、0.4を超すと所得格差が過大な警戒水準にあることを示す。
16) 「馬建堂就2012年国民経済運行情況答記者問」中国国家統計局総合司（http://www.stats.gov.cn/was40/gjtjj_nodate_detail.jsp?channelid=75004&record=136）2013年6月1日アクセス。

【朱永浩】

第8章　アフリカ経済をいかにとらえるか
▶表象、世界経済、地政文化

1　表象としてのアフリカ

(1)　「最底辺の10億人」と「動きだす9億人」

　「暗黒大陸（dark continent）」とは19〜20世紀中葉の西欧で盛んに用いられたアフリカ大陸の異名である。この異名には、次のような含意があったことで知られる。「アフリカは、文明も歴史もない大陸である。そこには私有財産の理念さえなく、暴君に率いられた野蛮人がたえまなく殺しあいをしている」。

　21世紀を生きるあなたは、馬鹿げた妄想と笑うかもしれない。アフリカに高度な文明があったことは、教科書にも記されている常識である。だが注意したいのは、この種の想念にいまひとつの想念が付随していた点である。暗黒大陸に文明の光をもたらすことが世界史の主体たる西欧の責務だという想念である。「文明化の使命（civilizing mission）」といわれるこの特殊な想念こそが、アフリカの植民地化を正当化した。当時の西欧にとって、植民地化という「野蛮」は、露骨な悪意や敵意というより、善意と良心にもとづく「文明的」事業だった。

　今日アフリカが「暗黒大陸」などと名指されることはまずない。現在そこにあるのは、植民地ではなく、54の国連加盟国である。にもかかわらず、近年の欧米やアジアでは、かつての「暗黒大陸」を想起させるようなアフリカ像がすくなからず流通している。具体例の1つが、イギリスの開発経済学者コリアーの著作『最底辺の10億人』である。同書によると現在アフリカでは、「人々の73パーセントは内戦を経験し、29パーセントは天然資源の収入に支配される国に住み、30パーセントは資源に乏しい内陸国で劣悪な近隣諸国に囲まれている」。アフリカは、「グローバル市場に参入することができた」中国やインドとは異なり、為政者が誤った政策をとりつづけてきた結果、「停滞や衰退の罠」に陥ってきたのである。ゆえにコリアーは読者に呼びかける。貧困と戦乱に苦しむ10億人を救うため、先進諸国は、軍事介入をふくむあらゆる政治的手段

に訴えなければならない。「自分には責任がないと考えてはならない。あなたは市民であり、市民であることには責任が伴うのである[5]」。

　こうしたコリアーの議論は——そうではないと著者自身がくりかえし弁明せねばならぬほどに——「植民地主義的」・「帝国主義的」である。「市民（citizen）の責任」にもとづいて「最底辺の10億人」が暮らす大陸に軍事介入する偽善と、「文明化＝市民化（civlization）の使命」にもとづいて「暗黒大陸」を植民地化する偽善のあいだに、どれほどの相違があるだろうか。アフリカへの軍事的・政治的介入を望む者は、「悲惨」で「野蛮」な大陸像を好む。「暗黒大陸」から「最底辺の10億人」へ名辞が変化しようと、この構図自体にかわりはない。

　ところで近年の書籍のなかには、こうしたアフリカ像を一面的と批判し、「意外に豊かな」大陸像を描こうとする者もいる。たとえば、アメリカの経営学者マハジャンである。彼によると、アフリカは「1人当たり国民総所得で見ればインドよりも裕福」であり、そのうち12カ国の総所得は「中国よりも豊か[6]」である。また、そもそもアフリカでは、公式統計には表れないインフォーマルな経済活動が活発であり、一説によるとその割合は7割以上にのぼる。そこには、起業家と消費者という「隠れた天然資源」があり、「まだ手つかずの機会がいくつも転がっている[7]」。映画、音楽、スポーツ、ファッションなどの分野では、世界的に活躍する人材が現に輩出されている。ゆえに世界は、この「動きだす9億人市場」（邦訳書の副題）に、もっと投資すべきなのである。

　アフリカを希望の大陸として描くマハジャンの議論は、良心を痛めなくてもよいだけに、読み手には受け入れやすいかもしれない。だが実をいえばこの種の大陸像もまた、植民地化を後押ししたアフリカ像の変奏なのである。考えてみよう。アフリカになんの「豊かさ」もないのであれば、どうして西欧の為政者は、自国民の命を危険にさらしてまで「暗黒大陸」に軍隊を派遣したのか。植民地化という事業は、アフリカに「手つかず」の富があり、植民地化することでその富が得られるという見通しがたってはじめて実現される。そこで生み出されたのが、「豊かなアフリカ」像である。たとえば19世紀のフランスでは、中世のアラビア語文献を根拠として、アフリカには金をはじめとする豊富な資源が眠っているとの言説が流布していた。西欧にとり、「暗黒大陸」は「黄金大陸」でもあった[8]。ゆえに、植民地化に突き動かされていったのである。

「最底辺の10億人」や「動きだす9億人」といったアフリカ像は、約1世紀前に西欧を植民地化へうながしていった「暗黒大陸」像や「黄金大陸」像と大きくかわらない。現実のアフリカは、世界の他の地域がそうであるように、刻々と変化している。かわっていないのは、欧米やアジアで出版物や報道を介して流通しているイメージとしてのアフリカ、表象としてのアフリカである。

(2) アフリカを見つめる「眼」

アフリカは、「最底辺の10億人」や「動きだす9億人」といった表象化を、外部から一方的にほどこされてきた地域である。ゆえにアフリカを専門とする研究者には、そうした表象を批判的に対象化する作業が学の分野を越えてもとめられてきた。例えば、近年公刊されたアフリカ経済をめぐる優れたテキストにも、「蔑視や美化という色眼鏡を通さず、曇りのない眼で、ありのままにアフリカを見つめる眼」を養うことの重要性が説かれている。それだけに深刻なのは、こうした研究者の認識があるにもかかわらず、「蔑視や美化という色眼鏡」を通したアフリカ像が今も流通しつづけている事実である。

コリアーとマハジャンの著作を通じて、いますこし問題を掘り下げておこう。

まず確認したいのは、両書は専門的研究書ではないものの、実証的な裏づけを欠いているわけではない点である。そこで参照されている統計数値の大半は、信頼のおける国際機関を出所としており、著者の実体験にもとづくエピソードも、それなりに説得的である。両書には、事実の断片が確かに含まれている。だが、そうした断片の取捨選択次第でアフリカは、悲劇的な「最底辺の10億人」にも、希望に満ちた「動きだす9億人」にもなりえる。それが「蔑視や美化という色眼鏡を通」してアフリカを見るということである。

しかも、コリアーやマハジャンの「色眼鏡」のデザインは、一見してわかるほど古臭くはない。これがどういう意味かを、学史に照らして説明しよう。

アフリカの植民地が雪崩を打って独立をとげた1960年代前後、この大陸は、アジアやラテン・アメリカとともに、「第三世界」と総称されていた。それは東西冷戦を背景に創出された、資本主義でも、社会主義でもない、もう1つの世界の在処をしめす概念だった。当時この概念はある種の現実味をもって世界に受け入れられていた。それが当時のアフリカを見る「眼」だった。

ところが1970年代のオイル・ショック以降、第三世界のあいだには対照的ともいえる状況が生じていった。とりわけ、NIES（新興工業経済群）を筆頭として工業化と経済成長をとげる国々が出現したアジアに対し、同時代のアフリカでは、債務危機の発生、社会不安の増大、飢饉、貧困といった政治的・経済的問題が噴出した。こうした状況のなか、1980年代以降のアフリカ研究で台頭したのが、経済停滞の要因を国家の機能不全に求め、自由市場経済化こそが問題解決になると主張する、新古典派経済学の理論である。この理論は、世界銀行・IMFが策定した「構造調整プログラム（Structural Adjustment Program）」の導入と実施をつうじて、現実のアフリカ経済に影響を及ぼした。負債を抱えた国営企業は解体・民営化され、公定の生産者・消費者価格は自由化され、国内産業の保護に重点を置く輸入代替工業化型の経済政策は、外資系企業の誘致によって輸出産業の振興をうながす輸出指向型政策へ転換されていった。

　構造調整プログラムがアフリカに経済成長をもたらすどころか政治的・経済的問題を深刻化させた事実は、おそくとも1990年代までに露呈した。こうした状況のなか新たに登場したのが、国家にかえて社会の潜在的活力に注目する研究潮流である。そこでは、国家規模の経済的苦境を一面的に強調する研究が悲観主義的と批判され、その苦境を生き抜くために生活者が編みだしてきた微細でインフォーマルな経済実践に注目する研究が展開された。アフリカ各国で進んだ「民主化」を背景に、国家に抗する市民主体、いわゆる「アフリカ市民社会」論が台頭したのもこの時期のことだった。アフリカを「9億人市場」と呼ぶマハジャンの議論は、インフォーマルな経済活動や各種の文化活動を肯定的にとらえ、そのことをつうじて否定的アフリカ像を覆そうとしている点において、こうした研究動向と軌を一にしているのである。

　だが、研究視座の転換は、現実の状況の好転をただちに意味しない。むしろ1990〜2000年代のアフリカでは、内戦やクーデタが各地で生じ、いわゆる「破綻国家」さえ出現した。民主化すると同時に紛争化する国家、貧困を生きぬくと同時に貧困を生かされている生活者の姿が、そこではあらわとなっていった。

　こうした状況に希望的現実のみを見いだす研究とは、悲観主義の裏返しとしての楽観主義でしかなく、必然的に悲観主義からの揺返し、たとえばアフリカを「最底辺の10億人」と呼ぶ研究者の出現をまねいた。世銀エコノミストと

しての経歴を持つコリアーは、国家の機能不全や汚職を批判する点では1980年代の新古典派の視座を踏襲しているものの、民営化・市場経済化を推進するだけでは問題解決につながらないと主張する点では、1990年代以降の研究をもふまえている。異なるのは、「合理的選択」モデルを信奉する彼が、貧困ばかりか汚職や内戦の要因をも「コスト」の観点から説明し、先進国による軍事的手段をふくめた政治介入という解決策を、「合理的」かつ「効率的」に導く点である。

このような学史の整理をふまえてみると、「最底辺の10億人」や「動きだす9億人」は、まったくの虚像であるどころか、近年の研究動向をふまえて構築されたアフリカ像、いわば真新しい「色眼鏡」を通じて見たアフリカ像であることがわかる。にもかかわらずそれらは、植民地化を正当化した1世紀前のアフリカ像を上書きするものでしかない。ゆえに問題は深刻なのである。

現在のアフリカ研究には、「ありのままにアフリカを見つめる眼」、確たる「曇りのない眼」が欠けている。アフリカ経済を論じるにあたっては、それが「いかにあるか」と問うこととならんで、それを「いかにとらえるか」と問いなおすことが、かつてなく重要な作業となっている。

だからこそ注目に値する、「アフリカを見つめる眼」がある。ウォーラーステイン（Wallerstein）の提唱した「世界システム（world-system）」という眼である。彼によると、表層の事実に眼をこらしているだけではアフリカは理解しえない。「アフリカを理解するためには、世界史を再概念化する必要がある」[10]。この視座から見えるアフリカとはいかなるものか。以下では、「世界経済（world-economy）」と「地政文化（geoculture）」とに主題を分けて論じる。

2　世界経済とアフリカ

(1) 近代世界システムとは何か

アフリカ政治社会学から研究キャリアを出発させたウォーラーステインが「社会科学の領域の壁をこえて多くの人びとに影響」[11]を与えてきたのは、彼が世界システム分析という独自の研究視座を確立したからである。それによると現在わたしたちは、16世紀の西欧で誕生し、その後世界をくまなく包摂していった、「近代世界システム（modern world-system）」という単一のシステムを

生きている。このシステムには、以下の経済的特質がある。[12]

　第1は、経済と政治との関係である。ウォーラーステインによると、16世紀以前にも「帝国」という世界システムが存在していたが、それは世界を政治的に単一化することを志向するシステムだった。これにたいして近代世界システムは、世界が経済的に単一化されていることに特質がある。この経済を稼働させているのは、無際限な利潤の追求、無限の資本蓄積の衝動である。ゆえにこの世界システムは、「資本主義世界経済（capitalist world-economy）」ともよばれる。

　世界が経済的に単一化されていく現象は、グローバリゼーションという名で今日よく知られている。ウォーラーステインの議論が画期的だった点は、この現象がいささかも目新しいものではなく、むしろ500年ほど前から不可逆のかたちで進行してきたという視点を打ちだしたことにある。経済は、国家単位で成立しており（国民経済）、その総和として世界経済が成立していると見なされがちであるが、ウォーラーステインによるとそうではない。世界は確かに国家単位で政治的に分節化されているが、経済的には単一のシステムでしかない。しかもこのシステムは、単一ではあっても均質ではない。どういうことか。

　近代世界システムの第2の特質は、世界経済に格差の構造が内包されている点である。ウォーラーステインによると、この格差は、一般に想像されているような、「発展の途上にある国々」が順調に経済成長していけばいつかは解消されるといった量的な格差ではない。むしろ、世界規模の分業体系のどこに位置するかという点できまる、質的な格差である。すなわち「中核（core）」／「周辺（periphery）」という位置である。この分業体系において、典型的には周辺が原料（農産物・鉱物資源）生産に、中核が工業品生産に特化した上で、双方が商品交換を行う。こうした商品交換の連鎖過程で、周辺から中核への一方的な価値の移転、いわゆる不等価交換がおこるというのである。

　不等価交換の仕組みは複雑であるが、とりわけ重要なのは、労働力の再生産費用、つまり生産者やその家族の生活費、出産や育児にかかる費用が誰にどのように負担されるかという点である。中核の生産は、企業に雇用された人びとが工業設備をつうじて原料を加工することで実現される。生産者の労働力は市場で「自由に」売買されるが、その再生産費用は福祉制度を介して国家や企業

に負担され、最終的には商品価格に転嫁される。一方周辺では、労働力の再生産費用が商品の価格に転嫁されることなく、原料生産者が生きる家族（親族）や地縁集団といった社会関係の総体、おおかれすくなかれ自給自足的な社会構造によって負担される。つまり、原料生産者の労働費用の一部を支払うことなく原料を得られる中核にたいし、周辺は工業製品生産者の労働費用を負担することなくしては製品を得られない。この差額が価値の１つの源泉となる。

　こうしたウォーラーステインの議論は、アフリカ経済の特質を考える上でとりわけ重要となる。しばしば指摘されるアフリカ経済の問題に[13]、単一産品の輸出に特化した経済構造という問題がある。原油、銅、ダイヤモンドといった鉱業製品にせよ、カカオ、コーヒー、茶といった農業製品にせよ、現在アフリカ諸国から国外に輸出されている製品の大半は、輸出後に再加工される工業原料である。一方アフリカ諸国の輸入品はというと、精製後の石油（および石油製品）、自動車、工業用機械類などの工業製品である。古典的な自由貿易理論では、２つの国がもっとも強みのある商品の生産に特化して輸出入を行えば両国はともに高い価値を得るとされるが（「比較優位」説）、不等価交換論によると、この過程で実現されるのは、一方から他方への不可逆の価値移転である。だとすると、アフリカと先進国の経済は無関係であるどころか、後者の経済成長が前者の経済停滞をまねいていることになる[14]。しかも近代世界システムは、こうした格差の構造を強化すると同時に、不可視化する装置を有しているのだとウォーラーステインはいう。国家という装置である。

　近代世界システムの第３の特質は、商品連鎖でつながれた中核／周辺の関係が国家単位で分節化されていることである。まず、垂直的分業体系内で中核としての位置を得た地域には、強力な国家機構が形成される。この機構を利用すると市場で独占状態が得られる。市場を独占した者は、価格競争の圧力をうけないので、おおきな利潤を得られる。ゆえに中核では、市場により強い影響力をもつ国家をつくろうとする、さまざまな力が生じる。諸力の競合の結果、経済的、政治的、軍事的に他国を圧倒する一中核国の「覇権（hegemonie）」が確立する局面も生じる。覇権を競うこれら中核諸国にたいし、後から世界経済に組みこまれた地域は、主権国家として独立をとげても、確たる財政基盤を確保することが難しい。ゆえに国家機構は脆弱となる。そこで原料生産に従事する

者は、国内市場・国際市場の独占をつうじて資本蓄積をすすめることができないばかりか、福祉という国家の再分配機構さえ利用しえない。こうした国家間の相違をつうじて世界経済内の中核／周辺をめぐる格差の構造は強化される。

もっとも中核諸国と周辺諸国のあいだにまったく可動性がないかというと、そうではない。領域国家という視点から世界経済をとらえなおすと、そこには周辺でありながら中核でもあるような国家、つまり「半周辺諸国(sepmiperipheral countries)」が存在してきたことがわかる。半周辺国は、もともとは原料生産者が住む地域である。企業などが工業生産部門を移転することで、一国内に中核と周辺の生産過程が併存するようになる。企業が安価な労働力を求めて生産部門の移転を進めるのは景気後退の局面においてなので、半周辺諸国は、世界経済の縮小期に、政治的、経済的、軍事的な力を拡大する。その結果、半周辺国が中核国に上昇することも、逆に中核国が半周辺国に転落することもある。

こうした国家関係の歴史的推移は、ウォーラーステインの主著『近代世界システム』（全6巻のうち4巻が既刊）に詳しく記されている。それによると近代世界システムは、16世紀にアメリカ大陸を周辺に組みこむことで成立した。17世紀の覇権国はオランダだったが、アメリカ大陸に広大な植民地を有するイギリスが、19世紀までにその座を奪った。イギリスの覇権確立に伴い半周辺化したアメリカ大陸の一植民地は、やがて独立をとげ、2度の大戦後には新たな覇権国となった。その覇権国こそがアメリカ合衆国である。

西欧を中核とする世界システムが非西欧を周辺に組みこむことで成立し、かつ非西欧にあらわれた半周辺国からやがて覇権国が登場したというウォーラーステインの史観は、大戦後の世界状況にも応用可能であるかのように見える。例えば、アメリカ大陸におくれて世界システムに包摂されたアジアからは、やがて半周辺から中核へと上昇する国家——日本、NIES諸国、中国・インドなど——が現れ、いまやあらたな覇権を確立しつつあるとの理解である。[15]

だが、ここで注意したいのは、世界システム分析の視座にたつかぎり、どの国家が覇権国や半周辺国かという議論は、せいぜい世界経済における領域国家の相対的な位置の変動をしめすにすぎず、中核から周辺への国境をまたいだ価値移転（および半周辺における国境内の価値移転）の構図自体は一貫している点である。すべての国家が中核国や半周辺国になることは決してなく、「窮乏化は

世界経済の水準では不変である」[16]。そして近代世界システム内で窮乏化の現実を担わされつづけてきた「最貧の周辺」[17]こそが、アフリカということになる。

(2) アフリカの包摂過程

では、アフリカの周辺化は、いかに進んできたのか。ウォーラーステイン自身の見解は、『近代世界システム』が未完の現状では断片的なものにとどまるが、1976年の論文によるかぎり、その過程は以下の3段階に区分される。

第1は、「外延的＝粗放的」統合の段階（1750～1900年）である。この時代の世界システムでは、英仏の覇権抗争がくりひろげられていた。このことを1つの背景に、砂糖や綿といった原料の需要が飛躍的に高まった。これらの原料は西インド諸島や南北アメリカ大陸のプランテーションで生産されたが、従来世界システムの外部にあったアフリカは、プランテーションに投下される安価な労働力、すなわち奴隷労働力の供給地として世界経済へ編入された[18]。いわゆる大西洋奴隷交易である。この過程に対応するかたちでアフリカでは、西部をはじめとする奴隷供給地の一部で国家形成がうながされていった（現ベナンのダホメなど）。

第2は、「内包的＝集約的」統合の段階（1900～75年）である。この段階はさらに2つの時期に区分される。第1は、西欧中核諸国がアフリカを植民地化していく時期である。この過程で既存の国家は解体され、大陸全土が原料・食糧供給地に再編された。具体的には、①アフリカ人小農型（西アフリカ一帯など）、②特許会社型（コンゴ自由国など赤道アフリカ一帯）、③白人入植地型（東・南・北アフリカ）という3つの形態があった。第2は、第2次大戦後、中核諸国における重化学工業の成長を背景に、アフリカの世界経済への編入が加速する時期である。この時期農村部は、①世界市場に向けた1次産品生産地、②1次産品生産地と都市で消費される食糧の生産地、③1次産品生産地への労働力の供給地（＝自給自足的農牧業が営まれる地域）へ再編された。

第3は、1975年前後からはじまる統合完了段階（1976年論文では予測の段階）である。1970年代の世界的不況・景気後退を背景に、一部のアフリカ諸国では相対的な工業化＝半周辺化がすすむ（南アフリカ、旧ザイール、ナイジェリア、アルジェリア、エジプト）。その反面、1次産品生産に従事する労働力の供給地

では、食糧危機や飢饉を背景に自給自足型の社会構造の解体がすすむ。この結果人びとは、土地もなければ職もない労働力の持主、いわゆる「産業予備軍(reserve army of the unemployed)」となる。空白地となった農村は、協同組合、国家、多国籍企業が管理するプランテーション型の原料生産地に再編される。

　以上は、後述する理論転換をふまえる前のウォーラーステインの議論であるだけに、いくつか補足を要する。1つは、包摂の第2段階への補足である。この段階をめぐるウォーラーステインの記述には、ある出来事をめぐる記述がほとんど欠けている。アフリカ諸国の独立である。彼は、「アフリカ人中産階級」が第2次大戦後に都市部で徐々に形成されたこと、この階級が「民族解放運動(national liberation movement)」の中核を担っていったこと、そしてこの運動が「大衆的抗議」と結びついた結果、植民地当局が負担する費用が増大したことを数行記したのち、こう述べる。「このことが『脱植民地化』にむけた主要な推進力となった。この物語はいまやよく知られているので、くりかえすまい」[20]。「よく知られている」とはいうが、記述の簡潔さといい、「脱植民地化」に括弧が補われている点といい、明らかにアフリカにおける主権国家の成立は重視されていない。これは、彼が西アフリカの民族解放運動を主題とした『独立への道──ガーナとコートディヴォワール』(1964年)[21]の著者でもある事実にてらして驚くべき事態である。

　その背景にはおそらく、アフリカの現実にたいするウォーラーステインの認識の変化がある。1964年の彼は記す。「〔独立後に着実な経済発展と民主化がなされれば〕そのとき西アフリカは彼らの誇りとなり世界の知性となるような、おのおのの国民＝民族(nation)をたちあげるだろう」[22]。他方、1973年の彼は記す。「〔アフリカにおける〕民族主義的団結の熱気は、〔…〕独立後の生活の過酷な現実、そして〔…〕その醜悪な姿をほとんど隠そうともしない軍事政権、この二つの冷厳な現実を目の前にして消えはじめていた」[23]。独立後のアフリカ諸国の「冷厳な現実」に打ちのめされたのは誰だったのか。ウォーラーステイン自身も含まれていたのではないか。

　いま1つの補足とは、包摂の第3段階についてである。ここでウォーラーステインは、アフリカでは自給自足部門が解体され、人びとは産業予備軍化すると述べている。世界システム論によると、不等価交換をつうじた資本蓄積は、

周辺地域が自給自足部門を介して労働力の再生産費用を負担することで実現される。逆にいえば自給自足部門が完全に解体されると、資本蓄積のメカニズムはうまく作動しなくなる。さて1976年の論文で彼は、世界経済が再拡大をするばあい1次産品生産が劇的に伸びる可能性があること、その生産に従事するのは産業予備軍化したかつての自給自足部門の担い手であること、これは資本主義世界経済内における「史上はじめて」の「完全なプロレタリアート化[24]」の実現を意味すること、その結果、雇用者と労働者のあいだの争いが激化すること、要するに、アフリカにおける自給自足部門の完全な解体を契機に世界システムが全面的危機に至ることを予測している。

おおむね1990年代以降のウォーラーステインは、アフリカにおける自給自足部門の解体という問題を世界規模での「脱農村化、脱田園化（derutralization）」の問題ととらえなおし、資本主義世界経済にそなわる「構造的制約」の1つと位置づけていく[25]。そこでもまた、脱農村化をはじめとした構造的制約に由来する矛盾が1960年代に臨界へと達し、いまや近代世界システムは崩壊の危機にあるとの認識がしめされている。だとすれば、近代世界システムにおけるアフリカの位置づけは次のように整理できる。16世紀に成立した近代世界システムは、18〜19世紀には奴隷労働力の供給地として、20世紀には原料供給地としてアフリカを周辺化することで、システムの構造的制約をのりこえ、資本蓄積を進めてきた。それだけにこの世界システムは、アフリカを周辺化し尽くすことで、最終的な危機に陥るとされているのである。

2つ注意点がある。第1に、ここで提出されているのは、アフリカにおける脱農村化が世界的な危機の一因となることであって、アフリカ固有の危機ではない。具体例をあげよう。しばしばアフリカ固有の危機として論じられる問題に、1980年代に表面化した債務問題がある。ウォーラーステインによると[26]、これは借り手というより貸し手が引き起こした問題である。発端は、第2次大戦後のアメリカの覇権構造に亀裂がはしる1970年前後のことである。資本蓄積に歯止めがかかった中核諸国の資本は、生産から金融へと利潤獲得の方法を切りかえる。つまり投機によって危機をのりこえようとする。それは16世紀に資本主義世界経済が成立して以来、延々とくりかえされてきた現象である。投機的資本はアフリカにもむかう。しかし、投機によって危機が根本的に解決

されることはない。ゆえに、1980年代に先送りされた危機が債務問題として顕在化する。しかしそもそも債務問題は、アフリカだけでなく、東欧や中南米でもおきている。この事実を無視して、ましてや生産部門の移転による危機ののりこえの舞台となったアジアとの対比にもとづいて、アフリカの危機を論じることは不毛である。

1990年代のウォーラーステインによれば、「問題は、アフリカでは劇的だが、アフリカに限定されるということではまったくない」。「我々は、世界資本主義の最終的勝利ではなく、その最初にして唯一の真の危機を生きているのである」[27]。ただし、ここで注意したい第2の点は、アフリカとの関連で1990年代のウォーラーステインが語る「真の危機」とは、脱農村化や債務問題としてあらわれる経済的危機のみならず、近代世界システムの文化的位相ともかかわる複合的危機だという点である。この点について以下で論じよう。

3 地政文化とアフリカ

(1) リベラリズムとは何か

地政文化は、冷戦崩壊に前後してウォーラーステインが創案した比較的新しい概念である。「世界システムが作動する文化的枠組み」[31]、「世界システムの内部において正当なものとして広く受けいれられている規範および言説の様式」と定義される[28]。それは、いわゆる「イデオロギー」に近い概念である。ただしイデオロギーや、そこから一般に区別される「科学」は、あくまで複数存在しうる。これにたいして地政文化は、歴史上、近代世界システムに1つしか存在しなかったとされる。すなわち、「リベラリズム（Liberalism）」である。

地政文化としてのリベラリズムの特質は、おおむね以下3点にまとめられる。

第1は、この地政文化と国家のかかわりである。国家は、個人や企業の自由（liberal）な経済活動を制限する。自由主義者（liberalist）は、国家が規制を緩和し、市場原理に委ねるべきと主張する。ゆえにリベラリズムは国家と対立するものと見なされがちである。ところが、ウォーラーステインが18世紀西欧の政治思想史にたちかえりつつ明らかにするところによれば、事実はまったく逆である。

保守主義や社会主義とは異なり、リベラリズムは「国家機構を長期にわたり

強化することを是認する唯一のイデオロギー」である[29]。そもそもリベラリズムの根底にあるのは、個人は何者にも侵害されない権利（所有権、選挙権などの市民権）をもつ自由かつ平等な主体であるとの理念である。地政文化論によると、フランス市民革命以前の世界には、この種の個人は理念としてさえ存在しない。そこには自由を規制する何者か、つまり社会という他者の存在が前提としてあったからである。これにたいしてリベラリズムとは、典型的にはフランスのジャコバン主義のように、国家と個人を無媒介に直結させようとする。自由な個人とは、国家が市民権を保証しないかぎり成立しえない。つまりリベラリズムは、国家と対立するどころか原理的に国家を必要とする。国家に市民権を付与された自由な個人とは国民（nation）でもある。国民が国家を作ったのではない。リベラリズムが「国家から国民を作」ったのである。

　リベラリズムの第2の特質は、その改良主義的傾向である。リベラルな国家において、市民は建前としては自由かつ平等である。しかし経済格差の構造が内包された世界システムには、資本蓄積の恩恵から切りすてられる者がたえずいる。そこからシステムに抗する運動、反システム運動がおこる。ひとまず19世紀に脈絡を限定して解説すると、実際に西欧中核諸国では1848年に「世界革命」と呼ばれる出来事が生じる。自らを脅かす「危険な階級」を目の当たりにしたシステムの受益者は、「危険な階級」を「飼い慣ら」す方策をとる。具体的にうちだされたのが、次の「三重の合理的改革プログラム[30]」である。

① 選挙権の拡大（議会制民主主義をつうじた改革）。
② 福祉国家（国家の再分配機構をつうじた経済格差の是正）。
③ 国民の創出（教育、軍隊、国民的祝典をつうじた一体感の構築）。

　ウォーラーステインによると、19世紀の西欧で確立されたこれら3つの政治プログラムは、フランス革命時の有名なスローガン、①自由、②平等、③博愛（友愛）の変奏である。ただしリベラリズムがめざすのは、あくまで「危険な階級」の飼い慣らしであって、真の自由や平等や博愛の追求ではない。19世紀の西欧では、現実には政治的自由は抑圧され（女性を排除した「普通」選挙権）、経済的不平等は拡大し、国民ならざる者がつくりだされていく。にもかかわら

ず革命の前衛を自認していた者の視野は、国内の(男性)産業労働者へ制約される。政権獲得が目標となり、革命をつうじたシステムの変革という目標は、実質的に放棄される。眼前の問題は将来的には解決可能だという希望が、反システム運動を骨抜きにする。こうして19世紀西欧に生まれたのが社会民主主義とされる。

　リベラリズムの第3の特質は、その概念としての曖昧さ＝両義性である。例えば、市場の万能を主張する「リベラル」が「リベラル」な政治改革(権利拡大など)を否定することは、現代でもよくある。地政文化論によると、こうした曖昧さは、たんなる定義の相違や思想史のねじれに解消される問題ではなく、むしろ地政文化としてのリベラリズムの特質である。この地政文化はゴムのような性質をもち、伸縮自在で融通無碍である。ゆえに一見逆の立場にある者にも用いられる。18世紀の革命のスローガンは、19世紀には革命の抑止を目的とした政治目標と化す。保守主義も社会主義ものみこみ、リベラルな保守主義とリベラルな社会主義に変えてしまう。ただし、いかに変幻自在といえども地政文化が担う機能にかわりはない。「危険な階級」の飼い慣らしである。こうしたリベラリズムの特質がいかんなく発揮された歴史的局面が、東西冷戦である。

　19世紀の西欧中核諸国内で「危険な階級」が飼い慣らされたのち、とある周辺国であらたな反システム運動がおこる。1917年のロシア10月革命である。しかしこの運動もまた、アメリカを中心に再編されつつあった世界システムのなかで、反システム的性質を失っていく。市場経済が再導入され、一国社会主義が採用され、世界同時革命という戦略は放棄される。20世紀型リベラリズムは、「ヨーロッパのリベラリズムが19世紀の社会民主主義を堕落させ、飼い慣らしたのに対応する方法で、レーニン主義的社会主義を堕落させ、飼い慣らす」[31]。ウォーラーステインによると、イギリスの覇権転落から第2次大戦までのあいだアメリカと覇権を争っていたのは、(半)周辺国ロシアではなく、中核国ドイツである。大戦終結は、アメリカの覇権確立を意味する。冷戦は、アメリカを中心に編制された資本主義世界経済の仮象である。この時代世界は、「西」から「東」へゴムのように拡張したリベラリズムにおおいつくされていたのである。

以上では、リベラリズムという地政文化の特質を整理した。では、アフリカはその拡張過程にいかに巻きこまれてきたか。ウォーラーステインは、現時点でこの問題を体系的に論じているわけではない。以下では、先に見た世界経済への包摂過程をめぐる段階区分を念頭に、『アフター・リベラリズム』をはじめとした著作の叙述をアフリカの脈絡にひきつけて読み解いていく。

(2)　世界システムの危機とアフリカ

　先述のとおり地政文化としてのリベラリズムは、1848年革命後の19世紀西欧中核諸国で成立した。ちょうど、アフリカが植民地化をつうじて世界経済への第2の包摂段階に巻きこまれていく時期である。さて、ここで重要なことは、19世紀型リベラリズムの展開過程において、アフリカは「三重の合理的改革プログラム」の実行範囲外に置かれていた点である。植民地住民とは、宗主国の国家機構に組みこまれながら、選挙権も福祉の恩恵も与えられない非市民であり、宗主国の国民から区別される何者かである。この非市民＝非国民を管理する知の様式として活用されたのが、19世紀に発展した自然・社会・人文科学、とりわけ植民地住民を歴史なき「未開」の民＝「部族」と同定した人類学である。19世紀型のリベラリズムにおいて、「普遍主義的理想の事実上の受益者である『市民』を『内部化』」することと、「人種主義の対象を『外部化』する」こととは、表裏一体だったのである。後者の過程を正当化する科学とは、前者の過程を正当化するイデオロギーと同じく、リベラリズムという地政文化の派生物である。西欧は、植民地住民を「科学的」に分類し、自由も平等も博愛もなき空間を生きる非市民（＝「臣民」）としてその身分を固定したからこそ、アフリカを安価な原料・労働力供給地として活用しえたのである。

　ところが20世紀初頭になると、植民地住民による新たな反システム運動が生じてくる。民族解放運動である。第1次世界大戦の終結を機に、中核諸国にとっての「問題は、今や中核域内の労働者階級を飼い慣らすのと等しい方法で、南側を飼い慣らす」ことになる。具体的に採用されたのが、アメリカ大統領ウィルソンによって定式化された民族自決権の承認である。民族自決権は、ある民族が他の民族や国家の介入を受けることなく自らの帰属や政治組織を決定する権利とされるが、地政文化論的に見れば、「国際的システムに移しかえられた

個人の自由の原則」、「国家レベルでの普通選挙権の原則に対応する、世界レベルにおける組織上の類似の原則[34]」である。さらに第2次大戦後のアメリカは、その圧倒的な経済力を背景に2つのプログラムを追加する。1つは対外援助をつうじて国家間の経済格差を部分的に是正すること、いま1つは独立をとげた旧植民地諸国を順次東西陣営へ包摂することである。これらは19世紀型の「三重の合理的改革プログラム」の変奏である。異なるのは、「個々人のレベルにのみ適用することを意図」された19世紀型リベラリズムにたいし、20世紀型リベラリズムは、それを国家という「集団のレベルに適用[35]」した点である。こうして地政文化は、個人から集団、「北」から「南」、西欧中核諸国内の関係から中核／周辺関係へ、ゴムのように拡張される。図示しよう。

① 選挙権　　→　民族自決権
② 福祉国家　→　援助をつうじた経済開発
③ 国民創出　→　東西陣営への包摂

　これら20世紀型のプログラムは、19世紀型プログラムさながらに「科学」的な裏づけを与えられていく。政治学者は民族解放を賞賛し、経済学者は国民経済の段階的発展を説き、冷戦対立の構図は言説の次元で強化される。そして、政策立案当局が「バンツー諸族の親族構造を解説できる」人類学者以上に、「アフリカの民族運動の強さや都市の労働力の成長を説明できる学者[36]」を必要とした結果、アフリカ地域研究という新たな「科学」の領域が形成されていく。

　20世紀型リベラリズムのプログラムは、周辺地域の「危険な階級」の飼い慣らしに成功する。民族解放運動の指導者たちは、帝国主義の打倒ではなく、独立＝国権掌握をめざすようになる。「汝ら、まず政治的な王国を築け、そうすればすべてがあなたがたについてくるだろう」（ガーナ初代大統領ンクルマの言葉）[37]。独立後の経済開発の試みは援助なしでは実現しえない。しかし、資本主義世界経済においてすべての国家が経済発展をとげることは不可能である。経済開発の試みは失敗におわる。東西陣営への包摂を拒むかたちでたちあげられた第三世界主義の理想は形骸化し、連邦制のこころみは挫折する。アフリカをはじめとする第三世界の住民は、改革などいつまでたっても行われないことに

気づく。「民族主義的団結の熱気」が「冷厳な現実」の前に消えていく。そしてついにあの世界革命がおきたのだとウォーラーステインはいう。

　第2次大戦後のアメリカの覇権構造に亀裂がはしるのは、世界経済が戦後の膨張から縮小に転じた、1968年前後のことである。この年世界では、パリ5月をかわきりに、北米、西欧、日本、共産主義世界、ラテンアメリカ、南アジア、そしてアフリカで、大規模な反体制運動がおこる[38]。ウォーラーステインは、それらが1848年に匹敵する「世界革命」だったと見なす。一連の出来事には共通点がある。第1は、それらが「世界システムにおけるアメリカの覇権（そしてその覇権におけるソ連の共謀）に対する抵抗」だった点であり、第2は、「世界中で多様な方法で権力に到達したいわゆる旧左翼〔…〕の効果の無さに対する抵抗[39]」だった点である。西には形骸化した社会民主主義がある。東には世界革命戦略を放棄した共産主義がある。南には第三世界の連帯を忘却した民族解放運動がある。「1968年の革命家たち」は、これらリベラリズムに飼い慣らされた者を、「反システム的には不十分で、無力」と見る。つまり、「1968年」とは、リベラリズムにたいする全面的かつ世界的な叛乱だったのである。

　政治的事件としての1968年は、他の革命とおなじく、「すばやくぱっと燃えあがり、その後消え」る。それでも革命の影響は持続し、その結果、「国家機構に対する幻滅感までもが、正統化され、強められる[40]」。いつかは良くなるという幻想が崩れ、「世界システムは変化しないかもしれないという恐怖」に変わる。世界経済を支える「下層からの政治的および文化的支持の底」が抜ける。

　ウォーラーステインによると、東西冷戦という表層のイデオロギー対立の崩壊を決定づけたのは、1989年のソ連邦解体ではなく、1968年の世界革命である。同様のことがアフリカの民族解放運動についてもいえる。「これらの運動が独立後の時代に砕け散ってしまったところでは、どのような政治勢力もその真空状態を埋めたり、同様の方法で国民意識を動員することができなかったし、そうした勢力など見あたらない[41]」。それは、リベラリズムが崩壊したことの必然的帰結である。自由と平等の幻想をつくりだすこのゴムのような地政文化は、アメリカの覇権下で東西南北に拡張され伸びきったあげく、1968年にバチンと音をたてて切れる。その結果むきだしになったのは、すべての人びとが自由と平等を享受することなど原理上ありえない、世界経済の「冷厳な現実」であ

第8章　アフリカ経済をいかにとらえるか

る。

　世界経済へのアフリカの包摂の第3段階は、まさにこの時期に到来する。
　ウォーラーステインによると、1980年代以降のアフリカで表面化した国家組織の解体（「破綻国家」）は、リベラリズム崩壊の余波である。世界経済を支える「下層からの政治的および文化的支持の底が抜け」た結果、かつての民族解放運動の指導者たちは大衆動員力を失う。彼らは、国民的支持より私的蓄財をつうじた身内の確保に熱心になる。1990年代のアフリカ諸国における「民主化」は、こうした状況にたいする大衆的不満を反映している。しかし経済的格差の是正なき民主化は、自由市場の理念とおなじく、「やけくそのスローガン」である。希望は早晩失望にかわる。このとき人びとが救いを求めるのは、国家ではない。その下位にある集団である。そうした集団の1つに「部族」がある。それは、19世紀に科学というリベラリズムの変種がシステムの周辺に創りだした市民ならぬ非市民、国民と同じ近代的構築物である。資本蓄積の恩恵から排除されてきた集団が限られた資本をめぐって対立したばあい、何がおこるか。アフリカの武力紛争がときに「部族紛争」と称されるのは、なぜか。
　しかしウォーラーステインが強調するところによるなら、国家組織の解体という問題が「アフリカで非常にわかりやすいという唯一の理由は、国家そのものが、建設されてすぐに、その地位の低下がはじまったからである」。「北側ではこの問題は、国家の財政危機、都市犯罪の増加と自衛組織の創設、国家が人の流れを抑制できなくなっていること、国の福祉機関の撤去への圧力などの多様な題目で論じられている」。問題は、アフリカでは劇的だが、アフリカに限定されない。「それらは、すべて、一つの主題の諸変奏に過ぎない」。

4　結　語

　近年の欧米やアジアでは、植民地主義的なアフリカ像が流通している。この事態は、1980年代以降のアフリカ研究が確たる分析視座を欠いてきたために助長されている。本章では、こうした状況認識を起点に、アフリカが「いかにあるか」という問題と、それを「いかにとらえるか」という問題を、ウォーラーステインの世界システム分析の視座を通じて検討してきた。
　ウォーラーステインによれば、16世紀に成立した近代世界システムは、現

在「その最終にして唯一の危機」のなかにある。それは、アフリカをはじめとする周辺地域で脱農村化が進み、世界規模での「完全なプロレタリアート化」が実現しつつあることを理由の1つとする一方で、1968年の「世界革命」によって地政文化としてのリベラリズムが破綻し、「国家機構に対する幻滅感」が、「正統化され、強められ」たことを理由とする。だとすれば、貧困・内戦・国家破綻といったアフリカの問題と、これらの問題を分析する確たる視座を欠いたアフリカ研究の問題とは、ともに近代世界システムが危機に陥っていることのあらわれとして理解されることになるだろう。

ウォーラーステインの主張には、より慎重な検討を要する問題もある。その1つが脱農村化という問題である。ウォーラーステインは、2000年の時点で、「あと25年」で「これまで低賃金労働者を供給してきた農村は世界から消滅するだろう[45]」と述べている。だが、アフリカにおいては、1990年の時点で人口の7割が農村部に居住し、しかも「見かけ上の都市人口の増加に反比例して、農村の土地に権利を持っている人が減っているわけではない[46]」ことが指摘されている。脱農村化がアフリカで進行しているとは、にわかには結論しがたい。だからといってウォーラーステインの分析視座が否定されるわけではない。脱農村化が特定地域で進展していないこととは、世界経済の危機の転嫁がその地域でいっそう熾烈化していることのあらわれなのかもしれない。このように問うことを可能にする「眼」こそが、世界システム分析の視座だからである。

世界システム分析は、アフリカと一括される国と社会を隅々まで見わたすことを可能にする万能の「眼」ではない。万能を装う「色眼鏡」が見おとしてきた事象を可視化する「眼」である。この視座にたつかぎり、現代アフリカの危機的現実はどこかでおきている誰かの問題ではなくなる。それは、わたしやあなたが彼らや彼女らとともに生きている世界的な危機のあらわれなのである。つまり、アフリカをぬきに欧米やアジアを理解することなど不可能なのである。

例えば2013年1月、アルジェリア南部の天然ガス・プラントで、邦人をふくむ外資系企業関係者の拘束事件がおきた。最悪の結末をむかえたこの事件をきっかけとして、フランスが同時期にアルジェリアの隣国マリで空爆作戦を実施していた現実が、アジアでもそれなりに報道された。だが、マリの反政府勢力の実体とされる「部族」トゥアレグが、19世紀以降の世界システムで周辺

化されつづけてきた集団であること、ましてやマリから国境によって隔たれたトゥアレグの居住域で採掘されるウランが、2011年に史上最悪の原発事故を起こすアジアの島国の電力需要をまかなってきた現実など、いっさい報道されなかった。[47]

報道が担うべきは世界で日々生起する現在を伝えることであり、そうした現在を総合的に検証することは、研究者に求められる作業である。ところがアフリカ研究の主流は、19世紀型リベラリズムと20世紀型リベラリズムの欺瞞を再生産する作業にむかいがちである。

アフリカを論じる者、とりわけその経済を論じる者にとって重要なのは、手つかずの市場機会を顕揚することでも、軍事介入の必要性を論じることでもない。自明性の背後にある不可視の構造に「眼」をこらし、アフリカの経済と政治と文化を徹底して同時代の同一地平で考えぬくことであるにちがいない。

1) Jarosz, L., "Constructing the Dark Continent: Metaphor as Geographic Representation of Africa," Geografiska Annaler. Series B, Human Geography Vol. 74, No. 2, 1992. なお本章では、表象という切り口から経済へのアプローチを試みる都合上、北部諸国（アルジェリア、エジプト、チュニジア、モロッコ、リビア）をのぞく狭義の「アフリカ」と、同諸国をふくむ広義の「アフリカ」のあいだに厳密な区別を設けることは避ける。
2) 括弧内は、次の文献に引用された20世紀転換期西欧の文書を再構成したものである。真島一郎「植民地統治における差異化と個体化―仏領西アフリカ・象牙海岸植民地から」栗本英世・井野瀬久美惠編『植民地経験―人類学と歴史学からのアプローチ』所収、人文書院、1999年。
3) P.コリアー（中谷和男訳）『最底辺の10億人―もっとも貧しい国々のために本当になすべきことは何か？』日経BP社、2008年、128頁。
4) 同上書、26頁。
5) 同上書、285頁。
6) V.マハジャン（松本裕訳）『アフリカ―動きだす9億人市場』英治出版、2009年、71頁。
7) 同上書、306頁。
8) Idrissa, K., "La dynamique de la gouvernance: Administration, politique et ethnicité au Niger", dans K. Idrissa éd., Le Niger: Etat et Démocratie, Paris, L'Harmattan, 2001, pp.16-17. なお、西アフリカの現ガーナ共和国の旧称は、「黄金海岸」である。
9) 北川勝彦・高橋基樹「アフリカ経済を考える」北川勝彦・高橋基樹編『アフリカ経済論』所収、ミネルヴァ書房、2004年、3頁。
10) Wallerstein, I., Africa and The Modern World, Africa World Press, 1986, p.60.
11) 川北稔編『ウォーラーステイン』講談社、2001年、9頁。

12) 以下本項でとりあげるのは、［川北］同上書、をはじめとする解説書でくわしく紹介されてきた、近代世界システムについての基礎的議論である。煩雑さを避けるため、引用は最小限にとどめる。
13) 例えば次の文献を参照。谷口裕亮「アフリカと国際貿易」北川勝彦・高橋基樹編『アフリカ経済論』所収、ミネルヴァ書房、2004年。福田邦夫「一次産品経済と対外累積債務—サハラ以南のアフリカ諸国」『明治大学社会科学研究所紀要』第38巻第1号、1999年10月。
14) 西欧の経済発展と非西欧の低開発を不可分と見なす研究視座は、ウォーラーステインが「従属論」から継承した視点である。従属論者としてはフランクやアミンが著名であるが、アフリカをめぐる記述においてウォーラーステインがくりかえし参照しているのは、むしろロドネーである（W. ロドネー（北沢正雄訳）『世界資本主義とアフリカ—ヨーロッパはいかにアフリカを低開発化したか』柘植書房、1978年）。
15) 次の世界システム論的研究を参照。G. アリギ（中山智佳子ほか訳）『北京のアダム・スミス—21世紀の諸系譜』作品社、2011年。平川均『NIES—世界システムと開発』同文舘出版、1992年。
16) I. ウォーラーステイン（松岡利道訳）『アフター・リベラリズム—近代世界システムを支えたイデオロギーの終焉』藤原書店、1997年、343頁。
17) ［Wallerstein］*op. cit*, 1986, p.172.
18) Wallerstein, I., "The Three Stages of African Involvement in the World-Economy", P. C. W. Gutkind & I. Wallerstein eds., *The Political Economy of Contemporary Africa*, SAGE Publications, 1976.
19) 西欧とアフリカのあいだでは18世紀以前から長距離交易が行われていたが、それはあくまで「奢侈品」をめぐる交易であり、大規模な生産過程の変化を伴うものではなかった（Wallerstein, I., "Africa and the World-Economy," Ajayi, J. F. A. ed., *General History of Africa VI*, UNESCO, 1989）。
20) ［Wallerstein］*op. cit*, 1976, pp.47-48.
21) Wallerstein, I., *The Road to Independence : Ghana and the Ivory Coast*, Mouton & Co, 1964.
22) *Ibid*, p.168.
23) I. ウォーラーステイン（日南田靜眞監訳）『資本主義世界経済Ⅱ—階級・エスニシティの不平等、国際政治』名古屋大学出版会、1987年、40〜41頁。
24) ［Wallerstein］*op. cit*, 1976, p.50.
25) I. ウォーラーステイン（日本語版編集部編訳）「『第三世界』とは何ものであったか」『力の論理を超えて—ル・モンド・ディプロマティーク1998 – 2002』所収、NTT出版、2003年。
26) ［ウォーラーステイン］前掲書、1997年、89〜97頁。
27) 同上書、108〜109頁。
28) I.ウォーラーステイン（丸山勝訳）『ポスト・アメリカ—世界システムにおける地政学と地政文化』藤原書店、1991年、36頁。I. ウォーラーステイン（山下範久訳）『入門・世

界システム分析』藤原書店、2006年、240頁。
29）［ウォーラーステイン］前掲書、1991年、33〜34頁。
30）［ウォーラーステイン］前掲書、1997年、229頁。
31）同上書、207頁。
32）同上書、388頁。
33）同上書、357頁。
34）同上書、171、358頁。
35）同上書、171頁。
36）［ウォーラーステイン］前掲書、2006年、38頁。ただし原著にもとづき訳を一部変更。
37）［ウォーラーステイン］前掲書、1997年、65〜66頁。
38）アフリカの事例は、次の文献に詳しい。真島一郎「六八年五月、ダカール—共和政体の翻訳論」石井洋二郎・工藤庸子編『フランスとその〈外部〉』所収、東京大学出版会、2004年。
39）同上書、181頁。
40）同上書、88頁。
41）［ウォーラーステイン］前掲書、1997年、105頁。
42）同上書、165頁。
43）同上書、108頁。
44）引用元は、労働力のエスニック化現象を主題とした1970年代の論文「独立後ブラック・アフリカにおける社会的争い」［ウォーラーステイン］前掲書、1987年、10頁。
45）［ウォーラーステイン］前掲書、2003年、208頁。
46）児玉谷史郎「農村社会の変容」北川勝彦・高橋基樹編『アフリカ経済論』所収、ミネルヴァ書房、2004年、170頁。なお脱農村化の問題については、ウォーラーステインと立場がちかい研究者によって批判的見解が提出されている。それによると、「脱農村化」ならぬ製造業活動の「『農村化』」の結果、「プロレタリア化の進行」は「一貫して緩慢」となっている（F. タバク（丸山勝訳）「世界労働力」I. ウォーラーステイン編『転位する時代—世界システムの軌道1945－2025』所収、藤原書店、1999年、149頁）。
47）佐久間寛「ニジェールにおける『伝統首長国』という近代—アフリカ市民社会論批判（下）」『アジア・アフリカ研究』第53巻第1号、2013年1月。

【佐久間寛】

■ **コラム②　美しいバラに隠れたもう1つの"トゲ"**

　ケニアの首都ナイロビの街中では、近ごろ色鮮やかな花々を販売する露店が目立つようになった。また、ナクマット（Nakumatt）やタスキス（Tuskys）など、都市部にある大型スーパーマーケットでは、食料品や日用品以外に、バラやカーネーション、チューリップが売られており、ケニアで切り花の生産が盛んに行われていることを象徴している。ケニア産の切り花は、そのほとんどが、国内販売ではなく、先進諸国への輸出向けであり、特にバラは日本でも売られている。ただし、この真紅のバラは、「情熱の赤」というよりも、「血塗られた赤」と呼ぶに相応しいのかもしれない。

　これら切り花がケニアで本格的に栽培されるようになったのは1980年代後半頃、オランダやイギリスの多国籍企業がケニアに参入し始めた時期であった。莫大な資本をもつ多国籍企業は、ケニア中央部に位置するナイバシャ湖を中心に大規模な農園を作り、そこにビニールハウスや切り花を冷蔵保存するための機材を設置した。さらには、切り花を輸出するための専用航空機や輸送路を確保するため、オランダの航空会社KLMを通じてケニア航空を買収した。オランダをはじめとする先進諸国の企業が本格的に参入した結果、ケニアの切り花生産は急速に発展し、わずか20年足らずで、切り花を含む園芸作物は輸出総額の約20％（6.7億ドル）を占めるほどになった。経済状態が悪化していたケニアにとって、切り花はまさに救世主だった。ケニアはコーヒーなど主要農産物の輸出が停滞し、貿易赤字の拡大や高インフレ状態に陥っていたが、切り花輸出が拡大したことで、次第に回復の兆しを見せるようになり、経済成長率も1.56％（1990～94年）から2.92％（1995～99年）まで上昇した。表面的には、ケニアは「切り花輸出の発展」に助けられた形だ。だが、切り花を栽培する貧しいケニア人農民たちは、切り花輸出や経済成長の"恩恵"を得ることができたのだろうか。

　多国籍企業が運営する切り花農園では、約5万人のケニア人農民が雇用されており、バラやチューリップのつぼみを運ぶトラック運転手、都市部の花屋の店員まで含めると、7万人以上の賃金労働者が雇われている。しかし彼らの賃金は日当100～250ケニアシリング（1ケニアシリング＝約1円）程度であり、この金額は、例え切り花の価格が高騰したとしてもほとんど変わらない。貧しい農民が得られる収入は1ヵ月当たり2000～3000ケニアシリング程度なので、切り花農園に雇われた人びとは決して高所得者ではない。

　さらに、農耕に適した土地が切り花栽培に用いられたことも、ケニア人農民の生活を苦しめることになった。ケニアでは、度重なる干ばつや急激な人口増加によってトウモロコシをはじめとする穀物が不足しており、食糧を増産するためには、一定の降水量が見込める肥沃な土地を穀物の生産に充てる必要があった。しかし、多国籍企業にとって重要なことは、「ケニア人の食糧をもたらすこと」ではなく、「資

本家の富を増やすこと」である。多国籍企業のケニア進出が大勢の貧しい農民にもたらしたものは、食糧不足と持続する貧困だけであった。

　ナイバシャ湖畔に広がるビニールハウス群では、赤や黄色、ピンクなど、色とりどりの美しいバラが咲き誇っている。その美しさは手にした人を喜ばせ、その甘い香りは人びとを幸せにするのだろう。しかし、美しいバラには"トゲ"がある。そのトゲは、バラを買った人に小さな傷を作ることもある。だが、傷を負うのはバラを買う人びとだけではない。バラを作る人びともまた、大きな傷（苦悩）を負っているということは、あまり知られていない真実である。富裕層に些細な幸せを与えているバラは、ケニアにいる貧困民が大量の血と汗を注ぐことで、見事な花を咲かせている。

【佐々木優】

■ コラム③　Land Grab──ケニアで起きた新たな土地収奪

　18世紀末から100年以上にわたるケニアの土地問題は、常に農民たちを苦しめ、大勢の人びとを暴動に駆り立ててきた。その大地は、土地の奪い合いに苦しんできた彼らの血を表すかのように、真っ赤に染まっている。しかし、カタールとの土地リース契約が2008年に締結したことは、土地問題とともに生きてきた大勢のケニア人農民に衝撃を与えた。

　近年、先進諸国や中国・インドなどの新興国、そして中東諸国が食糧生産や資源獲得を目的に土地を買いあさる"ランド・グラップ（Land Grab：土地収奪）"がアフリカ各地で起こっている。環境・生態系の問題や土地問題を研究するグローバル・ランドプロジェクト（The Global Land Project：GLP）が発表したアフリカのランド・グラップに関する報告書によると、中国はコンゴ民主共和国やザンビアを中心に757万ヘクタール、インドは219万ヘクタール、サウジアラビアは182.5万ヘクタール、イギリスは263万ヘクタールのアフリカの土地を買い占めている。これらの国以外にも、多くの先進諸国や新興国が食料やバイオ燃料を生産するための土地を確保しようと躍起になっている。世界全体がアフリカの大地を奪い合っているのである。そして、ランド・グラップの猛威は、カタールの土地リースという形で、ケニアにも襲いかかった。

　不毛な土地に築かれたカタールは、輸入していた穀物の価格が高騰したことで、食料生産用の土地の獲得をめざすようになり、広大な土地をもつアフリカ大陸に目を向けた。ケニア大統領のキバキもまた、2007年の選挙で莫大な資金を投じてしまったため、いかなる犠牲を払ってでも"カネ"を得ようとしていた。双方の利害が一致した結果、カタールはケニア北西部（タナ・リバー・デルタ地帯）の土地4万ヘクタールを獲得し、キバキは25〜30億ドルとされる莫大な外貨を手に入れた。この大規模な土地リース契約は、貧困や食料不足に苦しんできたケニアの人びとにさらなる苦痛を強いることとなった。

　同契約では、インド洋に面したラムという港町に新たな港を設け、大勢のケニア人を雇用することも盛り込まれていた。「雇用創出によって、貧困の打開と食料を購入できるだけの賃金が得られる」というのがキバキの主張だ。だが、同契約の実態調査をした国際NGOファイン（Food-first Information and Action Network）が、カタールの投資・雇用機会の創出に疑問を投げかけているように、現時点で人びとの生活に目立った改善は見られない。さらにアメリカに1.7万ヘクタール、スイスに9.3万ヘクタールを売却することが計画されており、もし土地が売買された場合、東京23区2つ半の土地が他国の手に渡ることになる。土地を収奪された人びとは、はたして何処で暮らせば良いのだろうか。

　植民地支配期にはイギリスの土地収奪と、そして独立以降では大統領の土地収奪と闘いつづけてきた農民たちは、現在、キバキの非合法な土地収奪と対峙している。

さらに東アフリカを襲った大規模な干ばつは、土地を奪われた農民たちの憤りに油を注ぐ形となった。だが、キバキの最大の関心事は「自身の権力を強大にすること」でしかなく、土地を収奪している先進諸国も「莫大な富をさらに増やすこと」だけにしか興味を抱いていない。彼らは、どれほどのしわ寄せが貧しい人びとを襲ったとしても、少しも気に留めないのである。

　大勢の人びとの血と汗と涙の結晶は、ナイロピにある高級ホテルのプールサイドで贅沢な生活を送るエリート層や資本家によって、一瞬で浪費されている。富裕層の眼下にいる人びとは、どれほど土地や食料を失い、絶望を突きつけられても、必死に生きているのである。彼らの苦悩が報われる日はいつ訪れるのだろうか。

【佐々木優】

■ **コラム④　打ち砕かれた希望**——選挙後暴動から2013年総選挙へ

　2007年にケニアで行われた総選挙・大統領選挙は、長年、貧困や政府から抑圧されつづけてきた人びとの希望を打ち砕く結果に終わった。そして、人びとの希望を絶望に変えたのが、三代目大統領ムワイ・キバキである。2002年に実施された「ケニア初の民主的な選挙」は、24年間もケニアを私物化してきた独裁者"モイ"に苦しんできた国民が報われた瞬間だった。だが、国民から絶大な支持を得ていたキバキは、大統領就任直後、新たな独裁者に変貌した。

　多くの国民がキバキに求めたことは、大統領に集中した強大な権力の縮小であり、そして、一部の人たちだけに与えられた利権や莫大な富を貧しい人びとにも平等に分け与えることであった。もちろん、キバキも大統領選挙で国民に同じことを訴えていたが、彼は国民の期待を裏切る"天才詐欺師"であった。キバキは「新憲法制定」という大仕事で、「大統領権限の縮小」を阻止することに躍起になり、地方行政を大統領の支配下に置きつづけることに尽力した。さらに、ナイロビやセントラル州の支持者や資本家への利権のばら撒きは、「独裁者」という称号をモイから継承した証しである。

　必然的に、独裁者"キバキ"の誕生に対する国民の非難は集中し、2007年12月27日に実施された選挙では、大多数の国民が対立候補のオディンガを支持した。しかし、選挙速報で優勢と報じられたオディンガの栄華は一瞬で覆され、「有権者に対する賄賂のばら撒き」や「選挙結果の不正操作」という禁忌を犯したキバキの再選が発表された。しかもキバキが大統領宣言式を強行したことで、オディンガを支持した人びとの不満が爆発し、死者1000人以上、国内避難民60〜80万人という大規模な暴動にまで発展したのである。この2007年末〜2008年初頭に起きた「選挙後暴動」は、長らく政府に抑圧されてきた人びとの不満の象徴であり、また困窮した生活に耐えかねた貧しい人びとが「独裁」に"No"を突きつけた瞬間でもあった。

　選挙後暴動の終息から5年経た2013年、ケニアでは第11回総選挙・大統領選挙が実施され、初代大統領の息子であるウフルの一派が勝利した。もっとも、貧しい人びとの声を訴えようと意気込んだ候補者は、選挙に出馬する段階で大きな壁に直面していた。候補者は政党の所属者に限られているが、主だった政党に入るには入党金1万シリング（約1万円）を支払わなければならない。さらに、立候補や選挙活動には4.5〜5.9万シリングの費用が必要になるが、これは農民の収入の15〜20カ月分に相当する。そのため、多くの候補者は支援者からの寄付に頼らねばならず、出馬を断念することも少なくない。また、やっとの思いで出馬し、仮に勝利を収めたとしても、彼ら（貧しい人びと）の切なる願いは、大統領（独裁者）となったウフルによって簡単に握り潰されている。

　議会が権力者によって支配されつづける限り、貧しい人びとは「独裁者のために

富を創りつづける"奴隷"」として、これからも生きてゆかなければならない。そうであれば、2002年12月27〜29日の3日間は、ケニアが「民主的」といわれた最初で最後の"記念すべき日"となるだろう。

【佐々木優】

第9章 韓　　　国
▶自由貿易立国の虚構

1 経済成長の軌跡

(1) 市場の解放——1945～60年

　「私たちは今、かつてないほど豊かな世界に暮らしている。一、二世紀前には想像さえできなかったであろうほどの豊かさである。〔…〕それなのに、私たちはまた、驚くべき欠乏、貧窮、そして抑圧の世界にも生きているのである。古くからの問題に加えて、新しい問題が数多くある。こうした問題には、いつまでも続く貧困、満たされない基本的な生活の必要条件、繰り返される飢饉と大規模な飢餓、初歩的な政治的自由や基本的自由の侵害、広範な女性の利益や能力の無視、環境や人間の経済的、社会的存続への脅威の増大などが含まれる。これらの欠乏の多くは貧しい国だけでなく、豊かな国でも何らかの形で見ることができる」[1]——アジア初のノーベル経済学賞を受賞したアマルティア・センが書き留めた世界の状況である。現代世界が直面する大きな挑戦、すなわち「豊かさ」をめざした「経済発展」は、私たちにどのような意義を投げかけてくれるのであろうか。本章では、この点について韓国経済の発展過程における動向と実態を通して究明していく。

　韓国は、第2次世界大戦後（以下、戦後）、日本の植民地支配からの解放を経て1948年に成立した[2]。戦後世界における米ソ冷戦体制（資本主義体制対社会主義体制）のせめぎ合いは、1950～53年に朝鮮半島で朝鮮戦争を引き起こし、この地の南北分断を決定づけた。韓国は、北朝鮮と袂を分かつ、冷戦体制崩壊後の今もなおつづく「分断国家」である。

　戦後の冷戦体制下、アメリカ中心の資本主義体制側に取り込まれた韓国は、「対米依存」のなかで「国民経済」が形成されていった。韓国は、アメリカによって社会主義諸国の進出を阻止する反共の砦として位置づけられたのである。そのため、韓国は、アメリカの軍需産業に必要な「工業化」をめざすことになる。アメリカは、韓国の経済復興に積極的に関わった。まず、米軍政と韓国政府は

農地改革を推し進めた。人口の大部分を占めていた農民の生活を改善し国内市場の安定化を目的としつつ、地主などが大規模な土地をもつことで、資本が集まり反抗的勢力が生まれないようにするためでもある。韓国の農地改革は、朝鮮戦争という大きな混乱のなかで、なし崩し的に行われた。この状況下、旧来の地主的土地所有は瓦解し、自作農や圧倒的多数の零細農家が生み出された[3]。農民層の分解は、多くの農村過剰人口と低賃金労働力を創出し、その労働力は「工業化」に使われることになった。また、同時期に韓国は、旧日本人所有の土地や工場、鉱山、銀行、住宅のほか有価証券や債券まで（いわゆる「帰属財産」を）手に入れた。この帰属財産の総額は、当時の韓国にあった総資産のおよそ80％を占めていたといわれている。韓国は、「工業化」に必要な資本を一挙に獲得した。また、これらの資本を確保できたことによって、「財閥」が形成される初期段階でもあった[4]。

しかし、冷戦体制を背景にしたこの朝鮮戦争によって[5]、韓国は荒廃した。それは、(稼働していないものも含めた) 全工場および設備のおよそ40％、あるいはようやく活動を再開していた工場の70％以上が破壊されるほど甚大な被害であったといわれている。1960年代初頭までの韓国は、1人当たりGNPが100ドルにも満たず、世界で最貧国、そして農業国の1つに数えられていた。

産業基盤が崩されたまま経済を立ち上げなければならなかったこの時期の韓国にとって、主としてアメリカが担った莫大な借款あるいは無償の経済援助は、「工業化」に大きく寄与することになる。海外資金を中心とした援助は、韓国経済が直面していた貯蓄不足と外貨不足を埋め、経済安定のための消費財や「工業化」に必要な原料や機械などの生産手段を導入する主たる財源となったのである[6]。この過程で、援助物資である小麦や原糖、綿花を加工して供給・販売する、いわゆる「三白産業」（製粉・製糖・紡績工業）が起こり、帰属財産のなかでこれら基幹産業部門の工場や生産設備などを、政府と癒着して特恵的に受け取った財閥が台頭することとなった。サムスン（Samsung：三星）グループの成長の成功もここに基礎を置く。しかし、アメリカに強く依存し、「国民経済」が未成熟であった韓国は、いわばこの「輸入代替工業化」によって、設備過剰や過剰生産の状態になってしまい、インフレーションとともに深刻な不況に陥ってしまった。さらに、冷戦体制の維持のため各地域にばら撒かれたドルな

どの援助によって、アメリカの国際収支は悪化していき、対韓援助は徐々に削減されていった。こうした不安定な経済状況は、政府の腐敗政治につながり、政府と癒着関係にあった財閥の不正蓄財をもたらした。民衆は不満を募らせ、1960年4月、「4・19学生革命」によって李承晩政権を打倒することになった。

(2) 市場の開放と輸出主導型工業化── 1960〜70年代

新たな経済体制が模索されるなか、1961年5月に軍事クーデターが起こった。周知のとおり朴正煕政権が発足する。朴政権は、上述の不正蓄財処理問題に応対しつつ財閥と新たな協力関係を構築し、国家とともに輸入代替工業化による自立経済をめざした。しかし、アメリカの援助の減少によって、「工業化」を促す十分な資金が国内にはなかった。そのため、朴政権は、対外開放を推し進めていくことになる。こうして、外資導入の促進と輸出主導による成長を目標とした一連の経済開発5カ年計画が実施されていくこととなった。[7]

重要な点は、輸出を志向するさまざまな対応が、冷戦体制下の国際政治および国際経済環境、つまり1965年に締結された日韓基本条約、1960年代から1975年にかけてのベトナム戦争、1970年代オイルショック下での中東進出、1985年のプラザ合意などに包摂されたものであったということである。

確かに、日韓基本条約を契機として市場が開放され、日本とアメリカ、国際金融機関からの借款を主力とする外資導入が本格化した。また、高度経済成長期にあった日本からの資本が、朴政権のもとで推し進められた外資導入法の制定や自由貿易地域の設置、金融・税金面での優遇政策などによって、多くもたらされた。こうした資本の導入を起点に「工業化」過程にあった韓国は、ベトナム戦争における特需と輸出、すなわち戦争に必要な多くの物資やサービスを提供することで、関連産業が活性化し、新興財閥が形成され、ベトナムからの資金の流入（送金）などによって、発展の要素を着実に整えていったのである。[8]
また、1970年代は、オイルショックの影響によって世界的に不況であったが、当時の韓国は国内の低賃金労働力などを利用し、海外進出を容易に展開していた。オイルダラーに沸く中東への積極的進出である。建設ブームが巻き起こっていた中東諸国では、インフラの急速な整備が必要な状況で、それらを韓国企業が受注する形で現地進出し、出稼ぎや中東への輸出によって外貨を稼ぎだし

ていた。そのため、韓国経済はオイルショックによる全面的な不況は回避できていたのである。こうして、設備投資拡大に伴う「重化学工業化」が推進され、資本財・中間財を一定程度国産化できるようになっていた。しかし、輸出を促進するために生産設備などをさらに輸入しなければならず、貿易赤字は拡大するばかりであった。さらに、投資資金を確保するために、上述した外資とりわけ借款に強く依存していたため、債務が累積しつづけていた状態であった。

　1960〜70年代の対内直接投資額は、アメリカと日本だけで80〜90％を占め、1970年代の貿易額ではアメリカと日本だけで50〜70％を占めていた。輸出額は急増していたが、この時期の韓国における経済の諸指標を産業連関表で確認すると、1963〜70年の伸びは「民間消費支出5.1倍、雇用者所得8.4倍、固定資本形成12.1倍、輸入7.5倍、輸出14.7倍となっている。輸出が最も高い伸びを示しており、これを見る限りでは『輸出主導』による拡大再生産と言うことはできよう。ところが、国民総生産に対する輸出入額、つまり輸出、輸入依存度を見てみると、この期間の平均で輸出依存度が9.1％であるのに対し、輸入依存度は27.1％である。伸び率算出の起点で輸出が低水準であったために、輸出が急増し成長が輸出主導によるものに見えたわけ」[9]である。

　こうした輸出主導型工業化は、「先進国企業（主として日米資本）を中心としたグローバルな生産・流通ネットワークに組み込まれることで成功してきた。先進国から資本・中間財（製造装置・原材料＝部品・素材など）を輸入し、国内労働力によって加工・組立などの工程を経た完成品・半製品が輸出される。そして、この輸出が新たな資本・中間財輸入の原資となり、継続的な再生産が実現可能となるのである。輸出のためには輸入が不可欠なので、〔…〕多額の輸出をしながらも慢性的な経常収支赤字を抱えていた」[10]（カッコ内引用者）とまとめることができよう。

　他方、朴政権は、以上のことを強力に推し進める体制を、1970年代、急速に築き上げていった。いわゆる「開発独裁」の模範ともいえる維新体制と呼ばれるものである。それは、アメリカの1969年「ニクソン・ドクトリン」（ベトナム戦争におけるアメリカ兵力の直接介入の回避）、1971年金ドル交換停止（「ニクソン・ショック」）、1972年ニクソン訪中および対ソ融和政策など、冷戦体制が溶解するような急激な国際情勢の変化や、1971年大統領選挙などで国内の支

持体制のゆらぎが見られたからである。朴政権は、この不安定な状況を乗り切るため、「独裁」を正当化する体制を整えていった。朴政権は、1971年12月に「国家非常事態宣言」を発表し、その後「非常戒厳令」(1972年10月)や「維新憲法」(1972年12月)を制定した。その内容は、「行政権、立法権、司法権など、ほとんどすべての意思決定権を大統領を頂点とする権威主義的な政府が掌握し、さまざまな治安機構(軍隊、警察、KCIAなど)をつうじて、国民の行動に制限と抑圧(言論・出版の規制、労働組合活動の規制、反体制派の逮捕・拷問、処刑、不公平な公判など)を加えながら、開発にとっての障害要素(労働争議や政治的混乱)を極力排除」するものであった。[11]

 こうして、国家の力を結集させた重化学工業化政策・経済開発が強力に推し進められたのである。朴政権は、大規模な工業団地の設立、輸出企業・産業に対する低金利政策の実施や助成金の補助、労働統制による低賃金の維持などを実行し、輸出競争力を国際的な水準まで高めていった。また、サムスンや現代(Hyundai:ヒュンダイ)、LG(Lucky Goldstar:ラッキー金星)、SK(SunKyung:鮮京)、大宇(Daewoo:デウ)などの財閥が拡大する一方、開発独裁体制による財閥の選別化も進み、淘汰されていった財閥も少なくなかった。朴政権が開発独裁体制を強めた1970〜79年までの期間、GDP成長率は平均10.2%を記録した。同期間GDP額における産業部門別の比率では、製造業が農業を上まわり、目標としていた「工業化」の成果をあげた。また、貿易額は同期間輸出額8億ドル→150億ドル、輸入額19億ドル→203億ドルとなっており、うち機械器具部門の輸出額は0.6億ドル→32億ドル、輸入額は6億ドル→61億ドルを計上している。貿易収支は赤字でも、この激しい輸出攻勢によって、電気電子部門や一般機械部門が市場での競争力をもつようになり、相対的に国際的な信用を得ることとなった。

(3) 市場の国際化——1980年代

 1960年代後半から1970年代にかけて、高い「経済成長」を遂げ、工業部門の輸出を急伸させた韓国は、1979年のOECD(Organisation for Economic Co-operation and Development:経済協力開発機構)報告書『新興工業国の挑戦』のなかでNICS(Newly Industrialising Countries:新興工業国)と称されるようになっ

た(のちに1988年トロント・サミットにおいて台湾や香港の国際的立場を考慮してNIES〔Newly Industrializing Economies：新興工業経済〕へ改称)。同報告書では、NICSの成功を、比較優位にもとづく貿易とそれを活かす貿易自由化政策、つまり、輸出と財生産の競争力強化を目的とした自由な貿易・支払制度の採用や単一為替制度の導入、輸出向け生産に対する財政的な奨励措置、輸出収益に対する免税措置などの「外向きの成長政策」が行われたからだと述べられている。また、韓国のこのような経済成長は、「先発国(先進国)が長い技術開発の歴史の中でつくり上げてきた工業技術を、発展の始発時点で『既存のもの』として利用できるという有利性をもち、また長期にわたるはずの国内資本蓄積期間を資本輸入を通じて大幅に短縮することができる、という利益にもめぐまれている。さらに今日の後発国(途上国)にとっては、技術や資本を個別に導入できるというにとどまらず、この技術や資本を最も有効に組織化する企業経営の主体や能力それ自体をも少なからざる規模で導入しうるという有利性もまた大きい。〔…、小国は〕『対外接触度』の大きいオープン・エコノミーとして形成されていかざるをえない」(カッコ内引用者および省略)といった「後発性の利益」も強調される。「輸入代替工業化」のような国内の自立経済の確立にこだわることなく、国民国家の枠組みを取り払って経済構造を構築していった結果である。「十分な市場(国内市場)ももたず、『外貨』もない資本不足状態にもかかわらず、手間のかかる労働集約的工業製品の輸出によって『成長』を続ける韓国は、新古典派開発経済学にとって、市場メカニズムが途上国にも貫徹することの恰好の事例・モデルとなった」のである。

　韓国の経済成長に対する議論が高まるなか、1980年を前後して、オイルショックによる原油価格の高騰、それに伴う世界経済の減速、国際的な金利上昇、1次産品価格の下落がおこり、韓国経済もマイナス成長を余儀なくされる。1980年代初頭には、ブラジル、メキシコ、アルゼンチンに次ぐ、世界第4位の債務国となってしまったのである。朴政権の体制を踏襲しつつ成立していた全斗煥政権は、独裁色を強めつつ、「重化学工業化」による激しいインフレや増幅していた累積債務に悩み、IMF(International Monetary Fund：国際通貨基金)が求める構造調整プログラムに沿って、重化学工業調整、緊縮的財政政策・経済安定化政策、民間主導型経済への移行などの政策を実施した。韓国は、

IMF・世界銀行による「成長指向構造調整」プログラムを具体化し、新古典派アプローチに沿ったモデルケースとして「自由化」を体現することとなった。[16]

同時にこの時期、1985年プラザ合意による円高ドル安に連動して、ウォン安が進んだ。韓国では、三低景気（ウォン安・原油安・金利安）がもたらされ、輸出が急増した。1986～89年には、戦後はじめて貿易黒字を達成し、「重化学工業化」が確立したといわれるようになった。財閥もこの間、経営の多角化や技術集約度の高い先端産業の育成に力を注ぎ、資本を急激に蓄えていった。1つの財閥が40～50社の系列企業をもち、いくつかの財閥によって市場が独占されるといった問題も出てきたが、サムスンや現代、LG、SKなどが、その地位を確固たるものにしていった。こうして、1980～89年のGDP成長率は平均8.6％を保ち、経済成長が強調されるなかで、貿易赤字や累積債務、インフレなどの問題を先送りしていたのである。

こうした状況が重なり、本格化する産業構造の高度化のなかで、労働環境の改善や教育水準の向上などが進み、「開発独裁」体制に不満をもち民主化運動を担う階級・階層が形成されていった。長く「開発独裁」体制下で多くの辛苦と挫折を経ながらも継続されてきた民主化運動が、1987年「6・29民主化宣言」に至ったのである[17]。

しかし、農業など国内経済の基盤が脆弱で、日本やアメリカに強く依存して偏りをもって達成されてきた経済成長は、上述した問題を根本的に解決することはできなかった。1980年代末には、「国内の賃金が大幅に上昇したほか、韓米貿易摩擦、ウォン高などのため、輸出は停滞し、経済成長率が鈍化した。これまで韓国の『NIES的発展』を支えてきた諸要因が消滅し、韓国経済は転換期を迎えたということできる。すなわち、外国に資本、技術、資本財・中間財を依存し、労働統制下の低賃金労働力を利用して、低品質の労働集約的な製品を輸出するという構造はもはや成り立たなくなったのである。しかも韓国は低賃金労働力を武器にしたASEANや中国に追い上げられると同時に、技術力、資本力をもった先進国には及ばないというサンドイッチ状態」[18]となっていた。それゆえ冷戦体制が崩壊する1990年代以降、韓国自身の資本展開が求められることになっていく。

2　経済危機の克服

(1)　1997年アジア通貨金融危機と新自由主義的構造調整

　世界銀行は、この間1965～90年の高度で持続的な経済成長を「東アジアの奇跡[19]」であると評価した。韓国や日本、東南アジアなどが対象となったその奇跡的な経済成長は、国家の選択的介入の有効性を認めつつも「市場」メカニズムの順応性に理解を置くものであった。世界銀行は、この考えをもとに、マクロ経済の安定と成長のための3つの機能（資本蓄積、資源の有効分配、生産性の向上）が実現されたと述べている。とはいえ、「もっとも、この世界経済は、たんに一国経済の寄せ集めによって成り立っているわけではない。それ自体、独自の構造、一定の方向をもった『勢い』があり、NIESの成長はとくに大戦後の国際政治経済構造そのもの、つまりその枠組みのなかで実現されたというのが正確な表現であろう[20]」（傍点引用者）と指摘される。

　東アジアにおける奇跡的な経済成長が議論されるなか、世界では1989～91年にかけて社会主義諸国の崩壊が起こった。冷戦体制の解体である。社会主義諸国は資本主義諸国の市場に包摂されていった。社会主義の壁がなくなり、国際投資や国際貿易は一層活発になった。いわばグローバル化が急進していく。

　冷戦体制が崩壊し、覇権国アメリカは、韓国に一層の市場開放を要求する。これを受けて、1993年に韓国はIMF・世界銀行が推奨する政策に沿って「3段階金融自由化及び市場開放計画」（1997年までの措置）を作成し発表した[21]。OECD加盟という目標もあった韓国は、金泳三政権が掲げていた「世界化」の名のもとで、1990年代に金融・資本自由化を進ませた。その内容は、金利自由化措置や外国人による株式・証券投資の段階的自由化、対外借入れの自由化などである。その結果、企業の資金調達手段は、銀行などを通して取引を行う間接金融から貸し手と借り手が直接取引を行う直接金融へ移行し、株や証券の取引、金融機関の借入における短期資金の流出入が急増していった。国内の監督体制・整備制度が整わないまま膨大に取引されつづけた資本は、アジア通貨金融危機の影響を受ける大きな原因となった。

　1996～97年、韓国はアジア通貨金融危機に直面した時期であった。深刻な通貨金融危機に陥り経済が滞っていた韓国は、対外債務支払不能（デフォルト）

による国家破綻の事態を防ぐため、IMFに緊急融資を要請することとなった。韓国経済が危機に陥った要因に焦点をあてまとめると、①金融の自由化・国際化のなかでの短期性資金の過剰な流出入＝流動性危機・ヘッジファンド投機、②経済構造上の課題＝韓国財閥の財務構造、貿易・経常収支の赤字体質（産業・生産基盤の脆弱性）、政府政策の失敗、といった複合的な問題状況が重なり合っていたが、国際諸機関からは危機の発生原因が身内や仲間内で利得・資本を囲い込む「クローニー資本主義」（縁故資本主義）にあると批判された。IMFからの援助を受けるため、金大中政権は、IMFの厳しいコンディショナリティー（構造調整政策）を受け入れ実行したのである（IMF管理）。この政策では、財閥・金融・公共・労働部門において、規制緩和や民営化、あるいは諸種グローバル・スタンダードの導入など市場原理主義的構造改革が断行され、為替・投資・貿易における「自由化」によって一層の対外開放が促された。

　政策の推進過程では、政府による介入や労働勢力の積極的参加が見られつつも、このように多岐にわたって徹底された「市場開放」の経済改革によって、韓国は新自由主義的政策やアングロサクソン型資本主義に強く影響された市場経済重視の経済構造に変容していくこととなった。以降、1998年のGDP成長率はマイナス5.7％であったが、1999年には10.7％、2000年8.8％と「V字型回復」しており、IMFの「優等生」と評価された。1999年には対外債権が対外債務を上まわるようになり、IMF主導による最大規模の支援パッケージも短期間で返済するようになった。

　この間、とりわけ経営の過剰多角化を解消し、事業の「選択と集中」を推し進めるビッグディール（大規模事業交換）や、問題のある企業が破たん手続きをする前に債権銀行が企業と協力して財務構造改善計画（系列社整理、不動産売却、債務の出資転換など）を立案し実行するワークアウト（企業改善作業）によって、多くの財閥が解体を余儀なくされつつも、相対的に今まで積み上げてきた資本があり迅速な対応ができた巨大財閥は再編して生き残ることになる。今日のサムスン電子や現代自動車、SK、LGなどである。しかし、この経済危機と一連の政策によって、中小企業や金融機関が次々と破綻したことで、労働者はリストラや給与削減を迫られ、地方から都市までありとあらゆるところの国民生活が崩壊に追いやられてしまっていた。

図9-1 経常収支の推移

(単位:100万ドル)

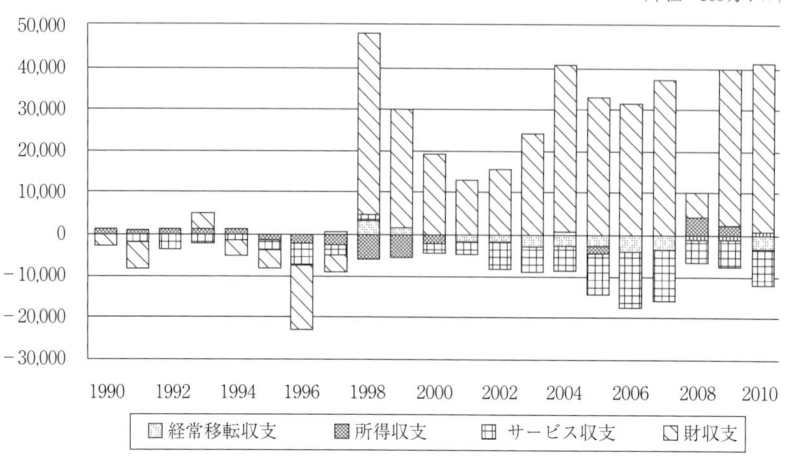

凡例: ▤ 経常移転収支　▨ 所得収支　⊞ サービス収支　▧ 財収支

(出所)韓国統計庁ウェブサイト(http://kostat.go.kr/)内、KOSIS国家統計ポータル(http://kosis.kr/)を参照、作成(2013年1月5日アクセス)。

図9-2 資本収支の推移

(単位:100万ドル)

凡例: ■ その他資本収支　▥ 金融派生商品収支　⊞ その他投資収支　▧ 証券投資収支　▦ 直接投資収支

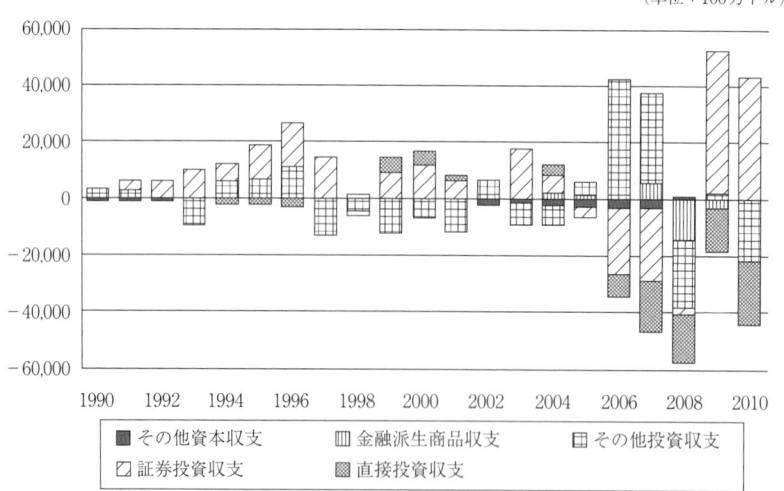

(注)資本収支の内訳は、基本的に投資収支とその他資本収支であるが、うち投資収支をその内訳である直接投資収支、証券投資収支、その他投資収支、金融派生商品収支に分けている。

(出所)韓国統計庁ウェブサイト(http://kostat.go.kr/)内、KOSIS国家統計ポータル(http://kosis.kr/)を参照、作成(2013年1月5日アクセス)。

(2) 「V字型回復」する経済

　この時期の全体像を確認しておこう。一国の基本的な対外経済状況は、国際収支で把握できる。図9-1と図9-2である。1997年アジア通貨金融危機を契機として、IMFの管理下で何が劇的に変わったのか。一目瞭然だが、財収支の大幅な黒字である。間違いなく輸出によって経済が回復し、維持されている。政府は、1997年の危機以降、IMFの構造調整政策を推し進めつつ2000年代も引きつづき外資の誘致・促進・拡大における制度の設定や規制・要件の緩和を行い、他方で企業の海外進出に対して積極的な支援策を継続的にとった。このことによって韓国の市場は、韓国内外からのアクセスが容易になり、資本展開が一層早くなっている。例えば、企業面では、韓国の産業を支えるサムスン電子が2000年代に入ってソニーや東芝、IBM、デルとの業務・戦略的提携、共同開発などに積極的に取り組み、現代自動車はアメリカや中国、インドなどで現地生産工場を一挙に建設し稼働させている。他方、金融面では、外換銀行の株式を2003年から米Lone Starが51.02％所有し、SC第一銀行に対しては2005年から英Standard Charteredが100％の資本出資、2004年には韓美銀行が米Citi Bankに買収されるなど、銀行資本の外国勢への受け渡しが顕著に見られる。また、株式市場における外国人の占める比率は、1995年11.9％→2004年40.1％→2010年31.2％と推移している。こうした傾向は、韓国銀行（中央銀行）による政策金利の設定、他方でウォンのレートの急変動にもリンクされる。

　このように、実物面でも金融面でもグローバルな市場と結びつくことによって、より厖大な外貨の取引を実現させている。それは、1990年代と2000年代の国際収支の各項目の取引額を比べれば、2000年代の値が1990年代の2～3倍となっていることに示されている。特に押さえておくべきは、2000年代の財貿易額が、リーマン・ショック下の世界的経済不況のなかでも、継続して黒字を保っていることである。GDPがマイナス成長であったこの時期でも、輸出のGDP成長率に対する寄与度は相対的にプラスを記録した。他方、証券などの投資においては、外国人による株式の購入や短期借り入れが、2008年のリーマン・ショック時の一挙流出、すなわち資本収支の大幅なマイナスとなって計上されていることがわかる。また、1997年時とは違って2008年時には外貨準備高を十分に確保（1996年332億ドル→2007年2622億ドル）しており、経済

危機のなかでも運用ができる状態にある。

　こうして、1990～2010年のGDP平均成長率は5.57％、2007年には1人当たりGDPが2万ドルを超えた。世界を席巻するサムスン電子や現代自動車などの多国籍企業を擁して、一見すれば先進国的、工業国的な経済水準となっている。しかし、韓国は徹底的な「自由化」のなかで国外の資本との強いリンクをもって経済を起動させており、貿易依存度が1990年49.89％→2000年62.37％→2011年96.70％と非常に高く推移している事態である。次節では、その構造的特徴について検討しよう。

3　自由貿易立国の実体

(1)　貿易構造の深化

　2010年の韓国経済の産業構成は、GDPの内訳で見ると農林漁業2.7％、鉱工業（製造業）27.7％、その他サービス業69.6％である。1990～2010年のGDPの伸びは2.82倍、そのうち電気電子機器は17.92倍、輸送機械が5.85倍となっており、21世紀になっても韓国経済の底上げが製造業部門、とりわけその両部門の生産・輸出によって牽引されていることがわかる。2010年の輸出総額に占める比率は電気電子製品が34.2％、輸送機械が22.7％（属する機械類で見ると31.1％）と両部門を合わせて圧倒的なシェアとなっている。2000年以降、この両部門は大幅な貿易黒字を計上しつづけている。

　貿易相手国はどのような構成となっているだろうか。1990年代半ばまでは最大輸出入相手国が日本とアメリカであった。2000年以降は、韓国の徹底した「自由化」や2001年の中国のWTO（World Trade Organization：世界貿易機関）加盟もあり、中国との貿易額が急増し（輸出：1990年6億ドル→2010年1168億ドル、輸入：同期間22億ドル→715億ドル）、2010年には中国が最大輸出相手国となっている。輸入に関しては、資源国・地域である中東が大きなシェアを占めているが、それを除けば、やはり中国が2000年代後半にその比率を伸ばしている。中国は、豊富な労働や広範な土地、大規模な消費市場をもとに、外資を優遇する政策を積極的にとって、国外からの企業を誘致しており、韓国にとっても中国市場の本格的な開放が、全体の貿易収支を牽引する形で、さらなる貿易黒字のエンジンとなっている。しかし、日本とは、戦後一貫して貿易赤字を計上し

ており、輸出に強みをもつ韓国にとっては看過できない点である。

　中国との貿易は、電気電子部門と輸送機械部門の財を中心として、それらに関連・応用できる資本財・中間財が多く輸出されている。フラットパネルディスプレイおよびセンサー、半導体、合成樹脂、石油製品、無線通信機器、自動車部品、石油化学合繊原料、鉄鋼板、石油化学中間材料、コンピューターなどである。輸入に関しても同産業の占める比率が大きく、中国現地で多国籍企業等によって展開される生産水準の進展が窺える。

　また、常に貿易赤字を計上しつづけている日本への輸入依存の偏重は、鉄鋼板やプラスティック製品、その他化学工業製品、石油化学中間原料、ガラス製品などの素材をはじめ、電気電子機器の製造用装置の高依存率に表れている。それは、高度な技術によって生み出されている財を日本から輸入しているということである。

　もちろん、統計上、同じ貿易品目であっても、付加価値の差異が生まれているのは明白である。電気電子部門や輸送機械部門などの産業の生産・輸出に特出し、先進諸国と同様な経済水準にまで発展してきた韓国経済といわれながら、電子製品や自動車生産に欠かせない原材料・部品、製造機械・装置を輸入しなければならず、さらに財によっては以前よりその比重を深めているという状況は、同産業貿易依存の「輸出主導型」の韓国経済の構造的弱みといわざるをえないであろう。

　まとめてみよう。韓国経済の軸である電気電子部門（パソコン、携帯電話、半導体など）と輸送機械部門（自動車、船舶など）の生産・貿易は、1997年以後2000年代になって、グローバルに市場を拡大しつつ、東アジアを主として日本（慢性的貿易赤字）と中国（最大の貿易黒字）に規定される側面が強い。その内実は、日本から高度で核心的な財・労働手段（道具・機械＝製造装置など）を輸入しつつ韓国内でその資本財・中間財（製造装置・原材料＝部品・素材など）に対して一定程度の加工・付加価値をつけ、半製品・完成品の量的生産のために低賃金労働などによって生産のコストダウンができる中国に中間財・半製品を多く輸出している構図である。

(2) 多国籍企業化する財閥とFTA戦略

　この間、韓国の財閥系企業は対外直接投資を通して積極的に海外進出し、現地調達・生産・販売の加速、逆輸入を増加させている傾向にある。韓国は、「サムスン共和国」とも表現され、「普段の国民生活において、いくつかの主要財閥が供与する物品やサービスを消費することなしに韓国での生活は一日たりとも成り立たない」経済構造であるといわれている。いわば生産過程から流通過程まで、「豊か」であるはずの人びとの暮らしが、1つの企業で形容されてしまうほどである。

　また、多国籍企業が「海外直接投資を通じて多数の国に子会社を設立し、世界的な生産・販売などのネットワークを張りめぐらして、本社の統合管理の下に世界大での事業活動を営み、利潤極大化を図っている国際的な超巨大独占体」と定義づけられるように、サムスン電子をはじめ、現代自動車やLG、SKなどは今やこうした特徴をもつ世界的企業である。

　韓国では、数社で展開される財閥系企業の経済的影響力が非常に強くなっており、独占体制などが問題となっている。だが、積極的に海外展開している財閥系企業は、サプライチェーンやアウトソーシング、トップダウンといった効率的な生産形態・体制を強化し作り上げ、原価優位を求めていた段階から、それを含めた品質優位、ブランド・デザイン優位で競争する段階に至っており、生産性向上や技術を生み出せる状況になっている。つまり、韓国経済における、産業構造の高度化の役割も、確かに担っているのである。

　2011年、サムスン電子の売上高は（連結ベース）、1490億ドルで名目GDP額1兆1175億ドルの13.3％を占め、製品部門別の市場占有率（以下、カッコ内）では半導体分野のDRAM（42.2％）とモバイル端末向けアプリケーション・プロセッサ（73.0％）、映像ディスプレイ分野のTV（22.5％）とモニター（15.1％）、無線分野のスマートフォン（19.9％）が世界で第1位となっている。ただし、その実態は、全従業員22万1726人のうち11万9753人（54.0％）が海外で働き、1490億ドルの売り上げのうち海外の売り上げが1251億ドル（83.9％）にものぼる状況である。また、現代自動車は、2011年に701億ドルを売り上げた（連結ベース）。全従業員8万6428人のうち、国内雇用の割合は66.3％の5万7303人、海外雇用の同割合は33.7％の2万9125人となっており、国内雇用の比率が高い。

しかし、生産台数は国内工場189万台、海外工場218万台、販売台数は国内市場68万台（内需）、海外市場337万台（国内からの輸出含む）を計上しており、海外資本・市場の必要性と重要性が窺える。

　こうした海外市場への依存は、FTA（Free Trade Agreement：自由貿易協定）によっても促進されている。近年、世界的規模で繰り広げられる貿易の拡大は、EU（European Union：欧州連合）やNAFTA（North American Free Trade Agreement：北米自由貿易協定）などの地域的統合を深化させると同時に1990年代から2国間で締結されるFTAを世界的に急増させている。世界のFTAの発効件数は、1990年以前には16件であったが、1990年代に51件、2000年代に120件が発効され、現在およそ200件となっている。当初、韓国は、「FTA遅刻性」などと表現されたこともあったが、1997年の経済危機を契機に、FTAへの取り組みを本格化させている。

　韓国のFTAは、表9-1に示したように数多く発効され、2011年7月にはEUと、2012年3月にはアメリカと発効に至った。中国ともFTA交渉を開始し、ますます大規模資本と連動する状況となっている。とはいえ、FTAそれ自体は「競争力のある産業・企業に成長の機会を与えるが、競争力のない産業・企業を淘汰し、人々の生活に直結する産業調整はた易いことではない[27]」と言及されているとおり、その推進においては慎重でなければならない。

　現代社会で展開されるこうした経済成長の形は、この社会で働くわれわれひとりひとりにとって、どのような問題や課題となって立ち現れてしまうのか。以下で、その意義を考えてみよう。

(3) 21世紀初頭の自由貿易立国

　輸出主導型経済構造の韓国は、企業が生産の最適地を求めて海外へ積極的に進出しながらも、あるいはFTAを通して進取的に市場の開放を促進しつつも、自国で一定程度の生産・輸出・雇用増を保つことで経済を維持している。国内でも経済構造の軸となる電気電子部門や輸送機械部門など、機械機器産業を中心に生産力や技術力、雇用を保たなければならず、「産業空洞化」とは、また違った形で構造変化が進行している。つまり、韓国経済の軸となる電気電子部門と輸送機械部門それら関連産業については、企業数を減らしながらも雇用を維持

表 9-1　韓国のFTA推進状況（2013年9月）

	相手国・地域	現況	全産品平均関税率 (WTO、2010年)	農産品平均関税率
発効 （9件46か国）	チリ	2004年4月　発効	6.0%	6.0%
	シンガポール	2006年3月　発効	0.0%	0.2%
	EFTA	2006年9月　発効	―	―
	ASEAN	2007年6月　商品分野発効	―	―
		2009年5月　サービス分野発効		
		2009年9月　投資分野発効		
	インド	2010年1月　CEPA発効	13.0%	31.8%
	ＥＵ	2011年7月　発効	5.1%	12.8%
	ペルー	2011年8月　発効	5.5%	6.3%
	アメリカ	2012年3月　発効	3.5%	4.9%
	トルコ	2013年5月　発効	9.9%	43.4%
妥結（1件）	コロンビア	2013年2月　正式署名	12.5%	17.2%
交渉中 （5件）	中　国	2013年9月　第7回FTA交渉	9.6%	15.6%
	インドネシア	2013年5月　第3回CEPA交渉	6.8%	8.4%
	ベトナム	2013年5月　第1回FTA交渉	9.8%	17.0%
	韓・中・日	2013年7月　第2回FTA交渉	―	―
	RCEP	2012年11月　FTA交渉開始決定	―	―
交渉再開調整 （6件）	カナダ	2008年3月　第13回FTA交渉 （2012年7月　状況調査会議）	3.7%	11.3%
	オーストラリア	2010年5月　第5回FTA交渉	2.8%	1.3%
	ニュージーランド	2010年5月　第4回FTA交渉	2.1%	1.5%
	日　本	2012年6月　第3回課長級実務協議 （1998年11月から共同研究が開始されている）	4.4%	17.3%
	メキシコ	2008年6月　第2回FTA交渉	9.0%	21.5%
	GCC	2009年7月　第3回FTA交渉	―	―
交渉準備・共同研究 （4件）	MERCOSUR	2009年7月　貿易と投資促進のための共同協議体設立に署名・締結 （2007年10月　政府間共同研究終了・研究報告書採択）	―	―
	イスラエル	2010年8月　民間共同研究終了	6.4%	16.3%
	中　米	2011年4月　研究報告書完了 （※中米は、パナマ、コスタリカ、グアテマラ、ホンジュラス、エルサルバドル）		
	マレーシア	2011年5月　中間研究（妥当性研究）	8.0%	10.9%

（注）各平均関税率は、単純平均MFN関税率の値。また、インド、ニュージーランド、イスラエル、マレーシアの全産品平均関税率は2009年の数値。農産品平均関税率についてはインドネシア、イスラエル、マレーシアの値が2009年。

（出所）産業通商資源部FTAウェブサイト（http://www.fta.go.kr/）、WTOウェブサイト（http://www.wto.org/）を参照、作成（2013年9月15日アクセス）。

(上下しながら若干の減少)しつつ、賃金(給与)の増加を伴い、かつ着実に生産性を上昇させているのである。国内労働力・雇用機会を失わせる徹底的な海外展開(「産業空洞化」)とは違い、非正規雇用の改善および正規雇用の創出によって、軸となる産業の雇用・賃金崩壊を抑えているのである。ただし、製造業部門の賃金労働者数は対全体で20～30％のため一部の労働者・産業・企業しか利益を享受できない(そのうち軽工業では、給与カットや大幅な労働者削減などが見られる)。さらに、この形を維持するため、賃金労働者数対全体で70～80％を占める社会間接資本・サービス業(建設、卸小売・飲食・宿泊、金融保険、不動産・賃貸、教育、情報通信サービス、運輸業など)に対して雇用の形態変化、すなわち非正規雇用、給与削減、リストラなどを激しく求めている。全産業を対象にして企業規模別雇用者数を見てみると、中小企業における雇用者数はおよそ90％にものぼり、大企業は10％ほどとなっている。そして、韓国経済の要である製造業部門の大企業が雇用している労働者数の割合は、全体でわずか数％である。全産業を総体的にみれば、正規雇用と非正規雇用の賃金格差は広がる一方であり、また、法定最低賃金に満たない階層が年々増加しており危機的である。2010年の経済活動人口は2474万人、2000年代の失業率は政府公式統計上、平均して3～4％となっているが、「事実上の失業者」(政府公式集計の失業者、週18時間未満の労働者、求職断念者、就職準備者)は、最近になっておよそ400万人にものぼるという数値も出されている。こうして、国内の社会的問題が顕現化する。階級・階層・地域間における所得格差の拡大と対立、少子高齢化、農業の衰退、家計負債の急増、貧困層の増加、社会保障の低い加入者比率、熾烈な教育などがもたらされ、激しい競争社会のなかで20代の平均月給7万円を形容した「八八万ウォン世代」[29]という呼称も生み出される。日本で言うところのフリーターやニートをはじめ、パート、アルバイト、日雇い、派遣、請負いなどの非正規雇用も増大し、若者の失業率はおよそ10％となっている。こうした「2パーセントの勝者と98パーセントの敗者が永遠に出会えない」社会は、「希望を絶望に変えるというより、希望を『販売』」[30]して進行しており、巧みなマーケティングやマネジメントによって、上手に作り上げられてしまっている。

　以上を総括してみよう。サムスン電子や現代自動車などの大企業による輸出を軸とした韓国の経済成長は、特定の産業に特化した量産化と高度化による高

付加価値化とコスト削減にある。言い換えれば、「一部の企業や産業だけが大きな利益を享受し、同時に利益獲得に限界がある狭隘な国内市場が海外展開を促進→進出先では現地産業を浸食しつつ、輸出による利益獲得が達成され、国際的・国内的に『市場』は活性化→『市場』の拡大によって国内では多くの労働者が必要とされる→他産業、主としてサービス業に横断して雇用が創出される→実際は労賃圧縮・不安定就業層の増大がもたらされる→格差拡大の社会的問題が生み落とされる→その裾野・受け皿を拡げようと対内的・対外的に市場の開放を進める→それでも製造業による利益確保と国際競争力を維持するために、かつ国内の全般的な経済レベルを落とさないために、さらに輸出を推し進める図式」となっている。この展開は、対外的な経済関係の進展による成長に比例して、あるいはそれ以上のスピードで労働者への犠牲をはじめとした生活環境の悪化をもたらし（正規雇用でなければ、社会保障・福利厚生などが受けられないといったことゆえ）、人びとの生活が顧みられない形を連続的に生んでいる。「豊かさ」を求める韓国の「自由貿易」は、国内にさまざまな問題を次々と生み落とすという矛盾と歪みを孕んだ構造である。いわば、この資本主義世界経済における「経済発展」は、韓国に富の蓄積と負の蓄積の対立的な構図、すなわち「二極化」を激しく進行させてしまっている。『資本の〈謎〉』を著したデヴィッド・ハーヴェイが、最大級の「危機／恐慌」（クライシス）にある現代世界の大混乱を、「個人の自由、自己責任、民営化と自由市場と自由貿易の美徳に関するさまざまなレトリックを隠れ蓑にして、新自由主義は資本主義の階級権力を回復し強化することをめざす過酷な諸政策を正当化した」と述べているように、危機を通して行われる経済構造の再編は、「資本主義的階級権力のさらなる強化と集中」をもたらしているのである。[31] 世界経済の構造的歴史的変化のなかで、今もなお発展しつづけている「21世紀初頭の自由貿易立国」韓国の意義が問われている。

1) アマルティア・セン（石塚雅彦訳）『自由と経済開発』日本経済新聞社、2000年、iii頁。
2) 韓国では、同時期以降を「解放後」とも表現するが、本書は世界経済全体を問題の対象としているため、本文の理解の簡易化を目的に、本章における表現を「戦後」とする。また、本章で示されている数値は、韓国統計庁ウェブサイト（http://kostat.go.kr/）内 KOSIS国家統計ポータル（http://kosis.kr/）をベースに、ほか政府（系）機関で扱われ

ている統計・資料、あるいは文脈に準じた機関・企業が提出しているデータを参照したものである。
3）加藤光一『韓国経済発展と小農の位相』日本経済評論社、1998年。倉持和雄『現代韓国農業構造の変動』御茶の水書房、1994年。
4）韓国の財閥については、鄭章淵『韓国財閥史の研究―分断体制資本主義と韓国財閥』日本経済評論社、2007年。
5）ブルース・カミングス（横田安司・小林知子訳）『現代朝鮮の歴史―世界のなかの歴史』明石書店、2003年。
6）李憲昶（須川英徳・六反田豊監訳）『韓国経済通史』法政大学出版局、2004年、474～479頁。
7）趙淳（深川博史監訳、藤川昇悟訳）『韓国経済発展のダイナミズム』法政大学出版局、2005年、31～63頁。
8）朴根好『韓国の経済発展とベトナム戦争』御茶の水書房、1993年。
9）涌井秀行『東アジア経済論―外からの資本主義発展の道』大月書店、2005年、172頁。
10）小林尚朗「東アジアの開発政策と開発理論」平川均・石川幸一・小原篤次・小林尚朗編著『東アジアのグローバル化と地域統合―新・東アジア経済論Ⅲ』所収、ミネルヴァ書房、2007年、149頁。
11）朴一『韓国NIES化の苦悩―経済開発と民主化のジレンマ〔増補2版〕』同文舘出版、2002年、53頁。
12）OECD（大和田悳朗訳）『OECDレポート・新興工業国の挑戦』東洋経済新報社、1980年。この報告書で括られたNICSは、ギリシャ、ポルトガル、スペイン、ユーゴスラビア、ブラジル、メキシコ、香港、韓国、シンガポール、台湾である。
13）渡辺利夫『現代韓国経済分析―開発経済学と現代アジア』勁草書房、1982年、4頁。
14）［涌井］前掲書、2005年、131頁。
15）高龍秀『韓国の経済システム―国際資本移動の拡大と構造改革の進展』東洋経済新報社、2000年、69～82頁。
16）絵所秀紀『開発経済学―形成と展開』法政大学出版局、1991年、108～109頁。
17）徐仲錫（文京洙訳）『韓国現代史60年』明石書店、2008年。崔章集（磯崎典世・出水薫・金洪楹・浅羽祐樹・文京洙訳）『民主化以後の韓国民主主義―起源と危機』岩波書店、2012年。
18）佐野孝治「韓国における経済成長と民主化―労使関係を中心に」『商学論集』第64巻第3号、1996年3月、24～25頁。
19）世界銀行（白鳥正喜監訳、海外経済協力基金開発問題研究会訳）『東アジアの奇跡―経済成長と政府の役割』東洋経済新報社、1994年。
20）平川均『NIES―世界システムと開発』同文舘、1992年、v頁。
21）［高］前掲書、2000年、71頁。同段落においては同書69～82頁、および金元重・廉東浩「韓国における金融危機とシステム改革」法政大学比較経済研究所・鷲見誠良編『アジアの金融危機とシステム改革』所収、法政大学出版局、2000年。
22）IMFの構造調整政策ついては、金元重「『新自由主義的構造調整』に抵抗する韓国労働

運動の現状（上）」『アジア・アフリカ研究』第41巻第2号、2001年。同「『新自由主義的構造調整』に抵抗する韓国労働運動の現状（下）」『アジア・アフリカ研究』第41巻第3号、2001年。金基元（金元重訳）「金大中政府の構造調整政策（上）」『大原社会問題研究所雑誌』第518号、2002年1月。同「金大中政府の構造調整政策（下）」『大原社会問題研究所雑誌』第519号、2002年2月。
23）高龍秀『韓国の企業・金融改革』東洋経済新報社、2009年、3頁。
24）この間の「低所得者層の転落ぶりは目を覆うばかりである。深夜のソウル駅構内はホームレスであふれ返るようになった。ビニールハウス、コンテナ、テントなどに住む極貧家庭は2001年の政府（建設交通部）の調査で7000世帯に及ぶ。また韓国では『ノスッチャ（野宿者）』といわれて、危機以後の新しい社会現象として注目されるホームレスは2000年4月現在で6000人に達した。もちろんホームレスの数は日本（99年12月現在約2万人）に比べてもまだ少ない。だが、親族同士の絆や助け合いが都市部でも根強かった韓国社会にあって、グローバル化が社会の深部に至って共同体に備わっていた非公式のセーフティ・ネットを最終的に解体しつつあることをうかがわせた」。文京洙『韓国現代史』岩波書店、2005年、193〜195頁。
25）［鄭］前掲書、2007年、2頁。
26）関下稔『現代世界経済論—パクス・アメリカーナの構造と運動』有斐閣、1984年、153頁。同『現代多国籍企業のグローバル構造—国際直接投資・企業内貿易・子会社利益の再投資』文眞堂、2002年、61〜65頁。
27）以下、同段落における売上高およびGDP額の数値は、2011年の年間平均為替レート（1ドル＝1107ウォン）で換算。
28）平川均「東アジア自由貿易体制をつくる」進藤榮一・平川均編『東アジア共同体を設計する』所収、日本経済評論社、2006年、22頁。
29）禹哲熏・朴権一（金友子・金聖一・朴昌明訳）『韓国ワーキングプア 88万ウォン世代—絶望の時代に向けた希望の経済学』明石書店、2009年。
30）同上書、297〜316頁。
31）デヴィッド・ハーヴェイ（森田成也・大屋定晴・中村好孝・新井田智幸訳）『資本の〈謎〉—世界金融恐慌と21世紀資本主義』作品社、2012年、16〜59頁。

【大津健登】

■ コラム⑤　分断された朝鮮半島

　「夜昼のべつ盗みにはげみ、その技これまた神技の域」（姜舜訳）
　朝鮮半島には、庶民の苦悩を餌に暮らす「五賊」なるものがいるらしい。あらゆる特恵、金を残らず吸い上げる賊。革命公約を体に巻き付け、革命だ！　改造だ！と国民を愚弄する賊。公金を着服し、賄賂をひったくっては白を切る賊。ピストルをぶら下げ、偉そうにふんぞり返る賊。真打ちを務めるのは、国防・国政・経済を指揮する賊。彼ら五賊……。あぁ、北朝鮮の話だろうって？
　いや、これら「五賊」は1970年代、軍事独裁政権朴正煕(パクチョンヒ)大統領時代の韓国の財閥、国会議員、高級公務員、将軍、長・次官を揶揄した言葉である。これは軍事独裁に筆をもって抵抗した詩人金芝河(キムジハ)氏の長編詩『五賊』に綴られている。パンソリ（歌と打楽器による韓国の民俗芸能）のリズムに合わせるように、200字の原稿用紙40枚に綴られたこの詩は、これら「五賊」を痛烈に皮肉っている。『五賊』は「容共作品」だとして、金氏は当局に拘束され、容共罪として死刑を言い渡された（後に終身刑に減刑、80年に出獄）。韓国は1987年に民主化宣言を迎えるまで軍事独裁政権が横行していたのである。
　振り返れば——、朝鮮半島は1910年に日本に併合された。植民地下にあった35年間、朝鮮半島は日帝に収奪され、困窮を極めた。同胞は世界中に散らばり、多数のディアスポラを生んだ。日本に住みながら基本的な人権が与えられず、「本当のところおれは何者だろうか」と自問する在日コリアンもこの時代に生まれた。当時は「五賊」以上の悪人が傍若無人に振舞っていた。1945年8月15日に光復（日本の植民地支配からの「解放」＝国権回復の意）を迎え、悲願の民族独立をめざしたものの、南北には米軍とソ連軍が進駐し、東西冷戦の激戦地として朝鮮戦争の惨禍に見舞われた。犠牲者は230万人以上（北朝鮮も含めれば520万人を超え、南北総人口の6分の1が犠牲になった）とも言われ、国土のほとんどが焦土と化した。東西イデオロギー対立の産物として生まれた「南北分断」は南北両社会に多大な「苦悩」を強いることになった。
　もとはといえば、朝鮮半島は「南農北工」、あるいは「南軽北重」と呼ばれ、南は農業や軽工業を、北は地下資源に恵まれ重工業を中心とした分業関係が成立していた。この関係が明確になるのは日帝の植民地統治期においてではあったが、解放後の朝鮮半島は南北間で自給自足できるような分業体制を整えていたのである。しかしその後に訪れた「南北分断」はその可能性を無に帰した。その後の韓国の政権は統一をめざすよりも「北」以上の経済成長と軍事力を備えることをめざした。農業を放棄し、低賃金を餌に外国企業を誘致した。農村は疲弊し、都市と地方の格差は急拡大した。反共は熾烈を極め、多数の知識人が政治犯として闇に葬られた。時の朴政権はそれを淡々と実施し、劇的な経済成長を達成させた。その成長の軌跡は「最も偉大なサクセス・ストーリー」として世界から評価された。目の前の経済的

利益に目の眩んだ無関心な大衆は、その代価としての多数の犠牲に目を閉ざしてきた。「五賊」はこうして誕生した。
　時は流れて、2013年。ソウル中央地裁でひとつの判決が下された。『五賊』で断罪された金氏に、42年ぶりに「無罪」判決が言い渡されたのである。皮肉だろうか、それは次期韓国大統領に朴槿恵(パックネ)(朴正煕の娘)が当選した直後のことであった。金氏は総選挙で朴槿恵を支持したという。国家が金氏に許しを請う前に、金氏が先に国家を許したのである。恩讐を超えた「過去との和解」であった。とはいえ、韓国から「五賊」は消え去ったのであろうか。国民総所得は2万ドルを超え、人口も5000万人を突破した世界で7番目の経済大国となった。しかし、貧困率、失業率、自殺率はいずれも高水準である。「2％の財閥が98％の国民を搾取している」といわれる韓国社会――。
　視線を北に転じてみよう。北朝鮮とて、分断以降、唯一絶対の指導者金日成(キムイルソン)が、来るべき「南」の吸収統一に備えて軍事力を拡大し、「朝鮮民主主義人民共和国」という名とは裏腹に、民に目を向けない主体(チュチェ)思想を普及させた。金正日(キムジョンイル)は先軍政治を唱え、国民の生活よりも国家の武装を最優先した。「苦難の行軍」で多数の人々が餓死した。前代未聞の三代世襲で金正恩(キムジョンウン)がその後を継いだ。北朝鮮は昔も今も、紛れもなく反民主主義的な独裁国家である。無慈な最側近の処刑、あとを絶たない多数の脱北者(韓国、中国、モンゴルなど、周辺国には30万も潜伏しているともいわれる)、国連機関の推計で100万人の餓死者を出しながら、4～5年分の食糧をまかなえるほどの大金を使ってまで強行しているミサイル開発などをとってみても明らかである。
　「南北分断」――。それは解放後の民族が望んだ「理想の国家」とは程遠い「苦悩」の象徴である。
　さりとて、時の独裁者たちが名を馳せた時代から40年あまりの歳月が過ぎた今、その娘と孫が現下の朝鮮半島南北のトップに立っている。このことはいったい何を意味するのであろうか。朝鮮半島に臥さる「南北分断」という「苦悩」の踏襲か。それとも――、悲願の民族統一へ、南北の関係に光を復(もど)すためのリリーフとなるのであろうか。

【上河原涼】

第10章 イ ン ド
▶「剥き出し」の労働市場と人的資本

　1991年、インドはIMF・世界銀行の構造調整要求を受け入れ、経済自由化路線へと大幅に舵を切った。これまで国家主導型の経済開発を推し進めてきたインドは、この自由化以降、さまざまな規制が緩和され、国際的な市場競争に身を置きながら発展していくことになった。

　主要な経済統計を見ると、自由化以降のインド経済は目覚ましい成長を遂げていることがわかる。例えば1人当たり国民純生産は、1991年の経済自由化を境に安定的な高成長を遂げているし（図10-1）、後で見るように、貧困率においても急速に改善されている。

　一方でこうした経済成長とともに多くの問題点も指摘されている。例えば本章で紹介するグジャラート州の半島部では、経済成長以降、急速に児童労働が増加している。農村貧困層の児童らが、自ら、経済成長の恩恵をあずかろうと、近隣都市の工場で働き始めているのである。そしてその労働環境は多くの場合苛酷で、5年程度で「使い捨て」にされるという。このように、急激な経済成長の原動力となる市場経済の拡大は、目の前の貧困率を減少させつつも、一方では持続的な成長を抑制しうる危険性をも包含しているのである。

　本章では、そうした個人の欲求がもたらす近視眼的な機会主義（往々にして市場化によって増長される）の危険性を抑制し、人びとがより長期的な視点で行動できるようにするさまざまな工夫や制度について具体的な事例を挙げて考えてみたい。例えば、カーストを軸としつつ、地主と労働者がさまざまな場面で関わり合い、助け合い、お互いの長期的利益を考慮しつつ相手の行動を抑制し合うパトロン・クライアント関係などである。そうした関係性は地域の自然環境や政治経済状況に対応して形成され、地域固有の土着制度として今でも、かたちを変えながら、主に農村部に広く残っている。もちろんそれは、封建的なしがらみや不自由を伴うことも多い。だが、一方では、そうした土着制度が短期的利益で浮足立つ市場競争から農村貧困層を守り、彼らの長期的な生存基盤

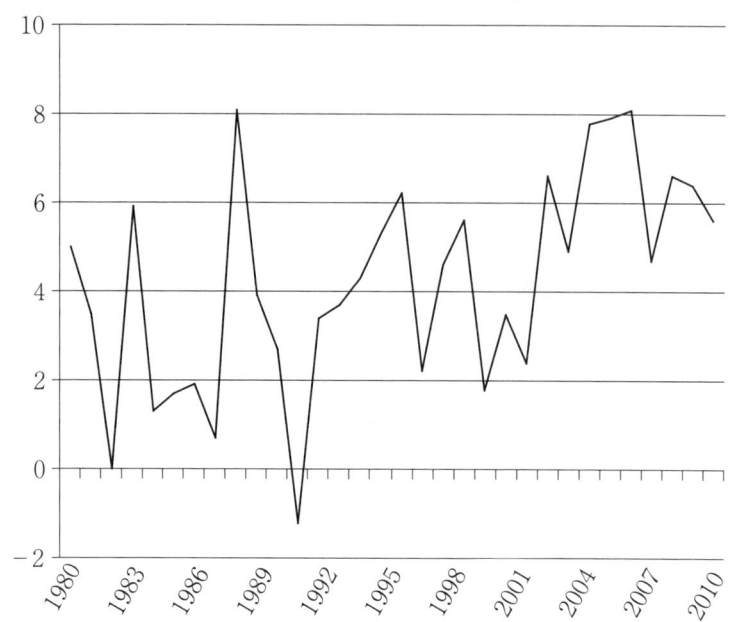

図10-1　1人当たり国民純生産の実質成長率（前年比）

（注）縦軸は成長率（％）、横軸は年度（2011年度は予測値）。
（出所）インド政府『Economic Survey 2012-2013』。

や人的資本を形成する役割を果たしているという側面も指摘する必要があるのである。

　事例として取り上げる地域は、インドの中でも特に商工業の発展が順調なグジャラート州である。実は、グジャラート州では上記の半島部のように労働市場が過度に活性化している地域と、それほど活性化していない地域がある。特に後者では、中部地域において顕著であるが、商工業の発展にもかかわらず農村の労働者があまり村から外に出たがらないため、市場メカニズムがうまく機能しないのである。その背景には上述した土着制度が関わっていると考えられる。本章ではこれら両地域の実例を比較しつつ、過度の市場化が包含する危険性と、それを緩和しようとする土着制度の実態について考察していきたい。

1 経済成長と農村貧困層の所得上昇

1991年の経済自由化以降、インドの農村貧困層の所得は急激に増加した。その結果、農村の貧困率も着実に減少している。1980年代までは人口の約半数が貧困線以下の生活をしていたわけであるが、2010年にその割合はほぼ3割まで減少している（図10-2）。特に2005年以降の減少スピードは著しい。通常、ある国の経済成長の恩恵が貧困層にまで到達する（裨益する）には、一定のタイムラグが生じると考えられる。インドでもまさに1990年代に始まった経済自由化の恩恵が10年強のタイムラグを経て貧困層に到達したのである。

図10-2 インドの貧困率の推移

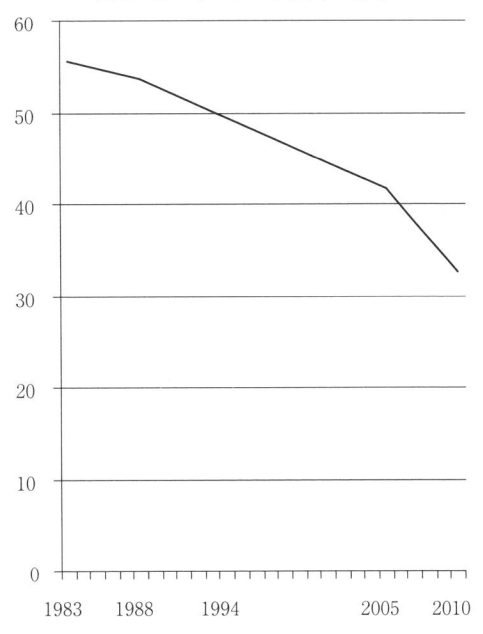

(注) 縦軸（貧困率：1日1.25USD以下人口/総人口％）、横軸（年度：軸ラベル表示年度以外はデータなし）。
(出所) 世界銀行ホームページ。

自由化以降、農村周辺の町に商工業の高賃金雇用機会が増加したことがその背景にあるが、重要なのは、それにともなって農村内の土地なし農業労働者の賃金も上昇している点である。インドの貧困層の多くは依然として農村での農業労働を所得源としているため、彼らの賃金の上昇は貧困率の低下に大きな意味を持つからである。農業労働賃金の上昇は、新たに創出された高賃金の商工業部門に労働力が流出するのを食い止めるべく地主が賃金を引き上げているために生じている。まさに市場メカニズムの働きである。こうしたメカニズムが働かなければ、これほどの貧困率の削減は実現していなかっただろう。実際に、グジャラート州半島部のT村では、1990年代後半以降、村の労働力が町に流出した結果、村内の農業労働の賃金が急速に上昇し、農繁期では10年前と比べ少なくとも2～3倍になっているという（賃金の上昇についての広範囲な統計分

析は次項で行う)。多くの開発経済学が肯定的に説明するように、経済成長が市場競争を通じて社会の下層レベルまで裨益(トリクルダウン)したのである。ただし、前述したようにそれは賃金の上昇という意味でしかなく、持続的な発展にとっての危険性をはらんでいる点に注意しなければならない。

　そこで、そうした危険性を回避している地域の事例をまず見ていきたい。グジャラート州中部の事例である。そこでは市場原理によるトリクルダウン効果が半島部に比べて活発ではない。つまり町の商工業が発展し、農村下層民でも容易に就業できる高賃金の雇用先が増加しているのに、村の下層民が町に流出せずに、村にとどまっているため、市場原理が働かずに村の農業賃金が上昇していないのである。なぜ彼らは、市場原理に逆らい、高賃金という利益を選択せずに、村にとどまっているのであろうか。もちろん村にとどまることによって、さまざまな利益(効用)を得ているからであろうが、その利益とは何であろうか。その点を念頭に置いて実際のデータを見ていこう。

　図10-3の地図で示したように、グジャラート州の農村賃金を地域別に見てみると、かなり大きな地域差があることがわかる。図の数値は経済自由化から7年ほど経過した1998年時点のもので、すでに各地でトリクルダウン効果が出始めている時点のものである。例えば中部地域を見てみよう。中部地域では賃金の上昇が十分に生じていないことがわかる。ちなみに中部地域は、経済発展の遅れた地域というわけではない。むしろその逆で、中部地域は、半島部地域などに比べ、商工業が数段発達している地域である。さらに中部地域は農地も肥沃で、地下水灌漑も豊富である。そのため、土地収益も高い地域なのである。市場原理からいえば、こうした地域の農業賃金水準は、むしろより高く引き上げられるはずである。農村地主と商工業主が労働者の獲得をめぐってより高次元での競争をするはずだからである。

　しかし、図10-3はまったく逆になっており、むしろ半島部地域の賃金が高くなっている。なぜであろうか。過去20年間の農業賃金も確認しておこう。図10-4は中部地域と半島部地域の自由化以降の農業賃金の推移を示している。自由化当初はほぼ同水準であった賃金水準が、自由化以降になると、半島部地域においてのみ急速に上昇していることがわかる。これを見ても、中部地域においてはトリクルダウン効果が十分機能していないことがわかる。

図10-3　グジャラート州農業労働の賃金格差

パキスタン
バナスカンタ Rs.50
ラジャスタン州
カッチ Rs.50
北部
砂漠
グジャラート州
サバルカンタ Rs.30
ガンディーナガル Rs.35
中部
ラージコット Rs.50
ケーダ Rs.24
ジャムナガル Rs.50
バウナガル Rs.60
バローダ Rs.23
南部
半島部
アムレリ Rs.60
スーラト Rs.15
アラビア海
バルサド Rs.30
マハラシュトラ州

(注) ケーダは2002年フィールドワーク。
(出所) GOI (1999) より筆者作成。

　その理由を一言で述べれば、中部地域には濃密な人間関係があるからである。中部地域の農村には、地主と下層民との間に、非常に濃い人間関係が存在し、それが雇用先決定における市場原理の働きにブレーキをかけているのである。以下、そのメカニズムを見ていこう。
　この地域の村々には、カースト制度の歴史的経緯を軸としつつ、地主と労働者の間に世代を超えた付き合いがある。またその信頼関係をベースとしつつさまざまな慣行（しきたり）も形成されている。例えばよく見られる慣行として、資本力や知識の乏しい小作のために、地主が肥料や種子などの投入財の購入や生産物の販売を代理で行うというものがある。この場合、当然、小作の農業経営における発言力（何を作ってどこに売るかなど）は低下してしまうし、利益配

図10-4　農業賃金の推移（1991〜2011年、Rs.）

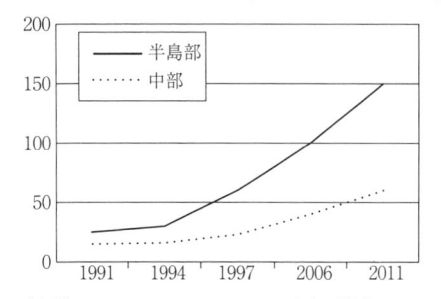

（出所）Agricultural Wage in Indiaおよび筆者フィールドワーク。

分における小作の取り分が逆に少なくなる可能性も高い。しかし一方では、それによって資本や市場交渉力の小さい貧困層（下層カースト）はさまざまなリスクを地主に取ってもらうことができるという側面もある。また、農地という一種の公共財は、下層カーストではなく地主カーストによってのみ管理されうるものである、という一種の社会的規律の反映としても解釈されうる。いずれにしても、単純な市場原理を超えた社会力学が働いている事例である。

　そうした村の慣行のなかで、特に農業労働に関わるものがある。それは、地主と労働者がお互いの生存基盤を支え合うという意味をもつ重要な慣行である。例えば、労働者やその家族が命に関わる病気に罹るとする。あるいは事故に遭い莫大な医療費がかかるとする。そういった場合に地主は何をするかというと、その莫大な医療費を無利子で労働者に融通してあげるのである。

　通常、農村でお金を借りる場合、非常に高い利子が付くはずである。特に、土地などの不動産担保を持たない下層民が借りる場合は、かなり高率の利子が要求されることが一般的である。実際にインドあるいは南アジア全般の農村部では、インフォーマルな金利として月利10％という場合も珍しくはない。それが、この中部地域の村では、無利子なのである。ちなみに、ギャンブルやレジャーといった生存リスクに直結しない目的のために借金をした場合には、中部地域の村であっても先述のような高い利子が要求される。しかし医療費や結婚などの生存リスクや社会行事に関わる借金に対しては、無利子なのである。

　なぜ地主はこのようなことをするのか。実は地主にもメリットがあるからである。無利子でお金を貸す代わりに、返済するまで自分の農地で廉価にかつ勤勉に働くことを約束させることができるのである。しかも固定的に働くという暗黙の約束がある。これは一種の「債務奴隷」とも解釈されうる可能性のある行為で、現地の役場でも違法行為として認識されているものである。しかし、

表10-1　B村の労働者（下層カースト）の雇用主

カースト	労働者数	1人の雇用主のみ	2人の雇用主（パティダールカーストのみ）	2人以上の雇用主（パティダールカースト以外を含む）
Rajput	39	36	3	0
Bhoi	15	11	4	0
Muslim	10	7	3	0
Others	20	19	1	0
合計	84 (100%)	73 (87%)	11 (13%)	0 (0%)

(出所) 2004年筆者フィールドワーク。

農村に住み込んで調査してみると、こうした慣行が現地ではカイミ（kaymi:「拘束」を意味する）と呼ばれ、頻繁に行われていることが観察できるのである。

例えば労働者 a が、地主 A に雇われて農作業をしているとしよう。そこで a にこう話しかけてみる。「過去12カ月で A 以外の農地で働いたことはあるか」と。するとほとんどの場合「ない」という答えが返ってくる。表10-1は労働者84人に同様の質問をした回答をまとめたものである（カースト名はすべてコリカーストのなかの呼び名の細分）。結果、84人中73人（87%）が1年を通じてたった1人の地主の農地でしか働いていないことが判明した。また多くの場合、地主と労働者の雇用関係は世代を超えた長期的なもので、a の父親も A の父親に雇われていた、というケースが大勢である。こうしてカイミ制度は、労働者だけでなく、地主にとっても、廉価な労働者の確保という意味できわめて重要な制度となっているのである。

またよく調べると、これは地主と下層民の間に存在するカースト関係の「役割」とも強く関連している。その詳しい記述は省略するが、このカイミ制度を行う地主は、パティダールと呼ばれる高位農耕カーストグループにほぼ限られており、その庇護をうける下層民はコリと呼ばれる低位カーストグループに限られている。この2つのカーストグループの垂直的関係性は日常生活全般に見られ、「高位カーストは低位カーストの生存を庇護するべき」あるいは「低位カーストは高位カーストのために労働すべき」といった規律がいたるところで観察される。その結果、村では「労働者を雇うことができるのはパティダールカーストのみであり、それ以外のカーストはパティダールの農地で働くものである」

という社会規律が浸透している。

したがって、こうした濃密な社会関係が存在する中部地域の村では、近くの町の賃金が高くなったからといって、簡単にそれまでの関係性を断ち切って町で働くことは考えにくいのである。その結果、地主は農村の賃金を引き上げなくとも一定の労働者を確保できるのである。こうした状況はすでにインド農村における社会人類学的研究においても、地主とその労働者のパトロン・クライアント関係によって賃金が低く維持されるケースとして指摘されている。[2]

2 市場原理に抵抗する社会の統計的検証

さて、話はだいぶ遠回りになるが、ここで一旦議論を中断して、上記で述べたことを統計的に検証しておきたい。中部地域において農業賃金が上昇していない理由を、本当にカイミ制度だけに帰して良いのかという反論を退けておく必要があろう。

そうした反論として想定されるのは、中部地域の村の農業賃金が上昇しないのはカイミ制度のためだけではなく、それ以外にも以下のような可能性があるのではないかというものである。例えば中部地域の村には貧困労働者が他の地域よりもたくさんおり、少しくらいの労働者が町へ流出しても地主は賃金を上げる必要がないかもしれない。あるいはもしかすると中部地域の農業は、そもそも労働力をあまり必要としない農作物を栽培しているのかもしれない。あるいは実は中部地域よりも半島部地域のほうが村から町の雇用先までの交通アクセス環境が整っているのかもしれない。そうであればカイミ制度とは関係なく中部地域の村の労働力は農村にとどまりやすくなるだろう。さらには中部地域の農地は、本当は土地生産性が低いのかもしれない。そうであれば賃金が上がらないのはカイミ制度のためというよりも余剰の限界のためなのではないか、などが想定される。

早速検証していこう。まず図10-5はグジャラート州の中部地域と半島部地域の農村のなかからランダムに選んだ60の村において筆者が直接収集したカイミ制度と農業賃金についてのデータを地図に示したものである。左の地図にはカイミ制度が存在した村とそうでない村（またその中間の村）を○×（△）で示している。右の地図には各村の平均的農業労働賃金水準をルピーで示してい

図10-5 カイミ制度の分布と賃金率（59カ村）

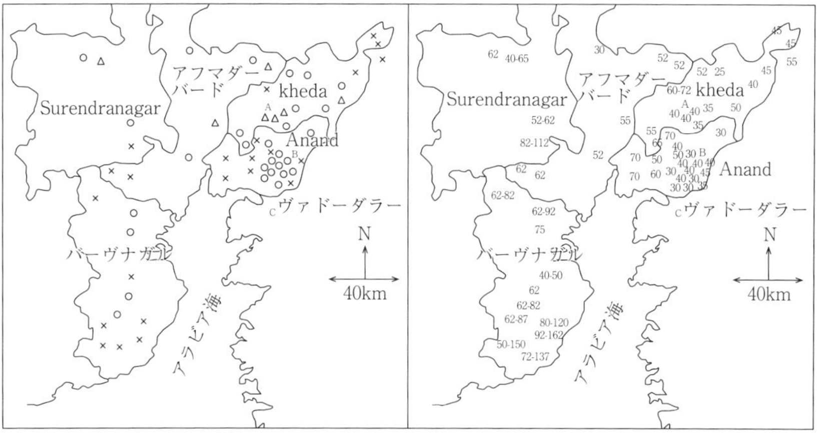

(注) 左図：カイミ制度の分布、○強く存在、△弱く存在、×存在しない。右図：農業労賃率（ルピー）。図中のA・B・Cは、本文A村、B村、C村の位置を示す。
(出所) 2005年筆者フィールドワーク。

る。これらを見比べてみると、カイミ制度が存在する村の賃金水準が低くなっていることが直感的に見てとれよう（○が付いている場所は賃金水準が低い傾向がある）。

さらに表10-2の回帰分析結果は、カイミ制度が賃金水準の上昇を妨げる理由であることを統計的に示している。ここでは、被説明変数に各村の賃金水準を置き、説明変数には賃金水準の決定に影響を与えうるさまざまな要因（カイミ制度に加え、上記の反論として想定した要因）を置いている。

回帰分析の詳しい説明は注に記すが[3]、推定結果は、農閑期、農繁期ともに1％水準で「土地生産性」と「カイミ制度の有無」が有意であった。ここでは特に「カイミ強度の有無」が負で有意であることに注目したい。このことは、他の変数、とりわけ「非農業就業機会へのアクセスの良さ」にかかわらず、カイミ制度が強く機能すればするほど、その村での賃金水準は低くなるということを示している。農業労働市場における賃金決定メカニズムが経済的要因だけでなく、カーストを軸とするカイミ制度によっても強く影響を受けているという事実が計量的にも確認されたということである。

第10章 インド 201

表10-2　農業労賃率の決定要因　　　　　　　　　　（OLS: n=60）

	賃金水準 （農閑期）	賃金水準 （農閑期）	賃金水準 （農繁期）	賃金水準 （農繁期）
カイミ制度の有無	−4.369*** (−3.90)	−3.921*** (−3.53)	−4.284*** (−3.02)	−4.141*** (−2.91)
農業労働力の需給状況				
労働者・農地比率（L）	0.036 (1.62)	0.027 (1.19)	0.061** (2.06)	0.058* (1.91)
流出ダミー（LL）	−5.019 (−0.61)	−2.554 (−0.31)	42.070*** (3.99)	43.264*** (3.98)
流入ダミー（LS）			1.470 (0.27)	1.115 (0.20)
非農業就業機会の多寡				
都市へのアクセス（G）	0.959 (0.24)		−0.400 (−0.08)	
非農業割合（OFF）		12.959 (1.26)		5.818 (0.44)
土地生産性	0.003*** (2.77)	0.003*** (2.70)	0.004*** (3.08)	0.004*** (3.11)
アヒール・ダミー	16.157* (1.87)	15.590* (1.84)	23.764** (2.18)	23.616** (2.17)
定数	47.185*** (8.90)	44.389*** (7.80)	45.873*** (6.73)	44.451*** (5.96)
調整済み決定係数（R^2）	0.352	0.370	0.684	0.685
F値	6.33***	6.77***	19.20***	19.30***

（注）丸括弧内はt値を示す。*、**、***は有意確率10％、5％、1％をそれぞれ示す。
（出所）2005年筆者フィールドワーク。

　このように、中部地域の農村賃金が上昇していない理由は、カイミ制度、つまり地主と労働者の濃密な人間関係に求められるのである。そしてそのカイミ制度の存在のおかげで、賃金は低いが、生存リスクの軽減に役立つ無利子融資を受ける機会を確保しつつ、長期的な関係性のなかから形成された地主との信頼関係を保持しつづけているのである。この関係性が長期的に見て良いものなのか悪いものなのか、今後の下層民とインドの発展にとってプラスに働くのか否か、その判別は難しい。しかしここで強調すべきは、半島部地域のように賃

金水準が上昇することこそが好ましいと結論づけるのはまだ早いということである。上記のように、中部地域の賃金が低い背景には、生存リスクの軽減というプラスの側面もあった。ならば、半島部の賃金が高い背景として労働者に何が起きているかを同時に論じる必要があろう。

3 「剥き出し」の労働市場

社会関係によって市場メカニズムが働いていない。この中部地域の状況は、一般の開発経済理論からすれば望ましいものではない。ただしその背景には、長期的な人間関係から生まれるさまざまな経験にもとづいて、村社会が自ら、かつ敢えて市場競争の働きに一定のブレーキをかけている側面があった。逆をいえば、半島部地域の賃金水準が急激に上昇したのは、長期的な信頼関係を軸とした人と人との関係性という社会関係で覆われることなく、農村貧困層の労働力が商品として「剥き出し」の状態で売買されていたからである。労働力が剥き出しの商品として売買されうるからこそ、賃金が上昇し、貧困率が減少しているのである。

以下、半島部地域の状況が、インドの今後の持続的な経済成長にとってどのようなことを意味するのかを論じてみたい。通常の開発経済学では、貧困層の賃金が増加することは、無論プラスの現象として捉えられている。しかしここでは、そのせいで、逆に貧困層が短期的利益競争に飲み込まれ、いわば「剥き出し」の労働市場にさらされることで、従来よりも不安定な労働環境に置かれてしまう側面があること、さらに、特に若い貧困層に対しては、教育への過少投資を招く可能性が多分にあることを論じる。なお、次節では場面を中部地域に戻し、中部地域の村では労働者が地主と長期的な関係性を保持しているために、労働者が未来世代を見据えた長期的戦略を選択しうる可能性が大きいことを示していきたい。

半島部地域における調査対象の村は、人口約5万のタラジャ（Taraja）という町から南へ約10キロの地点（車で約20分）にある国道沿いのT村（人口1000弱）である。カイミ制度の存在しない典型的な半島部地域の村である。図10-3ではバウナガルとアムレリの中間に位置している。タラジャの町では、ダイヤモンドの1次加工（研磨）を行う工場が多く集積しており、他の多くの中小都市

写真10-1　T村付近の研磨工場

(出所) 2011年筆者撮影。

と同様に、自由化以降、低技術かつ労働集約的な産業が急速に発達している。T村からも多くの労働者が、歩合制の日当賃金を稼ぎに通っている。写真10-1はダイヤモンド1次加工工場の内部を撮影したものである。労働者の多くは、村の貧困層の子弟であり、20代以下の若年層がほとんどである。写真（上）の右手前の労働者はまだ12歳だという。作業は写真（下）のような回転式の研磨作業台の前にあぐらをかいて行う。作業台の間隔は狭く、労働者同士の背中はほぼ触れ合っている。歩合制で、慣れれば1日120ルピー程度（2011年調査時点）を稼げるという。健康で身元さえ確認できれば基本的には誰でも（男性のみ）就業でき、教育水準を含めて資格は特に必要とされていない。ただし足腰や肩や目にかかる負担が大きく、10年以上の継続は難しい。その後の身体機能に後遺症が残る者も少なくないという。もちろんそれに対する補償は一切ない。

　さて、1日120ルピーといえば村の貧困層にとってはかなり魅力的な賃金水準である（2011年時点で2USD強）。T村からタラジャの町までは乗り合いバス等で20分程度あれば着くので、通勤も比較的楽である。表10-3は村の下層民（土地なし層等）名簿を作成し、そこから30歳以下の男性就業者を絞り込み、さらにランダムに36名を抽出して職種についてのアンケートをした結果である。

　まず地主から土地を借りて耕作をする者は皆無であり、さらに農業労働を行っている若者も25％しかいない。すでに75％が非農業に就いていることがわかる。ここで付記すべきは、町の賃金が、農業労働の賃金に比べて極端に高い水準にあるというわけではない点である。実際に調査年には、T村の地主は、

若者の村外流出に対応して、この10年で賃金を50ルピーから平均110ルピー程度まで引き上げている。つまり、両者の賃金格差は10数ルピー程度なのであり、村の若者たちは、たったそれだけの賃金格差に反応して、労働力供給先をシフトさせ

表10-3　T村の若者（下層民）の就業先

職　種	人　数	割　合
耕　作	0	0%
農業労働	9	25%
非農業（安定）	4	11%
非農業（不安定）	23	64%
合　計	36	100%

(注) 若者は男性30歳以下とした。
(出所) 2011年筆者フィールドワーク。

ているのである。逆にいえば、これほど敏感に価格シグナルに反応している状況は、市場主義者にとっては理想的なほど市場原理が働いているといえよう。

　しかし、それは長期的に見て望ましいことだろうか。例えば同表の非農業のうち、「安定」よりも「不安定」が桁違いに多いことに注目してほしい。「安定」のほぼ6倍の割合で「不安定」な就業形態が占めているのである。ここでの「安定」とは、公務員など月契約以上で雇われている者を指し、「不安定」とはダイヤモンド1次加工工場がほとんどであるが、いわゆる日雇いの歩合制で、長期的な雇用契約をもたない雇用形態である。先述したように、若年層のなかには10代前半の者もおり、教育機会を犠牲にしながら従事している者も少なくない。また不安定なだけではなく、肉体的な負担も大きく、将来的に継続して従事しつづけられる可能性は低いという（才覚があっても、労働者を斡旋・監督する立場になる者は稀）。確かにそのおかげで村の農業労働賃金も引き上げられているわけであるが、そのために、教育機会を犠牲にし、明るい将来像が描けない就業先に向かって多くの若者が流れていくことは、彼ら自身の社会にとって本当に望ましい発展のかたちなのだろうか。少なくとも長期的な人的資本への適切な投資という地域経済全体の発展という意味においては、深刻な負の側面を有しているといえよう（次項において中部地域との比較を通じて相対的な判断を行う）。

　一方、村内の農業労働においても深刻な「剥き出し」の労働市場の問題がある。それは女性や年配の労働者である。男性の若者は、町での工場労働に出向いているが、女性や年配の労働者には体力的に難しい。一方で、地主は、女性や年配でも農業労働者として雇いたい。しかし、地主が欲しいのはテンポラリー

写真10-2　T村付近での農業労働者の輸送

(出所) 2011年筆者撮影。

な雇用形態のものに限られる。同じ地域では収穫などの農繁期が重なるので、多くの地主が一時的な労働力を求めて一気にテンポラリーな労働者を獲得しようとする。賃金水準も予測不能に乱高下する。こうしためまぐるしい環境のなか、女性や年配の労働者は、地主との長期的な信頼関係などを見出せるはずもない。

　写真10-2はそうした労働者がブローカーに売買され、別の村の地主のもとへ運搬される場面である。半島部地域では、地主と農業労働者が直接雇用契約を結ぶ方法はもはや採用されていない。それどころか、同じ村内の地主のもとで働くことも少なくなってきている。その代わりに、チャクラワリと呼ばれる農業労働ブローカーが両者を取り持っているのである。1人のブローカーは概ね5〜10カ村をテリトリーとして活動している。ブローカーは自分のテリトリーの村々の地主から携帯電話で必要な労働者数や賃金、また作業内容に関する情報を仕入れ、それを各村の労働者に提示して希望者を募る。ブローカーのテリトリーが広すぎるので、提示された作業内容が、その村の、どのような地主による、どのような作業なのか、といった具体的な情報が正確に労働者に伝わることは難しい。労働者は、賃金水準と簡単な作業内容だけの情報によって、雇用先を選択しなければならない。その後、ブローカーは20〜30名ほどの労働者を写真のような3輪バイクの荷台に積み込み、依頼された地主のもとへ労働者を納品するのである。

　重要な点は2点ある。このシステムでは情報の優位性から、ブローカーが中間マージンを高く徴収する余地が大きくなる点、そしてさらに重要な点は、労働者が「使い捨て」になる傾向が強い点である。地主は農業経営に対する長期的な戦略をもつことができない。そのような状況のなかでは、地主は当然、短期的に労働者から搾り取る費用対効果を最大にしようと考える。つまり労働者

を長期的に教育・保護しつつ確保しようとするインセンティブはほとんど働かない環境なのである。こうしたなかで、最近ではこの「使い捨て」が可能な労働者を用いて、人体への悪影響が懸念される農薬の散布をさせる事例などが増加しており、さらに一時的な高賃金を得た労働者のなかには、違法合成酒を服用する習慣をもつようになった者が増加しているという（T村村長からのヒアリング）。

4　人的資本の形成

　一方で、長期的な人間関係のある中部地域の村をみてみよう。対象とするのは人口約30万の町アーナンド（Anand）から南へ車で約10分に位置するB村である。B村では賃金は低いが、地主と労働者の間に長期的な人間関係を前提とした濃厚な信頼関係があり、T村ほど多くの労働者が町へ働きに出ていない。実際の数字を見てみよう。

　表10-4、表10-5は表10-3と同様に集計したB村における若者（下層民）の就業先である。この比較において重要な点は、サンプルの43人は地主から借金をしていない若者たちであり、したがって地主との関係など気にせずに町に出ようと思えば自由に町に出て非農業部門で働くことが可能な状況にあるということである。ただしその場合、いざという時に、カイミ制度を利用して地主から借金をしようとしても、地主からの信頼が得られずに借金ができない可能性は高い。表10-4にはその影響がはっきりと示されている。T村では21％であった農業労働者の比率が、B村では51％となっており、多くの若者が依然として農業労働に従事していることがわかる。B村の若者はT村と比べると、明らかに町の非農業部門よりも農業労働に価値を見出しているということがいえよう。

　また表10-5を見ると、町の非農業部門の賃金水準が農業労働の倍以上となっている。T村の労働者はたった10数ルピーの差に反応して町へ通っていたのであるが、B村の若者は倍以上の高賃金にもかかわらず町を出ずに農業労働に従事しているのである（T村とは調査年次が異なるので名目的な金額を比較することはできない点に注意）。さらに教育水準が低いがゆえに仕方なく村に留まっているわけではない点も確認できる。

表10-4　B村の若者（下層民）の就業先

職　種	人　数	割　合
耕　作	0	0%
農業労働	22	51%
非農業（安定）	14	33%
非農業（不安定）	7	16%
合　計	43	100%

(注)　若者は男性30歳以下とした。
(出所)　2004年筆者フィールドワーク。

表10-5　B村の若者（下層民）の就業先の詳細

職　種	賃金水準	教育水準
農業労働	24.6	8.1
非農業（安定）	58.8	8.3
非農業（不安定）	66.8	7.1

(注)　若者は男性30歳以下とした。賃金水準は労働日数／年収（ルピー）。教育水準は学校に通った年数。
(出所)　2004年筆者フィールドワーク。

つづいて表から読み取れることは、非農業のなかでも安定職に就く割合がT村よりもはるかに高いことである。割合としてはちょうど3倍である。反対に不安定職に就く割合はT村の4分の1とかなり少ない。生存リスクを軽減できる農業労働を辞してまで町に出るのであれば、単に賃金が高いだけではなく、長期的な安定を求めるという姿勢が見てとれる。安定職の典型例は、個人商店の従業員である。多くの場合、店主と従業員が個人的な関係性を築きつつ、同じ店内で親密に働いている。

また農村内における地主と労働者の関係性も、以下にみるように、T村と比較してきわめて長期的な関係性を前提としている。例えば写真10-3は、自宅で昼食休憩をしていた労働者が農地へ戻ろうとしているシーンである。実は運転しているのは彼らの地主である。この村では地主が労働者の自宅と農地を送迎してあげているのである。ブローカーによって「輸送」されていたT村とは対照的に、この村では地主と労働者が親密な関係にあることが窺えよう。

またこの時、筆者は、地主が労働者の子弟の大学進学をサポートするかのような会話を聞くことができた。この日は労働力が特に不足していた日で、地主は「他にも午後に働いてくれる労働者はいないか」と労働者に尋ねていた。そこへ間が悪く、労働者の息子で、近々、大学入学試験を控えている息子が帰宅してしまった。普段から世話になっている地主が困っているのだから、問答無用で農作業を手伝わされるだろうと筆者は考えたし、労働者も「おい時間あるか？」と息子に聞いていた。そして息子も宿題があるけど、と言葉を濁していたが、地主は「勉強の邪魔をしてはいけない」といってその息子に勉強をつづ

けさせたのである。半島部地域の地主（ブローカー）であれば、出せるところまで高賃金を提示して彼を誘っていただろう。

5 まとめにかえて──理論的含意

B村の地主と労働者の関係は、明らかにお互いに長期的なメリットを生み出している。地主には安定的な労働力を確保しつつ長期的な農業経営ビジョンをもてるというメリットがあり、労働者には将来の生存リスクに対する過度な心配をする必要がなく、そのために目の前の賃金水準に惑わされることなく長期的な自己投資（あるいは子どもへの投資）を考慮した雇用先を選択できるというメリットがある。そしてなにより、こうした人的資本の長期的成長を見越した選択は、社会全体としてより良い未来へと繋がるという意味で（より単純にいえばソーシャルキャピタルの形成という意味で）、非常に重要なメリットとなろう。

写真10-3　B村の労働者と地主

（出所）2011年筆者撮影。

ではなぜ、そのような長期的メリットがあるにもかかわらず、T村の人びとは長期的メリットを得ようとせず、短期的なメリットに翻弄されてしまうのだろうか。逆にいえば、なぜB村の人びとは、短期的メリットに惑わされずに、長期的メリットを見据えることができるのだろうか。

それはB村の村民たちがお互いを、同じ村で生きている、またこれからも生きていく運命共同体のメンバーであると考えているからではないかと筆者は考える。例えば、カイミ制度が存在していること自体、B村の村民がそうした意識をもって生活していることを示している。なぜならカイミ制度のような相互補完的な制度は、村民がお互いに長期的な関係性を信じ合っていないと成立しないからである。カイミ制度は、一方の人間が途中で関係性を断ち切り、市場価格の短期的誘惑で（市場競争原理に従って）行動してしまえば、もう一方の人間が大きな痛手を受けるという、ある意味で非常にリスクの高い制度である。例えば、仮に、労働者は安い賃金で働きつづけたのに、地主が裏切って、いざ

という時に地主が医療費を融通してくれなかったとする。そうすると、労働者にとっては非常に大きな痛手（生存すら危険になるほど）となる。地主からの庇護も受けられない上、低賃金で働いていたため、現金も貯まっていないので医療費が払えない。こうしたことが実際に起きなくとも、起きる可能性（疑念）が生じるだけで、カイミ制度は成立しないだろう。そうした信頼関係がなければ、そもそも労働者はカイミ制度などの契約はせずに、町へ行って高賃金獲得競争に走ってしまうだろう。逆もしかりである。例えば地主が医療費を融通したのに、労働者が地主を裏切って、町に働きに行ってしまう、という可能性（疑念）があれば、地主は労働者との長期的なカイミ制度などには合意せず、ブローカーを駆使して安い使い捨て労働者を探すであろう。

このように、村人同士がお互いに、長期的な関係性を信頼しながら生活する、いわば運命共同体として生活している場合に限って、カイミ制度は成立するのである。また、お互いが長期的な協力を約束できる関係性にあれば、お互いにとって長期的にメリットがある行動、例えばカイミ制度以外にも、先ほどのような長期的な人的資本への投資行動などができるようになるのである。

ポイントは信頼関係である。信頼関係とは、自分が相手を信じているだけではなく、相手も自分のことを信じてくれているという確信がある関係のことである。もし相手が自分のことを「単なる短期的な市場原理の取引相手」としか考えていないと思ってしまえば、裏切られる可能性（疑念）が強くなり、カイミ制度のようなリスクの大きな協調行為ができなくなる。たとえカイミ制度が長期的にお互いのためになるとわかっていても、両者に信頼関係がなければ、お互いにとってベストのメリットを獲得することはできないのである。裏切られるのが怖いから、裏切られるくらいなら信頼しない、という発想になるからである。T村を含めた半島部地域の児童労働や不安定な雇用形態を生み出す機会主義的な労働市場がその一例であろう。長期的にみてお互いのためにベストでないことは知っているが、信頼できない関係性のなかでのセカンドベストがT村の「剥き出し」の労働市場なのであり、同時に自由経済主義者がベストと思い込んでいる状況なのである。

こうした半島部地域の状況は、最近の経済学においてはゲーム論的ジレンマと呼ばれ注目を集めている。このジレンマの問題は、特に環境資源問題におい

て深刻な問題提起となっている。例えば、CO_2を排出する工場の問題がある。それぞれの経営者は、自社が増産を抑制すると同時に、他社も増産を抑制すれば、全体としてCO_2の削減が効率的に達成されることを知っているとする。そしてその状況が長期的には自社を含め業界全体にとってメリットがあることも知っているとしよう。しかし現実にはそうした理想的な状況にはならない。なぜなら、もし、自社が抑制したにもかかわらず、他社が抑制せずに逆に工場を増設すれば、CO_2が増加する上に、市場まで占拠され、自社が潰れる恐れもある。こうした他社に対する疑念があるだけで、両者にとって長期的にメリットがある行動が踏み出せないのである。

T村とB村の労働市場のあり方を比較することで見えてくるものは、実はこうした長期的・持続的な発展についての含意なのである。すなわち、長期的に皆が共生し、誰にとってもより望ましい社会へと発展していくためには、単に短期的所得の増加をもたらす市場原理ではなく、むしろその原理に反してもお互いがお互いの長期的メリットを考慮して生活しているのだという信頼関係だということである。

1) 岡通太郎「インド・グジャラート州中部における農業労賃の低位性—農村インフォーマル金融制度との関連に焦点を当てて」『アジア研究』第52巻第1号、2006年、44〜61頁。
2) Rudra, A., *Agrarian Questions*, Oxford University Press, 1994参照。
3) 賃金水準に影響を及ぼす可能性のあるカイミ制度以外の要因をまとめると、①村内の農業労働力の需給状況、②村外の就業先へのアクセスの多寡、③農地の土地生産性の3点にまとめられる。これらに関わる諸変数を説明変数としてモデルに組み込んだとしても、カイミ制度が村の賃金水準（ルピー）を下げる要因になっていることを検証するのが目的である。回帰モデルは最小二乗法（OLS）を採用した。なお「村の賃金水準」の定義は、男性が除草作業を8時間行った場合の賃金とした（現物支給も市場価格で疑似計算して算入した）。また農繁期と農閑期では農業労賃率が異なるため、それぞれについてモデルを立てた。なお村内でカイミ制度を利用している農業労働者と利用していない農業労働者の間には賃金率の格差がなかったのでモデルでは区別していない。

　さて、説明変数はカイミ制度の有無および上記3つの要因に関わる諸変数である。まず「カイミ制度の有無」についてはその機能の強さにより5段階の順序変数を用いた。最も強くカイミ制度が機能している村は5、まったくカイミ制度が存在しない村は1である。これは単純な有無のダミー変数では実態を反映しえないと判断したためである。この強度は主に村内でカイミ制度を利用している労働者の比率によって順序化した。利用者比率が低まると、他の農業労働者の賃金水準を低位にとどめるさまざまな効果（先

述の地主と労働者の濃密な関係）が低まると考えられるためである。次に「農業労働力の需給状況」については3つの変数を採用した。Lは農地面積と農業労働者数の比率で、地主（農業労働者を恒常的に雇用している農家と定義）が保有する農地面積を村内の農業労働者数で除した値である。この値が小さければ村内農業労働力は過剰供給となり賃金率が低くなると考えられる。また農業労働者の村外からの流入や村外への流出をコントロールするため農業労働者流出ダミー（LL）および流入ダミー（LS）を加えた。LLは農業労働力の流出が恒常的に行われる村であれば1、そうでなければ0、LSは農業労働力の流入が恒常的に行われる村であれば1、そうでなければ0とした（実際に流入が起こっていたのは農繁期の季節労働者が主であったため流入ダミーは「農繁期モデル」のみに用いた）。「非農業就業機会へのアクセスの多寡」については2つの代理変数を用いた。Gは商圏グラビディモデルの値で、近隣都市の人口を距離の二乗で除した値である。この値の大きさは都市就業機会への物理的アクセスの良さを示しており、村内の賃金率に正の相関があると考えられるであろう。また実際に近隣都市の非農業部門へ通いで就業している村民の割合も代理変数として利用した（非農業割合OFF）。ただし両者には内生的な相関が存在すると考えられるため、それぞれについてモデルを立てた。最後に「土地生産性」は各村の主要作物の単収を金額換算した数値（1ビガあたりの過去3年間の平均販売額；1ビガ（biga）は5分の3エーカー）である。なお、カイミ制度以外の社会的変数として、アヒール（Ahir）というカースト集団が地主として存在している村についてはダミー（存在が1、非存在が0）を用いてコントロールした。アヒールは、主にグジャラート州西部に居住する牛飼いカーストであるが、近年、没落した旧地主カースト（ラジプートら）から次々と土地を購入し、地主階層として台頭してきたカーストである。彼らは伝統的な地主階級とは異なり、下層カーストを極力雇用せずに親族内の労働力を用いて自作経営を行う傾向にあり、雇用する必要がある場合でも労働者との関係性をきわめて水平的に保とうとする特徴をもつ。こうしたカーストの存在は賃金率の（おそらく上昇をもたらす）社会的決定要因として無視しえない。

【岡通太郎】

■ コラム⑥　マイクロクレジット（MC）は貧困層を救うか？

　世界の最貧国に数えられるバングラデシュ人民共和国（以下、バングラデシュ）はMCによって世界にその名を知られるようになった。グラミン銀行に代表される少額融資制度、MCは貧困緩和に大きな効用があるとしてバングラデシュ内外で急速に普及していった。MCの当初の定義は、「適切な条件で資金を得ることができれば、貧困層にある人びとは起業家精神を発揮することで、自己雇用機会を生み出し、自ら貧困状態を脱することができる」とされていた。他方で従来型の銀行は額が大きく、担保を必要とする等、顧客はリスクのない一部の層に限られていたため、貧しい農民は資金調達を在来金融の高利貸しに頼らざるをえなかった。返済ばかりで手元にはわずかな収入しか残らないという状況に農民は苦しんでいた。この実態に衝撃を受けたバングラデシュ、チッタゴン大学教授のムハマド・ユヌス氏は、アクション・リサーチの一環として近隣農村でMCを開始した。この実験を通してMCに高い返済率が確認され、担保をもたない貧しい人びとに対しても金貸し業が成立することがわかった。MCは次第に「グループ貸付」や「集団連帯責任制」、「週ミーティング」等を特徴とした汎用性のある形にプログラム化されていき、バングラデシュ国内に拡大していった。

　MCが急速に普及していった理由はMCのプログラム化以外にもある。というのはIMF・世界銀行をはじめとする国際援助機関のバックアップが存在したからだ。第1次世界大戦後、開発援助として莫大な資金が政府を通して途上国に注入されてきたものの、必ずしも経済発展に結びつかなかった。援助の行き詰まりと、1970年代に起きた世界的な不況により、途上国開発に対するアプローチは見直しを迫られていた。そこに現れたのがMCである。数字として結果が現れやすく、またプログラムとして持続性が認められたMCは注目を集め、MC機関は事業資金として国連機関や国際金融機関、また世界中の援助機関から潤沢な支援を得た。こうしてMCは国内外から賛美され、瞬く間に拡大していった。バングラデシュおよびその他の国々でも急速な拡大を見せるようになったMCは、2006年にムハマド・ユヌス氏がノーベル平和賞を受賞したことにより、注目のピークを迎えた。MCの拡大へとつながったもう1つの要素がある。それはバングラデシュの開発政策が政府主導下で遅々として進まないことである。その他の途上国にも見られるように、バングラデシュでは交通、医療、保健、通信、産業等ありとあらゆる分野においてインフラストラクチャーが未だ十分に整備されていない。1971年の独立以降、援助機関から資金を得たNGOが、政府に代わってそれらを補完する役割を果たしてきたのである。このような状況がMCを扱うNGO機関が活躍するフィールドを提供したといえよう。

　1970年代より活動してきたMC機関は、貧しい人びとのニーズに応じてMCプログラムの多様化を図り、やがて預金や保健、教育ローン等を含めたサービスを提供

するようになっていった。このようにMCと比較して幅広い分野におよぶ金融サービスはマイクロファイナンス（MF）と呼ばれる。MC機関としてスタートし、現在バングラデシュを代表するMF機関となったのがグラミン銀行、ブラック（BRAC : Bangladesh Rural Advancement Committee）、アシャ（ASA : Association for Social Advancement）である。これらの三大MF機関を中心とし、金融サービスがバングラデシュ全土に拡大していくにつれ、MFはある矛盾に突き当たった。MFは、貧困緩和を目的とした社会活動としてのツールでありつづけるのか、それとも一金融機関として経営効率を重視し、商業的側面を強化していくのか、という選択を迫られたのである。当初、草の根的な運動から始まったMF機関であったが、巨大化するにつれて組織の持続的経営といった観点から一金融機関としての商業的色合いを濃くしていかざるをえなくなった。MF機関の肥大化に伴い、MFは貧困を解決する手段としてではなく、比較的余裕のある貧困層をターゲットとして多様な金融サービスを持続可能な形で提供するようになったのである。ローンには事実上の担保が必要となり、使途も一般消費、住居工事費、結婚準備金等、多様化が確認されている。これは「ミッション・ドリフト（mission drift）」と呼ばれている。当初の理念から離れ、新たな段階を迎えたMFは貧困を解決することが目的ではなく、バングラデシュで金融サービスを請け負う銀行となった。これがバングラデシュ経済のコンテクストから見た現在のMFの姿である。

【深澤光樹】

第11章　中東・北アフリカ諸国の開発と危機
▶「アラブの春」という欺瞞

1　連鎖する民衆の怒り

　「アラブの春」と呼ばれる一連の民主化運動と独裁政権の崩壊は、北アフリカのチュニジアから始まった。かつて地中海交易の要衝として繁栄した都市国家カルタゴがあった場所である。1987年に大統領に就任したベン・アリ（Zine el-Abidine Ben Ali）のもとで、チュニジアは政情も安定し、先進国並みの社会・経済発展が進んでいる国家として称賛されていた。チュニジアの1人当たりGDPは、1961年は202ドルであったが、2010年にはおよそ21倍の4198ドルにまで達した。これは中東・北アフリカ諸国の平均より1000ドル以上高く、サハラ以南のアフリカ諸国の平均1301ドルの3倍である。[1] 1人当たりGDPの伸びだけをみれば、チュニジアは確かに「持続的な経済成長」を達成していたといえる。それではなぜチュニジアの民衆は政権打倒を掲げ、立ち上がったのだろうか。

　2010年12月17日、チュニジア中部の都市シディ・ブ・ジッドで、モハメッド・ブアジジ（Mohammed Bouazizi）[2]という1人の青年が焼身自殺を図った。ブアジジは、幼いころに父親を亡くし、野菜や果物の露店商として家族の生活を支えていた。しかし、ある日突然、無許可で路上販売をした罪で、政府当局に商売道具を没収されたのである。彼は何度も役所に赴き、没収された物品の返却を訴えたが、まったく聞き入れてもらえなかった。チュニジアでは、「公的」な許可を得るための賄賂が横行していたが、おそらく彼にはその選択肢はなかったのだろう。地中海沿岸部に比べ産業が乏しく、若年失業者が多い同地域において、定職に就くことができなかったブアジジは、こうして唯一の生活手段を奪われた。屈辱と失意のなか、彼は役所前の広場でガソリンをかぶり、自らに火を放った。それが最期の抵抗だったのかもしれない。ブアジジの悲惨な姿を目の当たりにした街中の人びとは怒りの声をあげた。炎に包まれるブアジジの画像とともに、彼らの激しいデモの様子がインターネットや衛星放

送を通じて瞬く間に拡散した。長い間、政府当局の横暴と大統領家族による国富の私物化に不満を抱えていたチュニジアの民衆は、シディ・ブ・ジッドの人びとに共鳴し、全国に抗議デモが波及した。治安維持部隊の暴力的な弾圧によって死傷者が続出したため民衆の怒りは頂点に達し、ベン・アリ打倒を目指す大規模な反政府運動に発展した。そして、ブアジッジの事件からわずか1カ月足らずの2011年1月14日、ベン・アリはサウジアラビアに逃亡し、独裁政権は崩壊した。

　長期独裁政権に不満を抱いていた多くの国民がチュニジア民衆の勇気を称賛した。とりわけ1981年以来、ホスニ・ムバーラク（Muhammad Hosni El Sayed Mubarak）が強権的な独裁体制を敷いていた。エジプトでは、チュニジアの反政府デモを受けて抗議運動が活発化した。2011年1月25日（怒りの日）にはカイロ中心部にあるタハリール（解放）広場に、合計で数百万人におよぶ民衆が集まり、ムバーラク政権打倒を叫んだのである。農村から都市まで全国に拡大した反政府運動に対し、エジプトの治安維持部隊も実弾で攻撃を加えたため、死傷者は6000人を超えたといわれている。しかし、民衆は「パンと自由、社会正義と人間の尊厳」を求め、抗議運動を止めなかった。ムバーラクは、ついに強大な力を誇るエジプト軍にも見放され、2011年2月11日に辞任に追い込まれ、政権は崩壊した。

　本章では、紙幅の都合上、すべての中東・北アフリカ諸国における「アラブの春」の展開過程について述べることはできない。しかし、前述したチュニジアのブアジッジ青年の事件は、中東・北アフリカ諸国の社会を映し出す象徴的な出来事であり、当該諸国に共通する特徴が指摘できる。すなわち、①独裁政権の腐敗、②強権的な治安維持機構、③肥大化した官僚組織、④若年人口の増大と深刻な失業、⑤階層間における格差、⑥経済構造の脆弱性、である。

　各国の危機的状況を把握するためには、両国においてこれら社会の不安定要素がどのように生み出されたのか、その要因と経緯を歴史的に検討する必要があるだろう。そこで本章では、19世紀以降、帝国主義列強が植民地を拡大させた世界、また、それら植民地の多くが政治的独立を達成した第2次世界大戦終結以降の世界において、チュニジアとエジプトを中心に中東・北アフリカ諸国を捉え、「アラブの春」に至るまでの両国の歩みを世界経済の枠組みから検

討する。そこから反政府運動の要因となった諸不安定要素の形成過程を明らかにし、「アラブの春」を展望する。

2 近代化政策の史的展開

(1) 帝国主義列強によるアラブ支配

1798年、ナポレオン（Napoléon Bonaparte）率いるフランス軍は、エジプトに侵攻した。エジプトの宗主国であるオスマン・トルコ帝国は軍隊を派遣し、フランス軍と戦闘を繰り広げた。そのなかで頭角を現し、後にエジプト総督に選ばれたのがムハンマド・アリー（Muhammad Ali）であった。彼は実質的な独立王朝を築き上げ、43年間にわたる統治（1805～48年）を通じて、エジプト国家の中央集権化を推し進め、近代化を目論んだ。

ムハンマド・アリーは、農産物輸出を拡大するために、運河開削、灌漑施設の改善、港湾の整備などのインフラ事業を推進した。そして、ヨーロッパ向けの小麦、大麦、タバコなど主要農産物の政府専売と輸出で得た利潤を資金源として、製造業（綿紡績、製糖、軍需産業）を育成した。しかし、近代化に向けて歩みだしたエジプトはその後、当時の覇権国家イギリスと経済的利害が衝突し、イギリスによって植民地化されていく。『アラブ経済史』を著した山口直彦は、その経緯を以下のように述べている。「エジプトは、工業化のために必要な鉄鉱石、石炭、木材などの資源を海外からの輸入に依存したため、外貨獲得を目的として、オスマン・トルコ帝国領のなかで支配地域を広げ、綿製品を中心とした輸出市場の拡大を図った。一方、覇権国家イギリスも主要輸出品である綿製品の海外市場の獲得を進めていた。〔…〕1840年、イギリスは、オスマン・トルコとエジプトの内戦に軍事介入し、エジプトに海外領土および関税自主権の放棄、政府専売制の廃止、軍備縮小を認めさせた。これを契機として、ヨーロッパ製品に市場を奪われ、農業剰余のはけ口が縮小したためエジプトの製造業は、その資金源を失い、瞬く間に衰退していった」[3]。

こうしたなか、ムハンマド・アリーの後継者たちは、近代的工業化と経済の多様化という自立的な方針を放棄し、主にヨーロッパ市場向けの綿花栽培（高品質の長繊維＝ジュメル綿）に特化した。近代エジプト社会経済史家の長沢栄治は、これらの後継者たちが、経済政策を転換した背景として当時のヨーロッパ・

アジア貿易の大きな構造変化をあげ、以下のように指摘している。「ヨーロッパによるアジア新航路発見と東インド会社などの重商主義戦略により、18世紀になると、中東からヨーロッパへの輸出品はかつての香辛料から、中東域内で産出されるペルシアのシルクやイエメンのコーヒー豆となった。つまり中東は、世界資本主義システムの発展の中で、中継貿易を担う世界商業の中心地から、ヨーロッパ向けの原材料・食料生産供給地へとしだいに変化していった」[4]。

　1861年、アメリカで南北戦争が勃発し、アメリカ南部のイギリス向け綿花輸出が減退したことを受けて、代替的にエジプトで大規模な綿花栽培が始まった。エジプトは、イギリスのランカシャー紡績産業のための綿花農場となった。莫大な外国借款をもとに鉄道、港湾、運河の大規模インフラ建設が開始され、外国資本と結託したエジプトの大地主らは、綿花栽培、農地・不動産の買収に明け暮れた。

　しかし、南北戦争終結とともに、エジプト綿花への需要は激減し、外貨収入が減少した。前述の山口によれば、当時のエジプトでは、歳入の8倍にも及ぶ外国借款を返済するために農民に重税が課せられ、財政破綻寸前に追い込まれていた。そこでエジプトは、資金調達のため国際スエズ運河株式会社の株式など国家の重要な資本をイギリスに売却した。イギリスとフランスを中心とする債権国は、エジプトに対して露骨な行政介入を行い、過重な債務返済を強いたため、農民はいっそう窮乏化したという[5]。

　こうしたなか、エジプト国内で反英民族主義運動が高まり、陸軍大佐アハメド・オラービー（Ahmed Orabi）が、民族主義内閣を樹立した（第1次エジプト革命）。イギリスは、この革命を封殺すべく本格的な軍事介入・占領を開始し、1882年、ついにエジプトを実質的な植民地としたのである。こうしてイギリスは、世界支配のための「二つの水路」（アジア支配の動脈に位置するスエズ運河、アフリカ支配の起点となるナイル川）を手にした[6]。

　ローザ・ルクセンブルクは、拡大する資本蓄積の源泉として暴力的な植民地支配と植民地貿易をあげ、帝国主義を批判した。「そこでは、先住民たちの生産手段と労働力の暴力的な強奪を伴い、資本は、非資本主義的な社会的結合を組織的かつ計画的に破壊し、絶滅させる。〔…〕エジプトの農民経済はヨーロッパ資本に食い尽くされた。すなわち、租税として国家に納められた膨大な土地、

無数の労働力、多量の労働生産物は、究極的には、ヨーロッパ資本に転化され、蓄積された」。前述の長沢も、20世紀初頭のエジプト経済について、「輸出総額の9割以上を原綿・綿実が占める典型的なモノカルチャー経済」とし、「この『白い金』が国富を生み出す源泉であった」ことを指摘している。

　第1次世界大戦後、エジプトにおいてイギリスからの独立を求める全国民的な民族運動が拡大し、闘争が繰り広げられた。イギリスは1922年にエジプトの独立を認め、ここに「第2次エジプト革命」が達成された。エジプトは、植民地時代に強化された綿花輸出依存から脱却するべく、国家主導で経済の多様化（工業化・石油資源開発・農業振興）を推進した。その原動力となったのが、ミスル財閥をはじめとするエジプトの民族資本であった（企業のエジプト化）。輸入代替化政策は一定の成果をあげ、製造業・農業を中心に生産力が増大した。

　しかし一方で、新たな灌漑システムの導入により地下水位が上昇し、塩害・病虫害が発生したためエジプトの農地は疲弊していた。そのため農地を利用するには化学肥料が必要となり、農業生産コストが大幅に上昇した。さらに耕地の拡大が人口成長に追いつかず、1929年の世界恐慌以降、世界市場で農産物価格が大幅に下落（最盛期の3分の1）したため破産する小農民が急増した。エジプトは、綿花依存経済を改革する必要に迫られていた。

(2)　フランスによるチュニジア保護領化

　19世紀中葉、オスマン・トルコ帝国の宗主権下、太守アフマド・ベイが統治していたフサイン朝のチュニジアでは、西欧諸国の侵略を防ぎ、オスマン帝国から自立を守るため、典型的な「富国強兵」・「殖産興業」政策が行われていた。以下、宮治一雄『アフリカ現代史Ⅴ　北アフリカ』に沿って概説する。

　チュニジアは、一連の近代化政策の遂行とともに、財政支出と資本財の輸入が増加し、金銀の流出、外債の累積を招いていた。国家財政が破産したチュニジアは、1869年にイギリス、フランス、イタリアによって財政の共同管理体制下に置かれた。チュニジアは、財政再建のため税制改革、輸出用農産物（オリーブ・ナツメヤシ）の生産奨励、関税改革などを推進したが、これに失敗し、ついに外国勢力の本格的な進出を招く事態となった。1878年のベルリン会議においてイギリスは、スエズ運河株の取得とキプロス占領の対価として、フラ

ンスにチュニジアにおける行動の自由を認めた。フランスは1881年にチュニジア派兵に踏み切り、1883年のマルサ協定締結をもってチュニジアを保護領とし、実質的な植民地支配を開始したのである。[10]

こうしてチュニジアは、1956年に独立を果たすまで、70年以上におよぶフランス統治下で、オリーブ、醸造用ブドウ、かんきつ類などの換金作物、リン鉱石、鉄鉱石などの鉱物資源をヨーロッパ市場向けに輸出した。エジプト同様、チュニジアにおいても1次産品輸出に依存した植民地経済・貿易構造が形成された。

(3) ナセル政権下のエジプト

1948年5月、アメリカの強力な後ろ盾のもとでイスラエル建国が行われた時、中東は激変の第一歩を踏み出した。アメリカは、中東におけるソ連の影響力を排除し、石油権益を確保しつづけるため、この地に強力な足場を築こうとしていた。王制下のアラブ5カ国（エジプト、トランスヨルダン、シリア、レバノン、イラク）は、「アラブの大義」を掲げ、イスラエルに闘いを挑んだが敗北し、パレスチナの地はイスラエルの占領下に置かれ、膨大な数のパレスチナ人が難民となった（第1次中東戦争）。この敗北を受けてエジプトでは、王制と軍幹部に対する青年将校の憤激が高まった。[11] 彼らは、王制の支配層によって派遣されたパレスチナの戦場において、帝国主義勢力およびイスラエルと共謀するエジプト王制こそ、最初に打倒すべき相手として認識したという。[12] 1952年7月、ナセル（Gamal Abdel Nasser）中佐は青年将校を率いてクーデタを起こし、エジプト国王ファールーク1世を追放した。その後、独裁体制を確立したナセルは、1955年、インドのネルー（Jawaharlal Nehru）らとともに、第1回アジア・アフリカ会議（バンドン会議）を開催し、「アジアとアフリカの政治的独立」の達成、そして「経済的・社会的・文化的解放」を勝ち取ることを誓った。

1956年10月、ナセルはイギリス支配下に置かれていた「スエズ運河」の国有化を宣言し、そこから得られる通行料などのレントを、大規模国家プロジェクトのアスワン・ハイダム建設資金に充てることを画策した。[13] この措置に危機感を覚えたイギリス、フランス、イスラエルがエジプトに進撃したが、アメリカが3国連合軍に一切の戦闘行為を停止するよう求め、連合軍は即時撤退した

（第2次中東戦争）。アメリカの介入により連合軍に勝利したナセルは、アラブ民族運動の盟主としての地位を不動のものとした。[14]

ナセル政権下のエジプトでは、ムハンマド・アリーによる「第一の近代化」が達成できなかった開発と社会的公正（＝平等）の両立、西欧資本主義に従属しない自立経済の建設が目標とされた。[15] ナセルは、国家主導で輸入代替工業化を推進し、また、基礎的な生活物資のための政府補助金をはじめ、教育、医療、福祉関連の支出を増大させた。しかし、貧困層の生活向上を目指した一連の社会主義的な政策は、エジプトにさらなる財政収支の赤字をもたらした。そして、年率2.6％を超える人口増加によって食料品輸入が急増し、工業化推進のために必要な生産財・中間財の輸入も増加したため貿易収支も同様に悪化していった。さらにナセル政権下で急激に進められた国有化によって公共部門は肥大化し、国営企業の過剰雇用と非効率性が問題となった。賃金も産業の生産性向上をはるかに上回るペースで引き上げられたため、エジプト経済は典型的なハイコスト・エコノミーとなった。[16] こうしたなか、人民の名において、エジプト軍部のエリート層の多くが国営企業・基幹産業の経営者となり、脱税、縁故、放漫経営などの腐敗が進んだといわれている。[17]

(4) チュニジアの経済開発（独立後から1970年頃まで）

チュニジアはフランス軍との激しい闘争の末、1956年に独立を勝ち取った。民族解放運動の「英雄」ハビブ・ブルギバ（Habib Bourguiba）初代大統領は、国家の「近代化」と社会の「世俗化」を目標に掲げ、強権的な指導力を発揮した。1957年には、ヨーロッパ経済共同体（EEC）が設立され、ヨーロッパ共同市場の創出が開始された。チュニジアをはじめ周辺諸国は、開発政策を次第にヨーロッパの戦略の規範に従わせることになった。チュニジアは、主にアメリカ、フランスからの資金援助を受けながら保護領時代からの基幹産業である農業（大麦、小麦、オリーブ、かんきつ類、醸造用ブドウなど）を集団化・機械化し、政府主導の工業開発（食品加工業・伝統的手工業の組織化・近代化）を進め、さらに観光産業を振興した。旧宗主国フランスは、第1の貿易相手国だったが、国内に残るフランス軍基地の返還を求める民衆運動が高まり、軍事衝突にまで発展したため両国の関係は緊迫した。これを受けてフランスが経済援助を停止し、

特恵的な関税同盟を破棄したためチュニジア経済は大打撃を受けた。

こうしたなか、ブルギバは、チュニジア労働総同盟 (UGTT) の元書記長で社会主義者のアハメッド・ベン・サラー (Ahmed ben Salah) を経済・計画・金融大臣に任命し、1961年から1969年までの間、国家主導の開発政策を実施した。福田邦夫は、この時期に現代チュニジア経済の基本構造が確立・強化された点について以下のように述べている。「ベン・サラーは、公共部門の拡充・強化、インフラ・基幹産業への重点投資（国営化）を行い、チュニジア経済の基盤となる軽工業と観光産業を育成した。そして、このような一連の経済改革によって必然的に巨大な官僚群が構築された」[18]。他方、西側諸国および国際金融機関は、チュニジアの社会主義的な政策を警戒し経済援助を停止した。その結果、チュニジアの生産活動は大幅に減退した。さらに1969年にはチュニジアで大旱魃が発生したため食糧不足が深刻化し、インフレの悪化、失業率の上昇と相俟って国内に閉塞感が漂っていた。ブルギバは、自ら登用したベン・サラーを突如解任し、国を誤った道に導いた罪で投獄した。そして、当時の中央銀行総裁ヘディ・ヌイラ (Hédi Nouira) を首相に任命し、漸次的に自由主義経済への転換を図ったのである。これを契機として諸外国および国際金融機関からの食糧・資金援助が再開され、チュニジアは辛うじて経済運営を立て直した。

3　自由主義経済への転換期

(1)　エジプト・サダト政権と国際資本の再配置

20世紀初頭に中東で膨大な石油鉱床が発見されて以来、当該地域における石油資源は、アメリカやイギリスを中心とする国際石油資本（メジャー）の専一的支配下に置かれていた。1960年9月、イラク、サウジアラビア、クウェート、イラン、ベネズエラの5カ国は、イラクの首都バグダッドに結集し、メジャーが支配している石油資源は国家主権の侵害であると激しく糾弾し、原油価格の防衛を目的として、石油輸出国機構 (OPEC) を結成した[19]。

アメリカやイスラエルは、アラブ民族運動の高揚と連動したアラブ諸国の動きに危機感を抱いていた。1967年の第3次中東戦争[20]はこうした脈絡においてアラブ諸国を軍事的に封殺するために行われた。イスラエルに大敗を喫したエジプトでは、1970年にナセルが心臓発作で急死したため、革命の同志で当時

副大統領だったサダト（Anwar El Sadat）が大統領に就任した。サダトは1973年10月6日、横暴をきわめるイスラエルを牽制するため、アラブ産油国の支援を受けて、シリア、ヨルダンと呼応してシナイ半島に駐留しているイスラエル軍を急襲した。この奇襲攻撃によりエジプトはシナイ半島のイスラエル占領地の一部を奪還し、歴史的勝利を収めた（第4次中東戦争）。この戦争において、OPECは、イスラエルに味方する諸外国の経済に打撃を与える目的で、原油の公示価格を一気に引上げる石油戦略を発動した。さらにアラブ石油輸出国機構（OAPEC）は、原油の対米禁輸およびその他の国に対する供給削減を決定した（第1次石油危機）[21]。

　折しも1970年前後は、アメリカがベトナム戦争の泥沼に陥り、さらに世界各地で深刻な資本蓄積危機の徴候がみられていた。鉄鋼、自動車、電子機器など多くの主要産業部門の利潤率が低下し、失業率とインフレ率が上昇、世界的規模の「スタグフレーション」をもたらしていた[22]。こうしたなか、石油価格の急激な上昇が世界経済にさらなる打撃を与えた。「先進工業国」における産業構造の転換が加速化し、いわゆる「工場逃避」、「産業の空洞化」が顕著となった。

　他方、第三世界では資源ナショナリズム[23]の高まりとともに、既存の先進工業国および多国籍企業中心の国際経済秩序の変革を求める声が高まっていた。1974年の国連資源特別総会で「新しい国際経済秩序樹立に関する宣言」と「行動計画」が採択された。「新国際経済秩序」（NIEO）は、第三世界諸国が自律的で工業化された国民経済を確立し、世界貿易に新しい生命を吹き込むことを目的としていた。しかし一方で多国籍企業は、前述した資本蓄積危機を回避する手段として、「資本」の完全な支配下における世界的規模の産業の再配置を目論んでいた。サミール・アミンは、この点について以下のように指摘している。

　「国際資本の再配置戦略とは、ヨーロッパの先進工業国をはじめ中心国の消費者の利益（低価格の必需品など——引用者）のために、周辺国の低賃金労働に基づく労働集約的産業を利用したものだった。構想された国民的な工業化は、貧困層の生活水準を改善するのではなく、中間層の需要を満たすことを意図していた。また基礎的食糧への需要はこれら中間層ではなく貧困な大衆の関心事

第11章　中東・北アフリカ諸国の開発と危機

だったが、富裕層のための果物・野菜・食肉などの生産（投機的な農業）が大衆のための基礎的な穀物生産よりも優先されたのである。エジプトはアラブ資本や国際資本によってこのような方向へすすめられた恰好の一例である。」

OPECによる石油価格引き上げ以降、サウジアラビアをはじめ産油国には、膨大なオイルマネーが流入していた。これらの余剰資金は、先進工業国製品の輸入（消費）に使われ、さらに貨幣資産の形で運用するために、欧米の商業銀行に預けられた。そして、オイルマネーは、国際収支の慢性的な赤字と累積債務を抱える途上国に対し、主に「開発投資」、「国際援助」として流入した。

エジプトでは、1973年の第4次中東戦争に勝利したことで、サダトが内外における威信を確立していた。サダトは、それまでのナセル主義と決別し、1974年に経済門戸開放政策（インフィターハ）を打ち出した。エジプト社会を西側諸国の経済的な要求に従って開放するべく、1974年にはIMFと連携し、新経済対策法を定めた。自由主義経済を歓迎したヨーロッパおよび湾岸諸国からの資本流入が大幅に増大し、エジプトは高率の経済発展を遂げた。しかし、その経済成長の陰で、人口増加による食糧品・消費財の輸入が増加し、開発投資の活発化に伴う資本財、中間材輸入が増大したことにより、史上最高の貿易収支赤字を計上した。財政危機に陥ったエジプトに対し、1976年には世銀・IMFが為替・価格自由化、緊縮財政を勧告した。これを受けて、エジプト政府が基礎的食糧品への補助金削減を計画したため、民衆による食糧暴動（1977年）が発生した。貧困層の負担を増やす政策の実行は困難であることが明らかになりサダト政権は経済政策の変更を迫られたのである。

サダトは、エジプト国内の閉塞的な状況を打破すべく、1978年にアメリカのキャンプ・デーヴィッドにおいて、カーター大統領（James Earl Carter）の仲介のもとイスラエルのベギン首相（Menachem Begin）と会談を行った。1979年には、イスラエルと和平条約を締結し、エジプトは、イスラエルからシナイ半島を取り戻した。そしてサダトは、アラブ諸国の総意に反して親イスラエル路線をとったことで、アメリカからの多額の軍事・経済援助を取りつけ、ヨーロッパ諸国からの援助・投資を促進させることに成功したのである。

(2) チュニジアの経済危機と混乱

1970年代以降、チュニジアは、欧州への1次産品（農産物・鉱産物）輸出よりも、輸出主導型の軽工業（繊維・加工食品）輸出を振興した。ヌイラ首相は、製造業の設立・運営・外貨導入の許認可・監督業務を一元的に実施する機関として、「投資促進庁」を設立し、外国資本の誘致に力を入れた。前述した「先進工業国」内の産業構造変化もあり、チュニジアには、西ヨーロッパの繊維メーカーが次々と進出した。1973年から1981年までの外国資本による対チュニジア投資件数853件のうち、66.6％にあたる556件が繊維部門であった。[27] 外国企業は下請け子会社の形態でチュニジアに進出したが、その目的は、単純な生産過程に従事する低コストの労働力の確保であった。

チュニジアでは外国投資が増加する一方、世界規模の景気停滞の影響でヨーロッパ向けの輸出が伸び悩み、貿易赤字が拡大していた。この時期には、すでに若年層の大量失業が深刻な社会問題として表面化し、ブルギバ政権に対して不満を抱く人びとが増えていた。国内の治安は悪化の一途をたどり、国全体が不穏な空気に包まれていた。1980年代初頭の世界市場における1次産品価格の下落、最大の輸出先であるEC諸国の景気後退により、チュニジアは原油とリン鉱石の輸出収益が減少した。さらにEC諸国からの移民送金と観光収入も激減した。チュニジアの経常収支赤字はさらに増大し、対外累積債務が膨らんだ。チュニジア政府は、国家財政を健全化させるという理由で、パンや小麦をはじめとする生活必需品への補助金を撤廃し、教育・福祉などの社会保障費の削減を段階的に実施した。ただでさえ開発が遅れていた内陸部と南部地域の人びとは、前年からつづく大旱魃の影響もあり、都市部よりもさらに困窮化した。

1983年12月から1984年1月にかけて、南部で大規模な食糧暴動が発生し、全国的な暴動に発展した。治安維持部隊による弾圧によって数百人を超える市民が命を奪われたが、皮肉なことに、この暴動の鎮圧を指揮した国家安全保障局のトップが、後に大統領となるベン・アリであった。これは、「暗黒の木曜日」といわれ、今も人びとの記憶に深く刻まれている。[28] 南部や中西部を中心に民衆による抵抗運動は、小規模なものも含めて断続的に行われ、その度に治安維持部隊に鎮圧されていたことを忘れてはならない。

1986年には、チュニジア経済は危機的状況に陥った。1年間の総輸出額に対

する対外債務の返済比率（DSR）が危険ラインとされる30%にまで達し、外貨準備高も激減した。チュニジア政府は対外債務返済の不履行を宣言し、IMFの「構造調整政策」を受け入れることを決定した。それは国家の経済運営がIMF指導下に置かれ、市場原理にもとづく自由化が徹底的に追求されることを意味した。「独立の英雄」ブルギバの権威は瞬く間に失墜していった。この国内経済・社会の混乱に乗じて、当時首相にまで上り詰めていたベン・アリが、1987年11月、無血クーデタによってついに大統領の座を手に入れた。

　ブルギバやナセルをはじめ、「英雄」たちは、人びとが「期待した」国家を築くことができなかった。政治的自由は達成されないまま、耐え難い経済格差が社会に蔓延し、彼らは民衆の信頼を失ったのである。ウォーラーステインは、この点に関して以下のように述べている。「国家権力を手に入れた『革命家』は、自国の労働者に対して、彼らがその国の経済を『開発=発展（ディヴェロップ）』していると説き、それら労働者階級に対して、経済成長の果実が彼らの生活状況を改善するようになるあいだ忍耐が必要であると説いた。また彼らは生活水準についての忍耐を説いただけではなく、政治的平等の不在についても忍耐を説いたのだ」[29]。

4　深化する世界経済への統合

(1)　ベン・アリ政権下の経済政策と債務

　チュニジアは、1987年のベン・アリ政権発足当初からIMFの勧告に従い緊縮財政と対外開放政策を進展させていた。内政面では、1991年に勃発したアルジェリアの内戦を受けて、イスラム勢力によるテロに対して警戒を強め、国内の反政府勢力への抑圧と情報統制を本格的に実施した。そして、1994年に世界貿易機関（WTO）に加盟し、1995年からは先進工業国主導の「EU・地中海自由貿易圏構想」の枠組みのなかで、ヨーロッパ企業の「作業場」としての経済成長モデルを推進した。同構想は、欧州・地中海パートナーシップ（バルセロナ・プロセス）を基礎とし、両地域間が繁栄を「共有」することをめざしているが、実際には、グローバル資本のために「投資・生産・貿易」に関する障壁の撤廃を加速化させることが最大の目的といえる。

　ベン・アリ政権は、産業基盤のあったチュニス大都市圏、沿海部の都市を中心に外国直接投資（FDI）誘致に力を入れた。ビゼルトやジェルバなどの「自

由加工区(経済特区)」では、低廉な労働力を利用して、主にEU企業から委託加工された繊維・皮革製品、電子機器、自動車部品を輸出していた。その他の主要な輸出品目としては、リン鉱石、リン酸塩などの鉱物資源、オリーブオイル、小麦、ナツメヤシなどの農産物、魚類、甲殻類などの水産物があげられる。また原油、石油精製品も輸出されており、輸出額の約10％を占めるが隣国のリビア、アルジェリアと比べると少量であり、輸出における構成比も低いといえる。

　1987年から2010年までの間、チュニジアは国家の基幹産業である電力・通信・資源部門を含む219の国営企業を民営化した。2005年以降は、FDIが急増したが、これらは主にチュニジアのエネルギー部門の民営化、観光、不動産、オフショア産業部門に流入した。2010年には、チュニジアにおける全民間投資の24％がFDIであり、全新規雇用の24％を占めた。[30] 外国企業による輸出指向型の投資は、「自由加工区」をはじめ、港湾設備の整った地中海沿いの都市に集中したが、それに拍車をかけたのがベン・アリ政権の縁故主義(ネポティズム)だった。ベン・アリは自身の出身地域であるスース(Sousse)近郊を中心に、地中海沿岸部への投資を促進したといわれている。一方で、内陸部、南部砂漠地方には、衰退しつつある農業と一部地域にリン鉱石産業があるのみで、そのほかは、観光部門以外は、めぼしい産業が育たなかった。[31] ヨーロッパやチュニス大都市圏へ出稼ぎに行く若者は、同地域出身者が最も多い。今も約110万を超えるチュニジア人が海外で暮らしており、2010年には本国へ20億3000万ドルの移民送金があった。これはチュニジアのGDPの約4.6％にあたる。

　ベン・アリ政権下、フランス、イギリス、湾岸諸国などの多国籍企業は着実に収益をあげたが、チュニジア政府が国民に約束していたFDI誘致による新規雇用は伸び悩んだ。他方でチュニジアは、外部資金と技術援助に依存することによって、ヨーロッパ市場向けの軽工業に資本と労働力が吸収された。したがって、国民のための基礎的生産物を国内で生み出せず、輸入によってそれらを賄わなければならないのだ。こうして外貨獲得が国家の重要政策となった。独立以降、増加の一途をたどる対外累積債務は、図11-1で示したように、2011年には、223億ドルにまで達した。チュニジアが、どんなにヨーロッパの「作業場」として輸出をつづけても、国家を運営する上で、相変わらず国際金融機

関や各国からの資金援助に頼らざるをえない構図が浮かび上がる。IMF・世界銀行の「優等生」と称されるチュニジアは、毎年平均7億ドルの利子を債権者へ返済しつづけている。

(2) ムバーラク政権下の経済開発

　エジプトでは、1981年10月6日、第4次中東戦争の勝利を記念するパレードの最中、イスラエルとの和平協定に反対するイスラム主義勢力のジハード団の手によってサダトが暗殺され、当時副大統領だったムバーラクが大統領に就任した。ムバーラクは、サダトの自由主義経済路線を基本的に踏襲しつつも、より生産部門の振興に重点を置き、生産サービスに対しても門戸を開放したため運輸・通信・電力部門に投資が集中した。これにより一時的ではあるが、エジプトは高成長を記録した。しかし、ナセル時代に肥大化した公的部門を抱えながら、対外債務に依存した成長戦略をつづけていたため、国内経済の不均衡が徐々に広がった。1980年代後半には、石油価格が急落したことにより経常収支が一段と悪化した。図11-1からも明らかなように、この時期エジプトは巨額の財政赤字と対外債務を抱えていた。1989年にはDSRが75％にまで達したのである。消費者物価上昇率も21.2％を記録し、エジプト経済はまさに破綻寸前だった。

　ムバーラク政権における大きな転換点は、1990年のイラクによるクウェート侵攻だった。アラブの「盟主」エジプトが、イラクの軍事行動を非難し、アメリカ主導の多国籍軍に参加したのである。この戦争への貢献によって対米軍事債務の帳消し（76億ドル）をはじめ欧米諸国との間で、300億ドルを超える債務の免除を取り付けたため、対外累積債務が大幅に減少した（図11-1参照）。さらに1991年には、IMFの「経済改革と構造調整プログラム（ERSAP）」を受け入れ、徹底的な民営化と規制緩和、財政・金融引き締めによって経済構造改革を断行した。エジプトがこの時期に新自由主義政策を促進した背景には、ソ連の解体による社会主義的イデオロギーの衰退、東アジアのNIES（新興工業経済地域）における輸出指向型発展モデル、ワシントン・コンセンサスにもとづく国際金融機関の圧力があった[32]といわれている。

　エジプトは、1995年にWTOに加盟し、1997年に汎アラブ自由貿易地域

図11-1 対外累積債務の推移

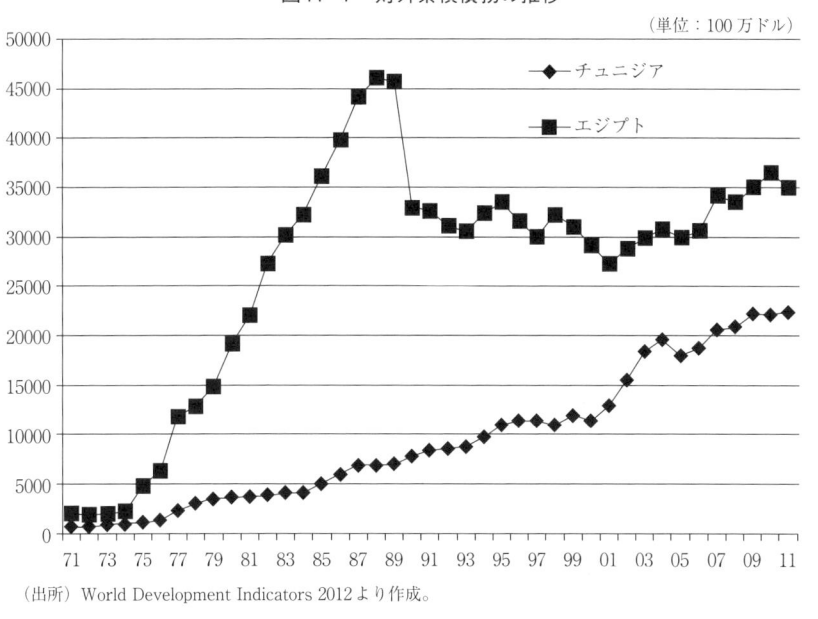

(単位：100万ドル)

(出所) World Development Indicators 2012より作成。

(PAFTA)、1998年には東南部アフリカ共同市場 (COMESA) に加入した。ムバーラクは、1999年の演説で「輸出は生か死かの問題」と国民に訴え、輸出促進が国家的課題であることを強調した。スエズ湾に特別経済区、アレクサンドリア、カイロのナスルシティを中心に自由貿易地域、さらにQIZといった特別加工区域を設け、貿易の振興を図った。エジプトは、自由貿易を推進し、産業の多様化をめざしているが、輸出に占める石油・天然ガスの割合が依然として高く（約30％）、基本的には低付加価値の生産物を外部市場に向けて輸出しつづけている。

しかし、この外部依存型の貿易構造は、国際的な政治情勢と世界経済の景気変動によって直接的な打撃を受けやすい。2001年の9・11米国同時多発テロに端を発するアメリカの新保守主義的な軍事行動（アフガン戦争、イラク戦争）によって国際情勢が緊迫した際、エジプト経済は急速に停滞したのだ。

アメリカはこの時期、「テロとの戦い」を掲げ、中東・北アフリカの独裁国家がテロリストの温床となっているとし、「中東の民主化」、「中東地域の安全

第11章　中東・北アフリカ諸国の開発と危機 | 229

保障」を戦略目標として定めた。そして、「テロとの戦い」に協力を表明した当該地域の親米諸国へ対外軍事融資プログラム（Foreign Military Financing Program）を実施したのである。年間13億ドルにおよぶ軍事援助は、エジプトにおいて、軍傘下の企業による軍需品の製造とアメリカ製武器購入にあてられた。

　新自由主義が世界を席巻した2000年以降、多くの途上国は、「市場経済導入・貿易自由化・民営化」圧力に屈し、国有企業を多国籍企業に売却したが、エジプトにおいても、経済運営の本体はネオリベラルが主導していた。1991年から2010年までに約100万人の労働者が解雇されたといわれている。他方、エジプト軍部の企業群は民営化の対象外であり、それどころか、新たに民営化される国営企業の取得権が優先的に軍幹部に与えられたという。[34]

　エジプトのGDPの3割を占めるともいわれる軍部経済とも関連するが、GDPで示される数字上の「成長」を支えている重要な要素は外貨収入である。エジプトで毎年計上される莫大な貿易赤字を「スエズ運河通行料」、「観光収入」、「移民送金」、「イスラエルへの天然ガス・石油輸出」、そして「海外からの直接投資・援助」で補填しているのだ。経済発展のため、借り入れを継続するエジプトの対外債務は、2006年に306億ドル、2011年には350億ドルにのぼったが、この間、元本と利息だけで240億ドル返済していた。[35]

　国家が債務を積み重ねるなか、エジプトでは新自由主義政策の「恩恵」を受ける新興資本家層が形成された。ムバーラクの次男、ガマールは、カイロ・アメリカン大学を卒業後、バンク・オブ・アメリカに勤務し国際金融市場で経験を積んでいた。ガマールは、2000年代にエジプトの国営資産の処分、国有企業の民営化において指導的役割を果たし、金融面でのグローバル化を推し進めた。そして、民営化に参入し巨万の富を得た新興資本家らを政治の世界に引き込み、政治的野心と利権にまみれた一大グループを形成したのである。[36]

(3)　潜在的不満層の増大

　チュニジアにおいて、ベン・アリ政権の腐敗が急激に蔓延し始めたのは、2004年頃からだといわれている。金融、マスメディア、観光、運輸、製造業、エネルギー産業など国内の主要産業が、「マフィア」と称されるベン・アリ夫

人家族（トラベルシ）と、一部の政治・経済エリートに掌握されていた。チュニジア国内で企業活動をする場合、特に巨額の利益を生むようなプロジェクトには、必ずこのトラベルシ一族が関与していた。民衆は、彼らがベン・アリ一族になった途端、富と権力を手にし、国家を私物化したことに憤りを覚えていた。

　チュニジアでは、1962年から2010年の間に、「輸出に占める工業品の割合」が8.5％から76％に飛躍的に上昇した。これは一見、産業構造の高度化が達成されたかのようである。しかし、**表11-1**に示されたように、①製造業1人当たりの付加価値額と②2008年の「GDPに占める製造業の割合」を見るとチュニジアは①414.7ドル、②16.5％、エジプトは①278.9ドル、②15.7％であり、一方で東アジア諸国（高所得国を除く）は、それぞれ①632.5ドル、②29.5％であった。東アジア諸国の製造業に比べて、チュニジア、エジプトの両国の製造業は低付加価値だといえるだろう。ナセルとブルギバの時代から、両国は債務とFDI誘致を繰り返し、「産業の高度化」をめざしてきた。しかしながら両国の貿易・産業構造において求められる労働者の多くは、条件が合わなければすぐに代替することが可能であり、必ずしも専門性や高学歴は必要ないといえる。両国では全般的に、若者に対する労働市場からの雇用供給は限定されている。海外企業との合弁企業を設立して創出しようとする雇用と、その他の国内雇用の合計よりも、毎年「労働市場」へ送り出される人びととの方がはるかに多いのだ。現に多くの若者が失業しており、辛うじて職を得た人びと（インフォーマル部門含む）も、不安定な雇用形態のもと、本来の自分が信じる能力には一致しない、不本意な社会生活を送っている。エジプトやチュニジアが達成したとされる「経済成長」の陰で、こうして「潜在的不満層」が形成されていった。

　そして2008年の世界金融危機以降、原油・原材料価格が高騰し、両国においてインフレが悪化したが、労働者の賃金はまったく上昇しなかったため、これまで以上に人びとの生活は圧迫されていた。それにもかかわらず、当時チュニジアでは、ベン・アリ政権による独裁体制の継続が予想され、エジプトでは、世襲によるガマールへの権力移譲が予定されていた。「政治的自由の封殺」と「不均衡な富の分配」が世界規模の経済危機によって加速し、民衆は、耐え難い閉塞感と不平等感を募らせていた。こうした脈絡のもとで、2010年12月、チュ

表11-1　製造業の成長　(2008年)

	①製造業1人当たり付加価値額（ドル）	②GDPに占める製造業(%)	GDPに占める製造業の推移00～08年(%)
アラブ諸国	381.4	12.1	0.85
エジプト	278.9	15.7	-0.68
モロッコ	219	15.9	-0.81
チュニジア	414.7	16.5	-1.12
途上国	412.9	21.7	1.14
東アジア諸国	632.5	29.5	1.49

(出所) Magdi Amin et al, *AFTER THE SPRING : Economic Transitions in the Arab World*, Oxford University Press, 2012, p.115.

ニジアでモハメッド・ブアジッジの事件が勃発し、大規模な抗議行動へと発展したのである。

5　「アラブの春」という欺瞞

　ベン・アリ政権崩壊後、チュニジアでは総選挙までの移行期間に、ブルギバ時代に主要な閣僚を務めたベジ・カイード・エセブシ（Béji Caïd Essebsi）を首相とした暫定内閣が政権を担った。自由を謳歌する民衆の高揚感に合わせるかのように同内閣は、「経済社会発展戦略2012－2016」[37]を発表し、地域格差の是正、雇用創出、技術革新による成長モデルを打ち出した。同戦略には、FDI誘致と海外からの資金援助によって所期の目標が達成されることが記されていた。そして、2011年10月に事実上初の民主的な総選挙において勝利したイスラム主義政党アンナハダ（Ennahda）も、基本的に同様の経済政策を踏襲した。

　国内外を問わず高等教育を受けたチュニジアの若者たちの多くは、新自由主義的な経済政策を深化させることに迷いがなかった。先進国からの借款とFDIを引き寄せれば、産業の多様化と雇用創出、そして段階的な技術移転が起こり、チュニジアが目覚ましい経済発展を遂げるというのだ。しかし、ここで注意すべきは、先進工業国、国際金融機関、湾岸産油国からチュニジアへ流入する資本の特質であり、さらにその受け皿としてのチュニジアの経済構造であろう。いわゆる「アラブの春」以降も勢力を維持しているチュニジアの資本家層および強固な官僚機構が、多国籍企業の資本投下に連動し、チュニジア経済を牛耳るならば、それはベン・アリ支配体制と根本的な違いはないといえる。

一方、エジプトでは、ムバーラク退陣後、全権がエジプト軍最高評議会に委譲された。エジプト軍は今回の政変で中立的、抑制的な行動をとったことで、その権威を維持したのである。しかし山口が指摘するように軍は過去4代の大統領を出してきたいわば「旧体制」そのものである。[38]

　2012年5月から6月にかけてエジプト史上、初めて行われた民主的な大統領選挙において、ムスリム同胞団傘下の自由公正党から出馬したモルシ（Mohamed Morsi）が勝利した。モルシは、就任後まもなく軍最高評議会議長で国防相のタンタウィを解任した。そして、2013年4月には、これまで大統領の影響下にあった中央会計検査機関を独立させ、エジプト軍部の経済活動に対する監督を強化することを決定した。タンタウィ解任後、国防相に就任したシーシー（Abdel Fattah al-Sisi）は、2012年9月の時点で、「エジプト1・25革命」後の国内の治安回復・国家安全保障のためには、政治・経済・社会の発展が必要とし、エジプト軍は経済面でこれを全面的に支援すると述べていた。[39] 軍の既得権益に切り込もうとするモルシ政権を軍の支配層が警戒していた可能性は高い。こうしたなか、一向に回復しない経済状況と治安の悪化、そして、イスラム色の強い憲法が制定されたことにより、エジプト社会の亀裂が深まった。ムスリム同胞団を支持する人びとと、モルシ政権打倒を旗印に「新たな革命」を求める人びととの対立だ。

　2013年7月3日、大規模な反政府デモの拡大を受け、「内乱の危機を回避する」という名目でついに軍部が介入し、モルシ政権を崩壊させたうえ、モルシを筆頭にムスリム同胞団幹部らを逮捕した。そして、エジプトの治安維持部隊は、8月14日、モルシの復権を求め、デモに参加していた約850人の一般市民を虐殺したのである。こうしたなかサウジアラビアやUAEなどの湾岸諸国は、「盟友」であるエジプト軍部暫定政権を支持し、潤沢なオイルマネーをエジプトの復興資金として援助を行っているのだ。

　これまでエジプトとチュニジアの独裁政権は国民に対して「民主化」と「開発」の成果を巧みに喧伝しながら、治安維持機構の圧倒的な武力と情報統制によって「反乱」分子を抑え込んできた。しかし、これら独裁政権がとった抑圧的な政策は2011年の「革命」によって、その限界を露呈したはずである。それにもかかわらず、「革命の守護者」を名乗るエジプト軍部、ムバーラク政権

の残党、そして司法関係者らは、革命前と変わらない強大な力を厳然と維持している。そして、国家の「安全保障」と「経済発展」の名のもとに、悪名高い「国家非常事態法」を用いて、国民を弾圧することも厭わない。民衆革命に希望を託した人びとの多くは、一向に回復しない治安や経済情勢の責任をイスラム主義政権の失政に求めた。しかし、混迷を深めつつある時こそ、政治変動前と変わらず維持された構造に厳しい眼差しを向けるべきではないだろうか。アラブに春はまだ訪れていない。

1) World Development Indicators 2011参照。WDIにおいて中東・北アフリカ諸国は、エジプト、リビア、チュニジア、アルジェリア、モロッコ、ヨルダン、レバノン、シリア、パレスチナ（ヨルダン川西岸・ガザ地区）、イラク、バーレーン、クウェート、オマーン、カタール、アラブ首長国連邦、イエメン、サウジアラビア、イラン、イスラエル、マルタ、ジブチの計21カ国を指す。
2) 人口約4万人の街で、農業と牧畜業が中心。チュニジアの人口は約1070万人（2013年）。面積は日本の約5分の2にあたる16万2155km^2。その国土は、地中海沿岸部、北部の草原地帯、中部のサヘル地域、南部のサハラ砂漠に大きく分かれ、気候・風土に地域的特性がある。
3) 山口直彦『アラブ経済史―1810～2009年』明石書店、2010年、38、41～47頁。
4) 長沢栄治『エジプトの自画像―ナイルの思想と地域研究』東京大学東洋文化研究所、2013年、25頁。
5) ［山口］前掲書、2010年、54～56頁。
6) ［長沢］前掲書、2013年、32頁。
7) ローザ・ルクセンブルク（太田哲男訳）『資本蓄積論（第3編）』同時代社、2001年、81～83、185頁。
8) 長沢栄治「経済改革問題の歴史的経緯」山田俊一編『エジプトの政治経済改革』所収、アジア経済研究所、2008年、91頁。
9) 山口は、大戦間期のエジプトについて、「民族資本の台頭や大都市の繁栄といった明るさと農村部の悲惨さが共存していた」と描写している。［山口］前掲書、2010年、87、91頁。
10) 宮治一雄『アフリカ現代史Ⅴ 北アフリカ』山川出版社、1978年、49～53頁。
11) 福田邦夫「アラブ・アフリカの苦悩」岩田勝雄編『21世紀の国際経済―グローバル・リージョナル・ナショナル』所収、新評論、1997年、214～215頁。
12) パレスチナの解放闘争とアラブの民族民主革命をめぐる関係・展開については、栗田禎子「アラブ民族主義とパレスティナ民族主義」歴史学研究会編『第三世界の挑戦―独立後の苦悩』所収、東京大学出版会、1996年、155～190頁を参照。
13) アスワン・ハイダムは、ギーザの大ピラミッドの17倍の大きさを誇る、現代人類による最大の人工建造物の1つである。その用途は、灌漑、洪水防御、水上交通、電力開発

など多岐にわたる。同ダム建造の背景、さらに環境に与えた諸影響については、［長沢］前掲書、2013年、270〜285頁を参照。
14）［福田］前掲書、1997年、215〜216頁。
15）［長沢］前掲書、2013年、36頁。
16）［山口］前掲書、2010年、128頁。
17）Zeinab Abul-Magd, "The Army and the Economy in Egypt", *Jadaliyya*, December 23, 2011（http://www.jadaliyya.com/pages/index/3732/the-army-and-the-economy-in-egypt）2013年9月18日アクセス。
18）福田邦夫「グローバリゼーションとジャスミン革命」『アジア・アフリカ研究』第52巻第3号、2012年、49頁。
19）2013年現在、加盟国は以下の12カ国。アルジェリア、リビア、サウジアラビア、イラン、イラク、クウェート、カタール、アラブ首長国連邦、ナイジェリア、アンゴラ、ベネズエラ、エクアドル。
20）この戦争でエジプトは、イスラエルにシナイ半島を占領されたため、合計で年間およそ4億2000万ドルにのぼるスエズ運河の通航収入とシナイ半島の油田地帯からの石油収入、かんきつ類の輸出収入（ガザ地区向け）を失い、沿岸漁業と観光業も大打撃を受けた。エジプトは低成長の悪循環に陥った。［山口］前掲書、2010年、129頁。
21）［福田］前掲書、1997年、214〜219頁。
22）アメリカは、ベトナム戦争につぎ込んだ莫大な戦費も重なり、天文学的な財政収支と貿易収支の赤字を抱えていた。ニクソン大統領（Richard Milhous Nixon）は、1971年8月、突如として金ドル交換停止を宣言し（ニクソン・ショック）、戦後世界経済の大きな枠組みであったブレトンウッズ体制が終焉した。
23）ヴィジャイ・プラシャドは、旧植民地諸国の人びとが連帯し、アメリカとソ連の二極に属さない第三極として、帝国主義に対抗する一連の運動を「第三世界のプロジェクト（思想・諸機関・制度の総体）」と呼んだ。ヴィジャイ・プラシャド『褐色の世界史—第三世界とはなにか』水声社、2013年、14頁。
24）サミール・アミン（久保田順・戸崎純・高中公男訳）『開発危機—自立する思想・自立する世界』文眞堂、1996年、47〜48頁。
25）Vijay Prashad, *Arab Spring, Libyan Winter*, AK Press, 2012, p.10.
26）［福田］前掲論文、2012年、54頁。
27）［山口］前掲書、2010年、240頁。
28）Tahar BELKHODJA, *Les Trois Décennies BOURGUIBA*, ARCANTERES PUBLISUD, 1998, pp.144-162.
29）イマニュエル・ウォーラーステイン（山下範久訳）『脱商品化の時代—アメリカン・パワーの衰退と来るべき世界』藤原書店、2004年、90〜91頁。
30）日本貿易振興機構（JETRO）パリ・センター「マグレブ3カ国の経済・貿易・投資（チュニジア）」2011年、6、28頁。
31）République Tunisienne, *Ministère de l' Emploi et de l' Insertion Professionalle des Jeunes-Tunisie*（http://www.emploi.gov.tn/fileadmin/user_upload/PDF/Emploi_en_

chiffres.pdf) 2011年9月29日アクセス.
32) 清水学「グローバル化とアラブ世界の激動」『現代思想』vol.39、2011年、54頁。
33) エジプトの主要な貿易相手は、EUとアメリカであり、食糧品、石油などの燃料、鉄鋼品、アルミインゴット、綿糸、綿布などの原材料・中間財を輸出し、最終加工製品を輸入している。またエジプトの対COMESA貿易では、例えばケニアの紅茶、マラウィのタバコ葉などがそれぞれ輸入の9割以上を占め、エチオピアからはゴマの種が輸入の6割を超える。一方、エジプトからの輸出品は鉄鋼製品、タイヤ、セメント、医薬品、タイル、タオル、小麦粉、精米など加工品で、年々、多様化が進んでいる。しかし、アラブ域内貿易においては、各国が類似の産業を抱え、国内産業を保護する姿勢が強いため、域内における相互補完体制が進んでいない。野口勝明「グローバル化と産業・貿易政策」山田俊一編『エジプトの政治経済改革』所収、アジア経済研究所、2008年、194～195頁。
34) [Abul-Magd] *op. cit,* 2011.
35) ちなみにエジプトの対内債務は、2011年に1550億ドル（GDPの約67％）に達しており、対外債務よりもはるかに多い。ムバーラク政権下の30年間に対内債務は激増した。
36) [清水] 前掲論文、2011年、54～55頁。
37) République Tunisienne, *Stratégie de developpement économique et social 2012-2016,* septembre 2011.
38) 山口直彦『新版エジプト近現代史—ムハンマド・アリー朝からムバーラク政権崩壊まで』明石書店、2011年、400頁。
39) "Army supports the economy, says minister", *Egypt Independent,* 19 September 2012.

【山中達也】

第**12**章　市民目線のWTO
▶TPP、ナショナリズム、地域から考える

1　市民目線で考える

　この章では、国際貿易体制について、特にWTO（World Trade Organization：世界貿易機関）について、皆さんと一緒に考えていくが、一言でいえば、国際貿易体制とは、国際間における貿易や投資のルールに関する国際的な取り決めのことである。そして、WTOとは、WTO協定、組織、事務局、加盟国からなる機関であり、貿易や投資のルールを削減・撤廃＝「自由化」することを目的とする自由貿易体制の１つである。

　なお、貿易のルールには、関税（租税の一種で、外国から輸入される貨物、外国へ輸出する貨物または自国を通過する貨物に対して賦課される[1]）や非関税障壁（輸入数量割当、輸入手続きの煩雑さ、複雑な商慣習、基準・認証制度など関税以外の方法・制度で輸入を実質的に制限する[2]）が含まれる。

　まず、筆者が国際貿易体制の問題を考える上での立場を明確にしておきたい。

　WTOによる影響や問題とは、発展途上国や低開発国とされる国や地域の上だけで生じるのではなく、皆さんの家族や友人、学校や職場の仲間のような——ともに喜び、ともに苦しむ間柄である——「半径５メートル」の人間関係や、そして、無数の「半径５メートル」の人間関係が相互に政治的、経済的、社会的、文化的な関係をとりむすぶところの半径５～50キロメートルくらいの生活圏＝「地域」において、目に見える形で生じるものである——と理解したい。

　そして、国家や世界や地球も「地域」の集合体であると考えれば、地球や世界を背負い込むにせよ、いくぶん荷が軽くなり、リアリティを感じやすくなる。

　ただし、「国家」については、「地域」の単なる集合体とはいえない側面がある。まず、国家とは、自国の「地域」を国境によって外部から守ると同時に国境の内部へと封じ込める存在である。また、「国家」は、自国の「地域」を国境の外部に差し出したり、他国の「地域」を国境の内部に組み入れたりする。

もしくは、特定の「地域」の利益を守るために、別の特定の「地域」の利益を犠牲にする存在でもある。これらは、主に外交や戦争を通じて行われるが、貿易ルールを含む国内的、対外的、国際間における経済政策や経済活動の枠組みの設定や変更によっても行われる。

ともかく、この章では、「半径5メートル」の人間関係を基盤とし、その集合体としての「地域」からモノを考える——という意味を「市民目線」という（あえて、手垢のついた）表現に込めている。その上で、WTOについての状況を整理し、その問題を考えていくために、以下のポイントに着目して話を進めることにしよう。

第1に、「地域」の経済的・社会的な関係性や安定性に影響を与えるものとしての——経済のグローバル化、新自由主義、市場（原理）主義の推進・進展におけるWTOの機能や役割を確認する。第2に、「地域」を国境の内側に囲い込むものとしての国家やナショナリズムとWTOとの関係も考えておく必要がある。第3に、自由貿易協定（FTA：Free Trade Agreement）や経済連携協定（EPA：Economic Partnership Agreement）、特に環太平洋（戦略的）経済連携協定、もしくは、環太平洋パートナーシップ（TPP：Trans-Pacific Partnership）とWTOとの関係について、「地域」の問題との連関を意識して考察することが重要である。

2　WTOの誕生と黄昏

(1)　WTOの歴史的な位置——ブレンウッズ体制とTPPの「あいだ」で考える

物事の本質を明らかにする上では、その成立や形成、発展のプロセスや背景を分析することが重要である。WTOの公式ウェブサイトによれば[3]、WTOは、1995年1月1日に誕生したとされている。しかし、同サイトが"Born in 1995、but not so young"と記しているように、また、WTOの第2回閣僚会議（1998年）が「関税と貿易に関する一般協定」（GATT：General Agreement on Tariffs and Trade）の50周年を祝ったように、WTOはGATTの発展型と位置づけられる。ゆえに、WTOについては、「IMF・GATT体制」——第2次世界大戦後の世界経済の枠組みを規定したブレトンウッズ体制に起源を求めることもできよう。

なお、ブレトンウッズ体制は、第2次世界大戦中の1944年、米国のニューハンプシャー州のブレトンウッズにおける連合国通貨金融会議（ブレトンウッズ会議）などを通じて形成され、具体的には、国際間における「多角的な決済システム」を国際通貨基金（IMF：International Monetary Fund）が担い、「多角的な貿易システム」をGATTが担い、「復興・開発のための援助システム」を世界銀行（World Bank Group）＝国際復興開発銀行（IBRD：International Bank for Reconstruction and Development）＋国際開発協会（IDA：International Development Association）が担っている。

　一方、「ミネルヴァの梟は、迫り来る黄昏に飛び立つ」の謂いにあるように、物事の本質は、それが黄昏を迎えた時点で理解できる——という考え方もある。2013年5月、ブラジルのロベルト・アゼベドWTO大使が同年9月からのWTO事務局長に選出されたが、日本経済新聞は、「日米欧から見れば交渉難航の張本人であるブラジルに、自由貿易の守護神の役割を委ねることになる」とし、「WTO協定が発効したのは18年前だ。当時は中国は途上国であり、インターネットも普及していなかった。製品や農産物の関税削減に重点を置く現行協定は、もう時代に合わなくなっている」と書いた。一方、ウォール・ストリート・ジャーナルは、社説で「WTOは自由貿易を促進するためのルールづくりの機関として創設されたが、今や保護主義に向かって漂流している」とし、「その結果、WTOはますます脇役に追いやられ、世界各国はドーハ・ラウンドを無視し、2国間や地域の貿易協定を追求するようになった」と論じている。

　以上の見方によれば、現在、WTOは「黄昏」を迎えており、世界経済の枠組みにおける主役をFTA・EPA、TPPなどに譲りつつある——ということになる。この節では、WTOを、ブレトンウッズ体制とFTA、EPA、TPPとの「あいだ」の段階にあるものとして、その生成や経過を整理・考察していくことにしよう。

(2)　**自由貿易とナショナリズム**——「地域」の包括と排除

　古典的な経済学は、国際的な金本位制による国際収支の自動調整機能を想定していた。このシステムでは、貿易赤字におちいった国は自国の経済の引き締めを余儀なくされ、輸入が減少する。当然、その国に対する他国の輸出が減少

し、ひいては、世界全体の貿易が縮小する。一方、国内的に見れば、経済の引き締めを余儀なくされた国では、景気が悪くなるが、そこで、政府や軍部、資本が対外的な進出に活路を見出そうとすれば、経済的な不安や不満にかられた国民はこれを支持しがちである。

　このような構造・状況を、1930年代における大恐慌の時代が決定的なものとし、各国が植民地を原材料の確保や製品の販路のために囲い込み、世界の貿易はますます縮小する――ブロック（経済）化が進展する。それが「持てる国」と「持たざる国」とのさらなる対立につながり、以上のようなプロセスをして世界大戦の原因とするような見方もできる。いわば、貿易の縮小（を招くような国際的なシステムのあり方、もしくは、その不在）が大戦の原因とするならば、戦後における世界の平和を維持するためには、貿易の拡大を保障するための自由貿易体制を国際的な協力の下に構築することが必要である――といった考えが生まれることになる。

　とはいえ、ブレトンウッズ体制における金融面の柱としてのIMFや世界銀行と並んで貿易面の柱となるはずの国際貿易機関（ITO：International Trade Organization）は、国内政治的に保護主義的傾向が強い米国の事情などにより挫折し、GATTが役割を代替することになる。ただし、GATTは、池田美智子氏の表現を借りれば、「直接にガット事務国を指すが、ガットの締約国団……をも指す」、「ガット事務局と締約国団が一体になって取り決めた国際通商上の約束と、それから生じる義務等を指すこともある」、「ガットは通商に関する法律や命令を実施する機関ではない」（傍点筆者）という存在にとどまっていた。[6]

　さて、ここで、GATTや、その後身のWTOが拠りどころとする自由貿易という枠組みには、（国家の内部における）「地域」の視点に立つ場合、一定の公平性、進歩性、そして、利益が認められるということ――を確認しておきたい。

　例えば、東日本大震災に伴う原子力発電所の事故による放射能汚染を理由とし、各国が日本の製品（特に食品）に対する輸入停止もしくは輸入制限の措置をとった際、「WTOのルールが科学的根拠にもとづかない輸入制限を認めていないことが、事故後に各国が発動した日本製品の輸入制限に対する歯止めとなって制限の解除をうながし、被災地の復興を支える力となっている」[7]と指摘されるような点が挙げられるかもしれない。これは、自由貿易の枠組みが本来

的に「国家」間の関係であるにもかかわらず、「地域」にもたらされる利益である。

ただし、各国の政府が、国民の意識や意思に従い、国家の安全、国民の生命や財産、国土の自然や環境を守ることを目的に上記のような措置をとること自体は（本来的には）主権の範囲内である。貿易その他の国際的な経済活動の主要な担い手は民間部門、民間企業であるにしても、その影響は、国家もしくは国民に広範に及ぶことになるので、政府がルールや規制を設定し、産業間、企業間の利害を調整する貿易政策が必要になる。一般的に、国家の利益と国民の厚生を増進することが経済政策の目的であり、貿易政策の目的もこれに準ずると考えられている。[8]

この「国家の利益と国民の厚生」という点において、まず、地域間における産業や企業の偏在があるという次元で、（幼稚）産業保護などの問題で地域間における利害が一致しないことが考えられる。その際、多様な「地域」の多様な利害をして、ただ1つの「国家の利益と国民の厚生」に収れんさせるという――利害の政治的な調整のプロセスにおいて大きな役割を果たす要素の1つに「ナショナリズム」があると思われる。

中野剛志氏は、東日本大震災の復興における「経済ナショナリズム」の役割について、「被災地以外の地域に住む日本人は、被災した日本人を同じ運命共同体に属する同胞とみなし、同胞の不幸に強く共感している。この同国人に対する同胞意識、すなわちナショナリズムが、復興費用の負担への同意を可能とするのである」[9]と述べているが、このようなナショナリズムを動員する――政治的、経済的なパワーにより、産業・企業、地域間における利害調整の勝敗が決してしまう現実があるはずである。

例えば、日本のTPPへの参加について、北海道という「地域」では、「本道の基幹産業である1次産業では、耕地面積や社会条件等が大きく異なる米国や豪州などの農産物輸出国との競争力格差はきわめて大きく、仮にTPP交渉で重要品目の関税撤廃が行われた場合、農業や関連産業の継続が困難となり、地域社会の崩壊が懸念され……」[10]といった反対の立場が表明されている。一方、東京という「地域」では、「1.5％を守るために98.5％のかなりの部分が犠牲になっている」[11]といった図式で、マイナーな産業＝農業＝「地方」が、メジャー

な産業＝製造業＝「中央」＝日本全体を犠牲にしている——かのような議論が展開されている。

　もちろん、2つの「地域」は対称的な存在ではない。東京には、あらゆる政治的、経済的な権力や機能のみならず、メディアや大学のような文化的な権力や機能も集中しているがゆえに、東京における（ごく一部の）利害があたかも日本全体の利害であるかのように情報操作されているだけである。一方、そもそも、他のすべての「地域」が「同朋」としての「共感」をもっていない（ようにみえる）特定の「地域」における経済や産業は、国内産業の保護を目的とする貿易政策による被害を受けている。

　特に復帰前の沖縄は、日本でもなく、米国でもない「地域」であったために、例えば、自由貿易地域の設置を通じた中継貿易の発展が、沖縄と日本政府との覚書によって実質的に制限されたり、沖縄でのトランジスタラジオの製造および米国への輸出に際し、日本政府は、（日本）本土から沖縄への部品の輸出を停止させたりした[12]。一方、米国も沖縄側が求めていた沖縄への特恵関税を認めていない。また、復帰が近づくと、沖縄はいわゆる石油外資の導入を通じた経済開発による自立経済の建設を構想したが、（上述の中野氏の出身である経済産業省の前身の）通商産業省をはじめとする日本政府の側に阻止されている[13]。

　GATTやWTOには、その発足の背景において、また、その後の展開の過程において、建前もしくは部分的であるにせよ、一定の包括性、公平性、公正性が認められる。GATTやWTOについて、その実際の制度や運用が先進国に有利で途上国に不利であるという見解を認めるにせよ、途上国が不利益を受ける状況については、ある種の包括性、公平性、一般性が認められるかもしれない。換言すれば、このように、平等に不利益を被るという点こそが、途上国の政府間の協力や、途上国の「地域」などの主体間における国家横断的な連携の契機になると考えられるのである。

　一方、沖縄のような——同一国内における他の「地域」が「同朋」としての「共感」をもっていないような「地域」は、その属する国家が、どのように自由貿易体制と関わり、どのような貿易政策をとるかにかかわらず、不利益を被ることが多い。沖縄のような「地域」にとっては、WTOなどの自由貿易体制による脅威は、あくまでも蓋然性（危険性）の次元のものであり、原材料や販

路の確保という面で利益を得る可能性もある。だが、ナショナリズムの脅威は必然的である。

「地域」がWTOに向き合う上では、「市場」、「ナショナリズム」という2つの「価値」や「力」を天秤にかけて生き延びていかねばならないのである。

(3) WTOの登場と「退場」

WTOは、前項で触れたブレトンウッズ体制の構成要素の1つとされているGATTを前身としている。WTOは、1994年4月15日、GATTのウルグアイ・ラウンド（1986～94年）での「マラケシュ協定」の締結、および、翌年1月1日のその発効により、WTOは発足した。この項では、まず、WTOが、戦後半世紀を経てから設立されることになった背景を整理・検討し、そして、設立から20年を迎えつつある現在、WTOが「黄昏」を迎えつつあるという見方の背景を確認することにしよう。

WTO設立の背景としては、第1に、1980年代の後半から1990年代にかけて冷戦構造が崩壊し、社会主義の計画経済体制をとっていた諸国のブロックが消滅したこと。第2に、第1の点の結果、世界が、少なくとも建前上は、資本主義の市場経済体制をとる諸国のみで構成される「1つの」世界になったことがある。また、貿易と投資の自由化、交通や通信手段の革新などにより、世界経済の統合＝グローバリゼーションの進化が生じたこと、が第3の背景である。

第4に、「市場」が唯一の経済体制である――とする考え方が経済学や経済政策における教義となり、計画経済から市場経済への移行をめざす旧東側諸国や発展途上国は、貿易や投資の自由化によって体制の移行や開発を成功させることが期待された、という点がある。第5に、1980年代における債務危機の拡大に際し、IMFや世界銀行は、途上国に貿易や投資の自由化を含む条件（コンディショナリティ）の受け入れを迫り、途上国は、輸入代替工業化の行き詰まりもあって、自由貿易体制への参加を余儀なくされる状況もあったといえる。[14]

そして、GATT自体について、単に協議や交渉を行うためのフォーラムから脱皮し、具体的、詳細なルールを有し、これを履行させるメカニズムを備えた制度へと発展させるという課題が提起されていた。特にウルグアイ・ラウンドにおいて、サービス、知的財産権、貿易関連投資措置など、従来、GATT

の範囲外の「新分野」が重要な交渉項目となり、その交渉の成果を多角的な貿易システムに組み入れるための機構や法的な枠組みが必要であると考えられるようになったのである。

最後に、ブレトンウッズ体制の構成要素として想定されていたITOの挫折を招いた米国が、戦後半世紀を経て、WTOの設立を最終的に容認することになった状況が挙げられる。米国は、農業、サービス、情報、知的財産などの得意分野での優位性を確保する一方、悪化する貿易赤字と財政赤字からなる「双子の赤字」を抱えた自国経済を持続させるために、貿易や投資のグローバルな次元での自由化を推進し、これをコントロールするための制度的な基盤を必要としたのである。

このような利害は、その後の経済のグローバル化の進展により、他の先進国、新興国、中進国、途上国にも共通する利害となったか、少なくとも、そう信じられるようになった。

結果として、中川淳司氏が、「WTOがその役割を産品とサービスの貿易自由化、貿易円滑化とそれに関わる非関税障壁の規律に限定し、生産ネットワークの国際化という21世紀の新たな国際経済の現実に対応した規範形成と政策対応という役割を担うことができなければ、世界経済秩序におけるWTOの役割は次第に低下していくだろう」[15]と指摘しているように、貿易体制としてのWTOでは、国際経済の焦点が、モノの貿易→サービスの貿易→投資の自由化→各国の経済・社会のあり方全体の自由化――と移っている状況には対応できないという見方が生まれてくる。

先進国の有力メディアの論調も、例えば、『フィナンシャル・タイムズ』の記事のように、「米国やEUの軸足は環大西洋や環太平洋での（二国間もしくは複数国間の）FTAやTPPなどに移っており、もし、WTOでの交渉が進展すれば、それはそれで儲けものだし、もし、そうならなければ、地域（国家内ではなく、「東アジア」など、複数国からなる概念としての）におけるFTAやTPPなどを進展させることで、WTOを牽制するまでだ」[16]というようなものになってきている。

また、『日本経済新聞』の社説も「FTA競争の流れは変えられない。日本は環太平洋経済連携協定（TPP）を軸にFTA戦略を加速すべきである。WTO交渉を復活する知恵は、枠組みどうしの競争の中から出てくるはずだ」[17]と述べて

いる。

　経済のグローバル化の進展は、市場における自由競争による自由貿易を実現させる枠組みであるはずのWTO自身をして、これを「市場原理」の土俵にのせ、競争に敗れれば「退場」を強いられる——競争主体(プレーヤー)の1つにすぎなくしたのかもしれない。

3　WTOの特徴と展開

(1)　WTOの特徴——強大な権能

　WTO協定は、本体の協定と各種の協定を含む4つの附属書から構成されている。本体の協定は、WTOの権限（第2条）、構成（第4条）、意思決定（第9条）、特定の加盟国間における多角的貿易協定の不適用（第13条）などを定める一方、貿易に関する具体的な規定は、GATTの規定を継承した貿易におけるルールと新しい分野におけるルールとを附属書で定めている。

　なお、これらの協定を加盟国は一括して受託しなければならず、利益のある協定には入るが、不利益なものには入らない——といった「つまみ食い」は許されない。また、WTO協定第16条（雑則）第4項が「加盟国は、自国の法令及び行政上の手続きを附属書の協定に定める義務に適合したものとすることを確保する」としているのは、WTO協定が加盟国の国内法を超越したり、国家主権（地方自治）をWTOが制限（侵害）したりすることにつながる。

　WTO協定附属書1Aの「貿易の技術的障害」（TBT）に関する協定は、各加盟国固有の規格制度や適合性評価手続が貿易における事実上の差別や障害となることを防ぐために各加盟国が国際規格や適合性評価基準に関する国際的な指針を使用することを定めている点で、これも国家主権（地方自治）を制限する危険性がある。

　図12-1は、WTOの機構図である。WTO協定第4条により、最高意思決定機関として各加盟国の代表で構成される閣僚会議、また、実際の運営を担当する一般理事会（各加盟国の代表で構成）が設置されている。なお、一般理事会は、紛争解決了解（DSU）に定められる紛争解決機関（DSB）としての任務も遂行することに加え、物品の貿易に関する理事会、サービスの貿易に関する理事会、貿易関連知的財産権理事会などの活動に指針を与える役割も担っている。

図12-1　WTOの機構

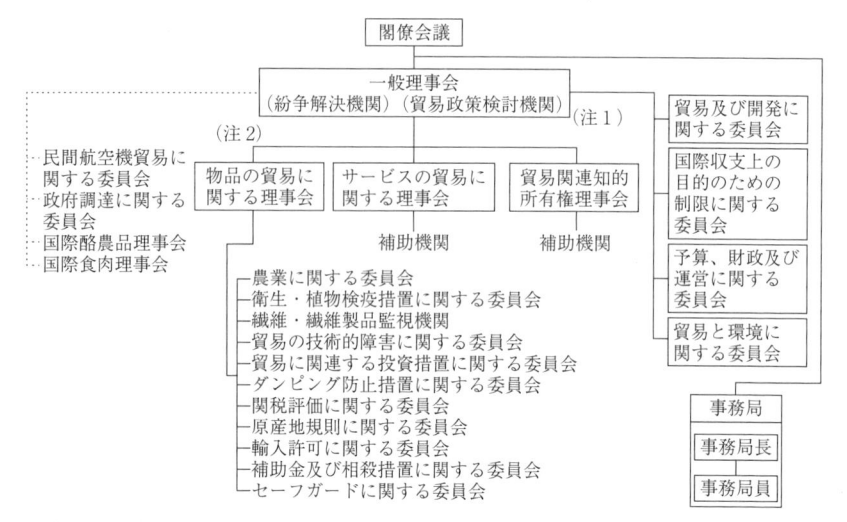

```
                          閣僚会議
                             │
                         一般理事会
                    （紛争解決機関）（貿易政策検討機関）
```

- 民間航空機貿易に関する委員会
- 政府調達に関する委員会
- 国際酪農品理事会
- 国際食肉理事会

物品の貿易に関する理事会　　サービスの貿易に関する理事会　　貿易関連知的所有権理事会

補助機関　　補助機関

- 農業に関する委員会
- 衛生・植物検疫措置に関する委員会
- 繊維・繊維製品監視機関
- 貿易の技術的障害に関する委員会
- 貿易に関連する投資措置に関する委員会
- ダンピング防止措置に関する委員会
- 関税評価に関する委員会
- 原産地規則に関する委員会
- 輸入許可に関する委員会
- 補助金及び相殺措置に関する委員会
- セーフガードに関する委員会

- 貿易及び開発に関する委員会
- 国際収支上の目的のための制限に関する委員会
- 予算、財政及び運営に関する委員会
- 貿易と環境に関する委員会

事務局
事務局長
事務局員

（注1）　一般理事会は紛争解決了解及び貿易政策検討制度に定める任務を遂行するときは、それぞれ紛争解決機関及び貿易政策検討機関として会合する。
（注2）　紛争案件毎に小委員会が設置される。また、小委員会の報告の法的解釈等についての申立てを検討する常設の上級委員会が設置される。
（出所）　外務省経済局国際機関第一課編『解説WTO協定』日本国際問題研究所、1996年、39頁。

　WTOにおける意思決定は、GATTの慣行であるコンセンサス方式——ある決定案に対し、出席している加盟国がいずれも正式に反対しない場合は、その案が承認される（事実上の全会一致）——によって行われる。これが不可能な場合には、投票によることが協定に定められているが、WTOにおける投票権は、「経済の国連」ともいわれるように、「1国・1票」であり、先進国と途上国との関係という点では、IMFや世界銀行における「1ドル・1票」よりも、平等もしくは民主的である。
　加盟国間の紛争解決については、附属書を含むWTO協定上の紛争に対して統一的に適用される紛争解決了解が設定された。紛争解決了解第23条は、加盟国が他の加盟国によるWTO協定の違反などについて是正を求める場合、この了解の規則や手続に従わずに一方的な措置をとってはならないことを明文で規定している。これは、米国の通商法301条の発動のような——大国の小国に

対する一方的な措置を防止するという点で、GATT体制よりも進歩していると評価されることが多い。

　紛争解決手続きの各段階における詳細な期限、設定も含め、WTOでは、手続きの自動性の向上が図られており、これは、WTOでの紛争解決に確実性と効率性をもたらす一方、硬直性をもたらす危険性がある。また、紛争解決のための小委員会（パネル）に関しても、これが非公開である点、（WTOでの決定が事実上の立法行為となり、国内法や国際法に超越する場合があるにもかかわらず）パネラーが市民による選挙の洗礼を受けていない点、直接の当事者以外の意見が聴取される機会が与えられない点など、市民の利害を反映していないとするような批判がある。

　知的財産権については、WTO協定の附属書１Ｃに「知的財産権の貿易関連の側面」（TRIPS）に関する協定が含まれている。これは、今までの国際協定が定める保護の範囲を補完、拡充し、WTOの紛争解決手続きを利用することにより、知的財産権に関わる紛争を解決することをめざすものである。

　だが、TRIPS協定第27条第３項（b）に「微生物以外の動植物並びに非生物学的方法及び微生物学的方法以外の動植物の生産のための本質的に生物学的な方法」を特許の対象から除外することができる＝包含することができるとされる点について、これは、「南の諸国」における生物多様性を、医薬品や化学製品関連の多国籍企業などが特許化し、排他的に利用することにつながる一方、原産国や先住民の権利や利益が侵害されるといった問題が危惧されている。

　また、生活圏や公共空間としての「地域」の機能、地方自治・行政のあり方にもWTOは影響を与える。

　WTO協定附属書１Ｂの「サービスの貿易に関する一般協定」（GATS）は、公共サービスについて、「商業的な原則にもとづかず、かつ、一又は二以上のサービス提供者との競争を行うことなく提供されるサービスをいう」と規定している。だが、戦争や刑務所をも民間企業が請け負う現在、この規定の曖昧さに対し、GATSがあらゆる公共サービスへと拡大されることを危惧する声もある。

　そして、このような文脈のなかで、近年における民間の資本や経営手法を行財政改革に導入するという手法（PFI、NPM、市場化テストなど）や郵政民営化に関する問題を理解する必要があるだろう。

さらに、WTO協定のGATSや補助金協定、政府調達協定、また、いっそう急進的なTPPは、自治体が、地産地消や食育の観点から地場の産品を学校給食に利用したり、住民の雇用や地域経済への波及効果を考慮し、地元企業と積極的に取引したりすることを、外国企業への差別として制限する可能性がある。
　ともかく、WTOの特徴を一言でいうならば、国際法や国内法、国家主権をしのぐ権能をもっている点にあろう。しかも、貧困国や途上国の主体性は、実際的な次元でも、いっそう弱められている。というのも、これらの「国家」はもちろん、貧困国や途上国、先進国においても、地方政府やコミュニティなどの「地域」は、その経済的・人的資源に制約が大きく、WTOにおける各種の会合について、交渉もしくは情報収集やロビー活動のための要員を送り込むことが困難もしくは不可能だからである。

(2)　WTOの展開——挫折の歴史
　現在に至る約20年のWTOの展開とは、挫折の歴史であったかもしれない。まず、シアトルでの第3回閣僚会議などにおける激しい抗議運動、また、先進国、途上国、新興国の対立、そして、WTOの機能不全と経済のグローバル化のさらなる進展とによる各国のWTO離れとFTA、EPAへの乗り換えといった状況が想起されるばかりである。以下では、閣僚会議を中心にWTOの歴史を振り返っておこう。
　1996年12月のシンガポールにおける第1回閣僚会議では、発展途上国の多国間貿易への参加、低開発国のWTOへの加盟が図られ、その後の貿易自由化交渉で取り上げるべき事項に、投資と競争、政府調達の透明性という新分野（シンガポール・イシュー）が追加された。第2回閣僚会議は、1998年5月にスイスのジュネーブで開催され、第1回閣僚会議での取り決め事項を再確認するにとどまり、18カ月以内に新しい貿易自由化交渉を本格的に進めることを宣言した。
　第3回閣僚会議は、1999年11月末から12月初めにかけて、米国のシアトルで開催されたが、環境保護団体や人権団体、労働組合などのデモ隊と治安警察とが衝突し、シアトルの街頭は騒乱状態になった。なお、農業、市場アクセス、新分野、実施・ルールの4つの分科会とWTOシステムに関するフォーラムが設けられたが、むしろ、農産品輸出国と輸入国との対立、先進国と途上国との

対立が鮮明になっている。

　第4回閣僚会議は、2001年11月にカタールのドーハで開催され、WTOにおける最初のラウンド交渉（ドーハ開発アジェンダ）の立ち上げを決定し、中国、台湾の加盟が承認された。この会議では、シアトルでの抗議運動をふまえ、途上国が敏感になる投資分野などのシンガポール・イシューについて、次回の閣僚会議まで事実上の棚上げとするなど、途上国を取り込むための柔軟な配慮がなされたとされる。

　第5回閣僚会議は、2003年9月にメキシコのカンクンで開催されたが、先進国と途上国との対立により、開発、農業・農産品といった分野やシンガポール・イシューをめぐっての加盟国間の溝が埋まらず、これ以上の進展が見込めないために議論は打ち切られた。第6回閣僚会議は、2005年12月に香港で開催され、米国、EU、途上国の対立は厳しかったが、ギリギリのところで閣僚宣言が採択されている。

　第7回閣僚会議は、2009年11～12月にジュネーブで開催され、「金融経済危機の下でその緩和のためにWTOが果たしている役割にかんがみ、経済回復のために何ができるかについて議論の焦点があてられた」[18]とされてはいるが、米国の消極姿勢や米国と新興国との対立などにより、交渉は進展しなかった[19]。

　第8回閣僚会議は、2011年12月にジュネーブで開催され、ロシアなどの加盟が決定された。しかし、議長総括に「交渉が膠着状態に陥っていることは残念。近い将来、一括妥結に至る見込みは少ない」[20]という文言が盛り込まれるほど、交渉は停滞し、閣僚会議における「名物」の反グローバリゼーションを主張するデモ隊も姿を現さなかったと報じられている[21]。第9回閣僚会議は、2013年12月にインドネシアのバリで開催され、ドーハ・ラウンドの交渉の内、貿易の円滑化、農業を含む3分野の合意を盛り込んだ宣言を採択し、閉幕した[22]。

　WTOの主な使命である多角的交渉が進展しない最大の要因は、先進国、途上国、新興国の対立にある。先進国の内部では、農業・農産品分野における米国とEUとの対立が、途上国というカテゴリーの内部では、文字通りの貧困国もあれば、BRICs（ブラジル・ロシア・インド・中国）に代表される新興国も存在する。

　現在、WTOの交渉は膠着し、上述の通り、FTAやEPA、TPPが貿易や投

資の自由化の主役となった。多角的な通商体制の構築をめざすはずのWTOが保護主義的な新興国や途上国に乗っ取られたと考える先進国は、FTAやEPAなどを通じて途上国を抱き込もうとし、いまや、ジャグディシュ・バグワティ氏が「スパゲッティ・ボール[23]」と指摘した問題、同氏の「名前こそ自由貿易ではあるが、FTAは非加盟国の生産者に対する差別を拡大している。1930年代にも、同じように非協調のもとで、自国の生産者に有利になるように差別する保護主義を追求して大混乱が生み出された[24]」という警句は忘れられつつある。

4 WTOと市民──地域（ローカル）から地球（グローバル）へ

　最後に、「半径5メートル」の人間関係のネットワークである生活圏としての「地域」の「市民」である──わたしたちは、WTOやTPPなどの国際貿易体制に対し、どう向き合うべきかについて、以下では、今後、皆さんが考えていくための材料をいくつか提示しておこう。

　現代を代表する米国の経済学者であり、経済学の標準的なテキストの執筆者などとして、日本でも有名なジョセフ・E. スティグリッツ氏は、以下のように語っている[25]。

　「実際の貿易協定の批准書がどんなものかご覧になったことはありますか？ 何百ページ、何百ページと続くのです。そんな協定は『自由』貿易協定ではありません。『管理』貿易協定です。

　こうした貿易協定は、ある特定の利益団体が恩恵を受けるために発効されるものです。特定の団体の利益になるように『管理』されているのが普通です。」

　マスメディアは、自由貿易の「利益」について、例えば、モノやサービスの貿易自由化が（実際のところ、為替の変動で相殺される程度の）内外価格差の解消につながり、これが消費者の利益となるといった「消費者主権」論を持ち出したり、TPPへの参加について、「国益」を持ち出したりする。だが、「地域」の「市民」は、国民であり、消費者でもあるが、同時に、筆者の場合──北海道民であり、函館市民であり、大学教員という労働者でもある。わたしたちにとっての「国益」がマスメディアのスポンサー──大企業や多国籍企業で構成される経済界がグローバル化から享受する利益にすり替えられてはならない。

　さらに、TPPについては、「国益」という次元にとどまらず、「国防」（もし

くは、安全保障)といった観点でも論じられている。1つには、中国が、日中韓FTA→東アジア包括的経済連携協定(RCEP：Regional Comprehensive Economic Partnership)→アジア太平洋自由貿易圏(FTAAP：Free Trade Area of the Asia Pacific)といった道筋で国際経済秩序の形成における主導権を握ろうとしている以上、日本は、TPPなどの米国が主導する国際経済秩序の形成に積極的に協力するべきであり、それが、事実上の領土問題などで日本と対立する中国を政治的、経済的、軍事的に牽制することになるといった考え方がある。[26]

　もう一方には、WTOやTPPが実際的に国際法や国内法、国家主権をしのぐ権能をもっていることで、各国の食糧自給といった経済的安全保障や、独自の社会や文化が脅かされるといった観点より、WTOやTPPを「国防」の問題として議論する立場がある。もちろん、前者の考え方は、時計の針を「ブレトンウッズ以前」に戻そうとするもので論外であるが、後者の立場にせよ、沖縄における事例のように、ナショナリズムが経済的にも「地域」を抑圧することを考えれば、注意を要する。

　それでは、「地域」の「市民」として、WTOやTPPに対峙していくための「第三の道」は、どこに見いだせるのだろうか？　筆者は、1つの可能性として、以下のように考える。

　北海道知事は、2013年5月10日、政府のTPP交渉参加に備えるとし、専任職員3人を配置することを発表した。[27] 北海道の人口は約550万人であり、デンマークと同程度で、スウェーデンやノルウェーよりも多いが、道庁のTPPのための職員は「3人」なのである。

　途上国の政府はもちろん、先進国であっても地方政府は、経済的・人的資源に限界があり、国家間交渉であるWTOやFTA・EPAの交渉の場に情報収集やロビー活動のための要員を送ることは困難である。「地域」に重大な影響を与えるWTOやTPPなどの交渉の場に「地域」は直接的に参加できず、間接的な関与の機会であるはずの国会においても、事実上、「地域」の声は無視されつづけている。[28]

　よって、WTOやTPPなどのFTA・EPAの交渉の場においては、国家としてではなく、「地域」としての利害を追求するグループが、情報収集やロビー活動に際し、国内の行政区画や国境を越えて水平的に連携するような組織・機

第12章　市民目線のWTO　　251

関を構想することも考えられよう。このような組織・機関は、途上国の政府や市民団体、NGO・NPOなどとも協力すれば、情報交換、基金形成、交渉能力向上のための教育（キャパシティ・ビルディング）の場となることも可能である。

　もし、このような連携や協力が実現するならば、停滞しているWTO交渉の場においても、また、国家間対立やブロック間闘争の場となりつつあるFTA・EPA交渉においても、「地域」が、ナショナリズムおよびナショナリズム間の対立を緩和するスタビライザーとして、国家や国際機関の決定に影響を与えることが期待されよう。

　ただし、その前提条件として、まず、自分の人生の軸足を「地域」に置き、国内の行政区画や国境を越える連携や協力の動きに参加し、かつ、そこでの課題や成果を「地域」に持ち帰り、また、自分の「地域」における課題や成果を他の「地域」との連携や協力の場に持ち込むことができる——「市民」を創造しなければならず、そのための思想や意識の変革、制度や組織の整備も必要であろう。[29]

　この次元に到達した時点で、「地域」の「市民」は、文字通りの「地球市民」となるはずである。

1) 金森久雄・荒憲治郎・森口親司編『有斐閣 経済辞典』有斐閣、2002年（CD-ROM）。
2) 同上書（CD-ROM）。
3) WTOウェブサイト（http://www.wto.org/english/thewto_e/whatis_e/tif_e/fact1_e.htm）。
4) 「世界の通商、変わる秩序 日米欧の三角形浮上」『日本経済新聞』（http://www.nikkei.com/article/DGXDZO55482210W3A520C1NN1000/）2013年5月26日。
5) 「【社説】漂流を続けるか、WTO—事務局長にブラジルのアゼベド氏」THE WALL STREET JOURNAL（WSJ.com）ウェブサイト（http://jp.wsj.com/article/SB10001424127887323531704578479754119541118.html）2013年5月13日。
6) 池田美智子『ガットからWTOへ—貿易摩擦の現代史』筑摩書房、1996年、55頁。
7) 中川淳司『WTO 貿易自由化を超えて』岩波書店、2013年、iii頁。
8) 小林尚朗「貿易政策の目的と手段」福田邦夫・小林尚朗『グローバリゼーションと国際貿易』所収、大月書店、2006年、96～97頁。
9) 中野剛志『国力とは何か—経済ナショナリズムの理論と政策』講談社、2011年、17頁。
10) 「TPP交渉への参加を行なわないよう求める意見書」（2011年10月）北海道議会ウェブサイト（http://www.gikai.pref.hokkaido.lg.jp/honkaigi/29honkaigi/23-3t/ikenan.htm#3）。北海道庁、道議会のTPPに対する動向については、北海道庁ウェブサイト

（http://www.pref.hokkaido.lg.jp/ss/ssa/ssk/TPP.htm）を参照のこと。
11）『月刊 現代農業』2011年3月号「TPP参加は農家だけでなく日本国民すべてに被害を及ぼす」（http://www.ruralnet.or.jp/gn/201103/tpp.htm）。
12）畠山大『戦後沖縄の経済政策―自立への模索』明治大学大学院商学研究科2004年度博士論文、107～109頁。
13）畠山大「基地・平和・自立―沖縄経済の論点整理」『季刊「軍縮地球市民」』No.2、2005年、114～119頁。
14）［中川］前掲書、2013年、170～171頁。
15）同上書、210頁。
16）Joe Leahy and James Politi, "Robert Azevêdo's Brazilian WTO win reflects shifting trade clout," *Financial Times*, May 10, 2013（http://www.ft.com/intl/cms/s/0/88de6e22-b988-11e2-9a9f-00144feabdc0.html#axzz2Vmt7AnEj）。
17）「（社説）WTO新体制に南北問題の壁」『日本経済新聞』（http://www.nikkei.com/article/DGXDZO54888220R10C13A5EA1000/）2013年5月11日。
18）外務省ウェブサイト（http://www.mofa.go.jp/mofaj/gaiko/wto/wto_7/7_gaiyo.html）。
19）「WTO交渉対立解けず、閣僚会議進展なく閉幕へ、来年妥結、米動かず黄信号」『日本経済新聞』（http://www.nikkei.com/article/DGXNASGM1703V_X11C11A2MM8000/）2009年12月3日。
20）『第8回WTO閣僚会議（議長総括）（骨子）』外務省ウェブサイト（http://www.mofa.go.jp/mofaj/gaiko/wto/wto_8/pdfs/sokatsu_ks.pdf）。
21）2013年5月のパリにおける非公式閣僚級会合も「交渉の遅れに対する危機感を共有するにとどまった」と報じられている。「WTO交渉が停滞 非公式閣僚級会合も進展なく」『日本経済新聞』（http://www.nikkei.com/article/DGXNASGM31001_R30C13A5EB1000/）2013年5月31日。
22）「WTO、3分野で合意 ドーハ・ラウンドで初」『日本経済新聞』（http://www.nikkei.com/paper/article/?b=20131207&ng=DGKDASGM0701D_X01C13A2NNE000）2013年12月7日。
23）バグワティ氏による説明では、「それぞれの国が他の異なった国々と相互条約を結び、それら相手国が今度は他の国々と条約を結び、そのそれぞれが今度は異なった部門において異なった原産地原則（相互の譲歩を追求した特恵によって義務付けられ、加盟国になることで非加盟国への「漏れ」をなくす）をもつ、といった特恵の迷路状態である」とされている。ジャグディッシュ・バグワティ（北村行伸・妹尾美起訳）『自由貿易への道―グローバル化時代の貿易システムを求めて』ダイヤモンド社、2004年、115～116頁。
24）同上書、121頁。
25）ジョセフ・E. スティグリッツ『TPPと規制緩和を問い直す』集英社クオータリー「kotoba」ウェブサイト（http://shinsho.shueisha.co.jp/kotoba/1306tachimi/04.html#12）。
26）「中国の牽制を狙う 日米、TPPテコにアジア経済圏のルール作り主導」MSN産経ニュース（http://sankei.jp.msn.com/economy/news/130522/fnc13052219500013-n1.htm）2013年5月22日、「TPP 中韓、日本を牽制 露、旧ソ連圏の経済統合優先」Yahoo!ニュース（産

経新聞）(http://headlines.yahoo.co.jp/hl?a=20130527-00000081-san-cn) 2013年5月27日。
27)「TPP専任職員 道が3人配置」『北海道新聞』2013年5月11日。
28)『北海道新聞』は「社説」で、TPPや米軍の普天間基地の移設問題について、政権与党である自民党の本部と地方支部との公約や主張が逆になっていることを指摘し、「地方組織が党本部と違う公約を掲げ、選挙の後になってほごにするのでは民主主義は成り立たない」と批判している。「地方と逆では不信招く」『北海道新聞』2013年6月5日。
29) この点について、筆者は、伝統的もしくは現代的な経済学に対するオルタナティブとしての——地域の、地域による、地域のための経済学＝「グローカル・エコノミクス」の「教育」を基盤とする構築の必要性について、以下の論考などで主張している。畠山大「グローカル・エコノミクスの可能性」『人文論究』81号、2012年、53〜64頁。

【畠山大】

終 章　貿 易 立 国
▶日本経済の虚構

　ここでは貿易立国日本の虚像を明らかにしてみたい。虚像という言葉を神話という言葉に置き換えてもよい。というのは、歴史を振り返れば、われわれは、時の権力者が振りかざす虚像を信じたために、奈落の底に叩き落とされたことが幾度となくあるからだ。原発神話が崩壊した今、神話を改めて問い直す必要はなかろう。だが、悲惨きわまりない原発事故が過ぎ去ってから1年余り経過した2012年6月8日、野田佳彦首相（当時）は、関西電力大飯原子力発電所3、4号機（福井県おおい町）について「国民の生活を守るために再起動すべきというのが私の判断」と述べ、原発再稼働を決断した。首相は停電になれば「働く場所がなくなってしまう」、失業者が出るから困るとも言った。働きたくても働く場所がなく、生活保護を受けている人が戦後の混乱期と同じ数の205万人を突破し、さらに福島原発事故では30万人以上の人びとが仕事のみならず、故郷も失った。豊饒な大地も海もストロンチウムやセシウムで汚染されてしまった。原発そのものが危機なのだ。福島原発は廃炉にすることになったが、廃炉にするためには50年かかるのか、100年先になるのかわからない。費用は100兆円とも150兆円ともいわれている。2012年12月に行われた衆議院選挙では、戦後、原発を54基も作った自民党が政権の座に返り咲き原発再稼働をめざしている。安倍首相は、2013年5月中東諸国を訪れ、「中東諸国から、日本の最高水準の技術、過酷な事故を経験したなかでの安全性への高い期待を寄せられた」と述べ、アラブ首長国連邦やサウジアラビア、トルコ、ブラジル、南ア、インドへの原子力発電の売り込みに必死になっている。2013年10月には、三菱重工業・伊藤忠商事などが参加する企業連合とトルコ政府が原子力発電所建設に基本合意しフィージビリティ調査が開始された。

1　日本は貿易赤字国に転落したのか？

　2012年1月、NHKのニュース解説は、迫りくる日本の危機を訴えた。危機[1]

的状況とは何か？　それは、2011年度の日本の貿易収支が31年ぶりに赤字に転落したことだという。TVの画面いっぱいに真っ赤な数字で貿易赤字額が何度も映し出されれば、多くの人は不安を募らせ、この国に対して暗いイメージを抱く。この解説委員は、輸入が増えた最大の理由についてこう述べる。「輸入が増えた最大の理由。それは、原子力発電所の運転が相次いでとまったため、火力発電所で使う液化天然ガスの輸入が37.5％と、急激に膨れ上がったことです。」

次に、「日本は、これから、どうやって『稼ぐ力』を取り戻すのか、重い宿題を背負うことになります」と訴えて、さらに追い打ちをかけてくる。「(日本の)製造業は、競争力を失い、主戦場の新興国市場では、もはや、(日本)国内でつくって輸出していては、勝ち目がない状態です」という。対策は何か？　それは原発再稼働だと暗に訴えて、「原発の再稼働が進まない限り、天然ガスの輸入も増えていくでしょう」と主張する。

また国際競争力を高めなければならない、という。それは官僚と財界が結託してマスコミや御用学者を通じて、耳にタコができるほど繰り返させている台詞だ。つまり企業の国際競争力を高めるために原発を再稼働し、消費税を上げ、法人税を下げること。そしてTPP（環太平洋経済協定）に参加することなのだ。

TPPとは何か？　2006年にAPEC（アジア太平洋経済協力会議）参加国のなかでも経済的規模の小さなニュージーランド、シンガポール、チリ、ブルネイの4カ国が発効させた貿易自由化をめざす経済的枠組みだ。TPPは、加盟国の間で取引される全品目に対して一切の例外を認めることなく、関税を100パーセント撤廃しようという枠組みなのだ。工業製品や農産品、金融サービスなどをはじめ、全貿易品目について、2015年をめどに関税全廃を実現すべく協議が行われている。2010年2月、いきなり米国、オーストラリアがTPPへの参加を表明した。子どもの競技に巨漢が参加すると言いだしたのである。ペルー、ベトナム、マレーシアもTPPへの参加を表明した。次いでコロンビアやカナダも参加の意向を表明した。

菅直人首相（当時）も、2010年10月に開かれた「新成長戦略実現会議」で、「平成の開国」を宣言し、TPPへの参加検討を表明した。TPPは、加盟国の農業・漁業をはじめ、あらゆる産業をグローバル資本の統括下に置き、国境を越える

資本や商品の移動の自由を確保しようとする企みであり、実現すれば、弱小資本はたちどころに食い潰されてしまう。安倍晋三首相は2013年2月下旬の日米首脳会談で、交渉参加に際して「聖域なき関税撤廃」という前提がないことを確認し、3月に交渉参加を正式表明した。交渉に加わるためには、すでに参加している国々から承認をとりつける必要があり、2013年7月にはTPP交渉参加に向けた協議に入ることになった。
　TPPへの参加に意欲を燃やしているのは何よりも経団連であり、「経団連成長戦略2011・活力の発揮による成長加速に向けて」に詳述してある。経団連は、企業の公的負担の軽減（税負担の軽減――引用者）により、国際競争力を築くとして以下のように主張している。
　「諸外国からわが国への投資を促すとともに、国内企業が、アジア近隣諸国に立地する企業と対等な条件で競争していくためには、大幅な法人実効税率の引き下げが不可欠である。」[2]
　大幅な法人実効税率の引き下げとはどういうことなのか？　税金を払わないということに他ならない。戦後の歴史を見れば、国家が如何に国民に重い税負担を押しつけて、経団連中枢の大企業に大金を注ぎ込んだかがわかる。国家を凌ぐまでの経済規模に成りあがった日本の多国籍企業は今、公的負担はご免だ、といっているのだ。元国税庁の職員であった富岡幸雄（現中央大学名誉教授）は、資本金100億円以上の日本の大企業の納税率（真実実行税率）は15〜16％であり、他の工業国と比べても低い、と指摘している。さらに資本金10億円以上の企業は、株式配当金の88.3％を受け取っているのに、配当金は課税対象から免れている、と述べている。[3]
　また経団連は、公的負担免除を訴えるだけではなく、TPP参加も必要不可欠であるとし、以下のように述べている。
　「国内雇用をつなぎとめておくためにも、他国との公平な競争条件を確保する必要がある。その上で、わが国企業にとって望ましい国際事業環境を整備するため、従来の受動的・状況適応型の姿勢から脱却し、主体的・戦略的な通商政策を展開していくことが求められる。このような観点から、税制、為替といった面での差を埋めるとともに、わが国の主要貿易相手国である中国、米国、EUとのEPA（経済連携協定）を締結することが不可欠である。とりわけTPP

は幅広い分野で新たな時代に対応したルール作りを目指すものであり、アジア太平洋自由経済圏（FTAAP）においてのみならず、グローバルなルールへと発展する可能性がある。[4)]」

　要は、国内と同じように資本が自由に移動できる世界を作り出そうというグローバル資本の悪夢なのだ。小さい資本と大きな資本が競争すれば、小さい資本は、即座に敗北するのは自明の理だ。グローバル資本にとって、国境や国民国家の規制は今や足伽になっている。にもかかわらず、経団連は国境に囲まれた領域＝国民国家の危機を喧伝する。

　「国内雇用をつなぎとめておくためにも」とはどういうことなのか？　企業は雇用をつなぎとめておくどころか、国内での雇用を打ち切り、正規雇用労働者をパートタイマーや期間工、派遣やアルバイトに置き換え、挙句の果てに賃金の安い海外にわれ先に利潤を求めて脱出しているのが現状だ。

2　経済成長と国民生活

　現在、日本の雇用状況は深刻な様相を呈している。労働者の所得と購買力が著しく収縮・低下し、日本経済は深刻なデフレに陥っている。加えて若年層は就職難であり、企業は正規雇用ではなく、臨時雇用やパートタイム雇用を常態化している。この点に関して内閣府のリポート「雇用情勢と所得環境」は、雇用環境について以下のように述べている。

　「失業率については、リーマンショック後の深い景気後退が終了し、景気が2009年3月に谷を付けた後も、半年程度は上昇を続けた。変化幅も大きく、景気拡張局面に入っても失業率は1％ポイント近く上昇を続けた。前回の拡張局面初期においては、失業率はほぼ横ばいであったことに比べると、失業率の変動の大きさは今回の景気局面の特徴の一つである。その後、失業率は順調に改善を続けてきたが、2010年秋頃に始まる景気の足踏み局面において、いったん改善ペースが鈍化した。ただし、月々の振れはあるものの、ならしてみれば、景気の足踏み局面における失業率はおおむね横ばいで推移した。[5)]」

　しかし奇妙に思えるのは、内閣府は2002年（平成14年）2月から2007年（平成19年）10月までの69カ月間もつづいた戦後最長の景気拡大期を第14循環と定義したが、この間、図終-1に示されるように雇用者報酬も消費支出もとも

図終-1 消費支出と雇用者報酬の推移

(出所) 内閣府 (http://www5.cao.go.jp/j-j/wp/wp-je11/pdf/p01013_3.pdf)。

に低落傾向を示していることである。

　2001年(平成13年)から2011年(平成23年)の民間給与実態統計に示される給与額は、214兆7215億円から195兆7997億円へと、18兆9254億円減少している。1人当たりの平均給与額は、400万1000円から367万円、すなわち33万1000円減少していることになる[6]。

　与謝野馨経財相(当時)が、2009年(平成21年)1月の記者会見で、第14循環期を命名して「だらだら、かげろう景気」と言ったのも、実感が伴わない景気回復期だったからだ[7]。賃金が下落し、消費は伸びないのに、ホリエモンや六本木ヒルズ族が跋扈する一方、貧富の格差が止めどなく拡大した。これを推し進めていたのが、企業の国際競争力を高めるという口実のもと、小泉内閣(2001～06年)による「聖域なき構造改革」と徹底的な民営化であり、多くの中小企業が倒産し、失業者、フリーター、ニートが増大した。

　こうしたなか、雇用構造は大きく変化し、日本の姿も変形した。ここで非農業部門での労働に従事する正社員の割合は、1978年(昭和53年)には84.7%であり、臨時雇用の社員の割合は15.3%であったが、2010年(平成22年)には、この割合が、64.5%、35.5%になっている[8]。このことは、景気拡大と安定した国民生活が結びつかないことを如実に示している。つまり国民の購買力が低下したのだから企業が作ったモノが売れない。売れないから企業は価格を下げるため安価な賃金で安価なモノを生産するために海外に進出する。そしてお互い

終章　貿易立国

表終-1　日本企業の海外生産比率の推移

	2007年度実績	2008年度実績	2009年度実績	中期計画 (2013年度)
全業種	30.60%	30.80%	31.00%	35.20%
化　学	22.30%	22.00%	20.10%	23.50%
一般機械	18.70%	19.70%	22.50%	25.70%
電気・電子	43.60%	43.40%	44.30%	47.60%
自動車	35.00%	36.10%	32.60%	37.60%

(出所)「わが国製造業の海外事業展開に関する調査報告―2010年度　海外直接投資アンケート結果(第22回)に基づき」国際協力銀行国際業務企画室調査課、2011年9月。

表終-2　全業種別海外売上高比率

	2007年度実績	2008年度実績	2009年度実績	2010年度見込み
全業種	33.80%	34.60%	34.20%	35.30%
化　学	29.50%	28.30%	28.40%	28.50%
一般機械	38.90%	38.70%	37.00%	38.80%
電気・電子	46.90%	45.80%	46.20%	47.60%
自動車	35.60%	38.60%	36.30%	37.90%

(出所)　表終-1と同じ。

に価格破壊競争を展開し、デフレ悪循環に陥っているのだ。そして巨大企業は、1970～90年代のように、国内で生産して国外に輸出する貿易立国をめざすのではなく、戦略を大きく転換して、生産工程そのものを海外に移転するグローバル戦略に生き残りを賭けているのだ。表終-1、表終-2に示すように日本企業の海外生産比率、海外売上高比率は急激に上昇しつつある。この点に関して「みずほリポート」は以下のように述べている。

「新興国経済の発展や、経済のグローバル化の進展の中で、今後も海外需要拡大に対応した海外生産拡大の動きは避けられない。国内の生産規模や雇用が大きく損なわれる『空洞化』という事態を回避するためには、国内における高付加価値製品等への生産転換が課題となる。そのためには、企業の税負担軽減やビジネス環境の整備などを通じた国内立地の促進や、高付加価値のための研究開発を支援する包括的な取組みなどが必要となろう。また、海外現地法人が新たな外需を確実に獲得し、そのリターンを日本へと還流させて、国内におけ

る高付加価値化のための投資につなげていくための政策が求められよう」[9]と述べている。

　国際協力銀行の調査結果によれば、日本企業の海外生産比率は年々上昇傾向にある。同報告書は以下のように述べている。

　「海外生産比率に対する回答企業は134社で、回答した企業の2010年度海外生産比率見込みは37.2%、2009年度実績の36.6%を若干上回る水準となっている。2013年度計画については41.3%となっており、中堅・中小企業が、今後更に海外生産に軸足を移していく様相を示している。一方、中堅・中小企業に限らない全回答企業の海外生産比率は、それぞれ2009年度の実績が31.0%、2010年度見込みが31.8%、2013年度計画値が35.2%となっており、中堅・中小企業の方が全回答企業よりも海外生産比率を拡大していく姿勢が強い結果となっている。」[10]

　はたして国内における高付加価値製品等への生産転換や企業の税負担軽減が当面する課題なのだろうか？　確かに企業中心の目線で見ればそうかもしれない。だが生活者の視点からすれば、今、必要とされているのは、経済成長と雇用環境が反比例を示している状況を打破することであり、乾いた雑巾を絞るような労働者に対する搾取にとどめをさすことだ。そして安定した生活を実現することなのだ。

3　日本は貿易立国ではない

　ところで「貿易赤字国に転落」というニュースを聞いて憂いている人も多くいる。だが、ここには大きなトリックが隠されている。再び、貿易黒字国に立ち戻るためには、法人税を引き下げて、原発再稼働ということになる。さらにはTPP参加ということになる。

　原発再稼働を訴えるNHKの解説に耳を傾ければ、東電次期会長の有力候補と目されていたNHK経営委員長が東電社外取締役を兼務していた理由がうなずける。数土文夫NHK経営委員長は、NHKを辞めて2014年4月から東電会長に就任する。それは、政府＝巨大企業＝NHKのコングロマリットの強固さを示している。要するに貿易赤字国に転落→日本の危機→原発再稼働→企業の国際競争力増強→消費税値上げ→法人税の引き下げ→TPP参加というわけだ。

表終-3　日本の国際収支

(単位：億円)

	2003	2004	2005	2006	2007	2008	2009	2010	2011	2012
貿易収支	119768	139022	103348	94643	123223	40278	40381	79789	△16165	△58141
サービス収支	△36215	△37062	△26418	△21183	△24971	△21379	△19132	△14143	△17616	△24900
所得収支	82812	92731	113817	137457	164670	161234	127742	124149	140384	142723
経常移転収支	△8679	△8509	△8157	△12429	△13581	△13515	△11635	△10917	△11096	△11445
経常収支	157668	186184	182592	198488	249341	166618	137356	178879	95507	48237

(出所) 日本銀行国際局「国際収支動向」各年度より作成。

　ここで表終-3により日本銀行国際局が発表した国際収支動向を見れば、確かに貿易立国日本の2011年度の貿易収支は1兆6165億円の赤字を記録し、さらに2012年度は5兆8141億円の赤字を計上している。福島の原子力発電所で水素爆発が起こり、さらに巨大な津波に襲撃された東北震災の影響で輸出が減ったことは否定できない。また火力発電に必要とされる燃料輸入が増大したことも否めない。

　だが2011年度の所得収支は14兆384億円に達し、貿易赤字の8.7倍に達している。2012年度の所得収支は14兆2723億円、貿易赤字の2.5倍だ。表終-3からわかるように2005年以降、所得収支が貿易収支を凌駕しており、日本の国際収支の構造が大きく変化している。所得収支とは何か？　日本国籍の企業が、海外で稼いだ営業利益、受取利息、株の配当で稼いだお金を日本に送金した総額であり、直接投資、海外企業の買収等で稼いだお金だ。しかし海外で稼いだお金をすべて日本に送金しているわけではない。海外で株を買ったり、再投資したり工場を建設したり企業を買収したりしている。このため日本企業の海外資産は世界最高額に達している。要するに日本経済の主軸は国内でモノを作って輸出するのではなく、海外でモノを製造して世界に売りさばく経済へと変貌を遂げつつあるのだ。

　先に引用したNHKのニュース解説は、「製造業は、競争力を失い、主戦場の

新興国市場では、もはや、国内でつくって輸出していては、勝ち目がない状態」だと言っているが、まさにその通りだ。

別にNHKが喧伝しなくても、グローバル時代の現在、日本の国籍をもつ企業は、すでに賃金の安い中国やアジア諸国で事業展開している。2011年段階で、日本企業の海外現地法人は2万3858社、うち製造業9843社に達している。海外現地法人の従業員数は394万521人、このうち日本から派遣されている従業員は、3万9538人にしかすぎない。[11]

例えばユニクロは、中国よりも賃金の安いバングラデシュでジーンズやTシャツを作り、日本や世界に売りさばいている。ユニクロだけではない。日本の巨大企業は、賃金の安い海外でモノを作って日本に逆輸入し、さらに世界に売りさばいているのだから、貿易が赤字になるのは当然だ。日本の多国籍企業は、貿易赤字など眼中にないのだ。

ここで財務省が発表した日本の対外資産（本邦対外資産負債残高：2012年末）によれば、対外純資産残高は、661兆9020億円（対前年度比＋80兆3930円、＋13.8％）。[12] 661兆9020億円といえば日本のGDP450兆円を上回る額だ。

他方、対外純資産残高から海外の企業（非居住者）が日本に現地法人を設立したり、国債や株式の購入などで日本に投資した金額、つまり対外負債残高を差し引いても、日本の海外純資産は世界最高の296兆3150億円（前年比11.6％増）になる。この額は、フランスのGDPとほぼ同額だ。[13]

ここで指摘しておかなければならないのは、貿易収支が赤字に転落しても、貿易赤字の数倍の所得が大企業と株主の懐に流れ込んでいるということだ。日本から赤い血が止めどなく流れ出ているわけではないのだ。日本の海外資産は22年連続で世界第1位。2位は人民の国＝中国の150兆2875億円、3位はドイツの121兆8960億円とつづく。ただし海外資産も所得収益も日本の企業の私的財産なのであり、われわれ国民が自由に使うことのできるカネではない。

ここで注意しなければならないのは、日本の主要投資先上位10カ国（全業種）のなかで、2008年度は1位が米国（4兆4617億円）であり、2位がケイマン諸島（2兆2814億円）だ。2009年度は1位がケイマン諸島（1兆2080億円）となっている。2010年度は、ケイマン諸島が消えてガーンジイが4位（4842億円）にランクされていることだ。ケイマン諸島はタックスヘイブン（租税回避国）で

終章　貿易立国　│　263

あり、英国女王の所有地だ。驚くべき額のカネが租税を回避していることがわかる。[14]

4 豊かだが貧しい国

さらに日本銀行調査統計局の発表（2013年3月25日）によれば、金融関係を除く民間企業（民間非金融法人）は、792兆円の金融資産を保有している。さらに、家計（自営業者を含む）保有金融資産は1547兆円に達する。[15]

世界最高の海外資産661兆9020億円、民間非金融法人の金融資産総額792兆円（2012年12月末）、といわれても日々の生活に追われている庶民には、数字が大きすぎて実感が湧いてこない。[16]三菱UFJリサーチ&コンサルティングのレポートはこんなことを書いている。

「1990年代終わりから企業のカネ余り、資金余剰の状態が続いている。……規模の大きい製造業が中心の軽債務企業は資金余剰が長年続いている。過剰債務がないため、余剰資金は海外投資に向かっている。規模が大きい非製造業が中心の中債務企業は、1990年代終わりから資金余剰になり、その資金は過剰借り入れの返済に充てられた。債務調整は概ね完了し、海外投資に向かい始めている。……拡大する余剰資金が海外投資に向かい、それによって企業の利益が膨らんでも、その資金がまた海外に投資に向かうのであれば国内経済の成長にはつながりにくい。」[17]

企業はカネ余りで悩んでおり、余ったカネは海外に流れ、海外で稼いだカネはまた海外で増殖し、国内の経済発展にはつながらない、ということだ。『日本経済新聞』（2012年2月3日朝刊）によれば、「大手商社が2012年3月に海外子会社から受け取る配当金が1兆数億円」とある。同紙1月1日によれば、円高は日本企業の海外資産獲得に追い風となり、日本企業による海外企業の買収（M&A）は2011年12月の時点で10兆4155億円に達する。

さらに野田政権（当時）は、2011年8月、「国富の増大に資するため」（安住財務相：当時）「円高対応ファシリティ」1000億ドル（約8兆円）を外国為替資金特別会計から融資することを決めた。カネ余り企業が次から次に外国為替資金特別会計の恩恵に浴し、海外で外国企業や資源を買い漁っている。

ただし資金難で苦しんでいるおびただしい数の中小企業は、資金が調達でき

図終-2　日本の経済成長の推移

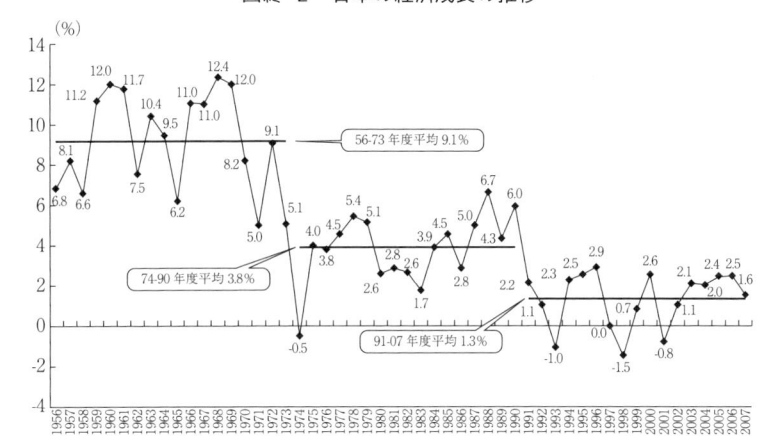

(注) 年度ベース。93SNAベース値がない80年以前は63SNAベース。95年度以降は連鎖方式推計。平成20年4-6月期1次速報値（平成20年8月13日公表）。平均は各年度数値の単純平均。
(出所) 内閣府。社会実情データ図録 (http://www2.ttcn.ne.jp/honkawa/4400.html)。

ないために倒産している。東北の被災地で苦しんでいる人びとも同じ辛酸をなめさせられている。

　以上、日本企業のカネ余り現象について述べた。だがこれは日本のみに限定される現象ではない。アメリカでも巨大企業は資金を貯め込んでいる。現金預金や短期で現金化できる手元資金を1兆886億ドル（約150兆円）も貯め込んでいる。[18] 世界では今、余剰資金で悩む企業がお金でお金を売買するビジネスを展開し、マネーゲームが最盛期を迎えている。BIS（国際決済銀行）の報告によれば、2010年には、1日当たり4兆ドル（32兆円）、年間34京ドルのお金が為替差益を狙って、国境を越えて売買された。[19]

　巨大企業が貯め込んだ資金は、さらなる価値増殖を求め、貨幣そのものを商品に変えてしまったのだ。いつの間にか、汗水流す労働が軽蔑されるようになった。またモノを作って販売する資本家に代わり、投資ファンドという「疑似資本家」、「疑似経営者」が現れた。彼らは自ら経営責任を負うわけではないが、経営のあり方、なかでも利益の配分について「もの言う資本家」の立場からあれこれ指図するようになった。[20] 投資ファンドにより、モノ作りの現場が食い荒らされている。要するに戦後半世紀以上経過した日本は、もはや貿易立国では

ない。資本輸出を主力とする金融立国へと大きく変貌を遂げたのだ。

ここで戦後69年経過した日本経済を大まかに区分すれば以下のようになる（図終-2）。

その第1段階は、敗戦から1954年までの戦後復興期であり、第2段階は奇跡の経済成長を遂げた1955〜73年までである。1956年度の『経済白書』は、「もはや『戦後』ではない。われわれはいまや異なった事態に直面しようとしている。回復を通じての成長は終わった。今後の成長は近代化によって支えられる」と述べ、新しい時代を予告した[21]。

日本経済は、アメリカ占領下の1945年から1954年までの期間に戦後改革を終えた。この間、1950年には、サンフランシスコ平和条約、日米安全保障条約（1950年締結、1952年発効）を締結した。なお日米安全保障条約は、アメリカが日本に軍隊を駐留させる権利を認めながら、日本の安全に義務を負わない片務条約であった。そして1952年8月にはIMFに加盟（輸入制限、為替制限が許される14条国として）、1954年8月にはGATTに加盟（18条国）、1956年12月には、国連に加盟した。戦後復興期において日本経済の駆動力となったのは朝鮮戦争（1950〜53年）であり、戦争ブームを梃子として、戦前の鉱工業生産の水準を回復した。戦後復興期の主導産業は、石炭鉱業、繊維、旧設備を利用した金属・機械工業であった。柴垣和夫によれば、この間の日本経済は「質的・量的に戦前・戦中の水準を凌駕するものではなかった[22]」。

第2段階における日本の貿易に関して『経済白書』（1964年）は以下のように述べている。「――比較的小さかった需要としての輸出――輸出は、需要として生産を拡大し、経済の発展を促進してきた。しかし、設備投資、個人消費等の内需が旺盛であったために、輸出が需要として経済発展に果たした役割は、比較的小さかったとみられる。……わが国においては、実質総需要は、年率9.8％で増加したが、それは、主として設備投資、個人消費によるもので、輸出の寄与率は、12％にとどまっている。他の工業国に比べて総需要の拡大に対する輸出の寄与率が小さく、設備投資の寄与率が大きいことが注目される[23]。」

1955年から1973年までの1次高度経済成長期には、日本経済は年率9.2％のGNP成長率を記録し、1970年代には、E. ヴォーゲルが命名したようにJapan as No.1にたどり着いたのである。

こうしたなか1963年にはGATT 11条国（国際収支を条件とする貿易制限の禁止）へ移行、翌年の1964年にはIMF 8条国（国際収支を理由とする為替取引の制限禁止）へ移行しOECDに加盟した。1964年には東京オリンピックが開催された。またこの間、日本経済は、復興期の鉄鋼・造船（旧型重工業：重厚長大産業）から自動車・家電（耐久消費財産業）への転換を図った。また主導産業として合成繊維・石油化学・電子・原子力（新産業）を確立した。柴垣和夫はこの間の産業構造の転換について、「重化学工業の3世代が同時平行的に確立したプロセスであった[24]」と指摘している。

　このようにして日本は戦後経済の復興からJapan as No.1にたどり着いた。第3段階は、1970年代初頭から1990年までであり、この間、日本は貿易立国として、また輸出基地として変貌を遂げた。

　戦後日本経済の復興からJapan as No.1にたどり着くプロセスについてチャルマーズ・ジョンソンは以下のように述べている。

　「奇妙奇天烈な話であるが、兵員3万7000人およびその家族を日本に住まわせる代わりに、日本は自国内市場においてアメリカからの輸入や投資に保護主義的な障壁を設けつつ、アメリカ経済へ参入するという恩恵に浴した。こうした政策の全体的な結果が現れたのは1970年代のことであり、アメリカ経済に深刻な影響を及ぼしたのは1980年代のことである。具体的には、日本におけるあまりにもの過剰な生産能力とアメリカにおける産業の空洞化を指す。アメリカの代償は天文学的な数字となって表れた。対日貿易赤字が2000年だけを見ても810億ドルで過去最悪を記録したのである[25]。」

　要するに日本政府は、米国の反共基地としての役割を引き受けて、経済成長の路を驀進したのだ。だが第3章でも言及しているように日本と米国との経済摩擦も熾烈化していった。最初に発生した日米経済摩擦は、1955年4月に発生した1ドルブラウス事件であった。同経済摩擦は、1957年1月に対米綿製品輸出の自主規制として終息したが、1960年代後半には、毛織物、化学合成繊維、雑貨製品輸出摩擦が発生し、1972年、日米繊維協定（糸を売って縄を買う＝沖縄返還）をもって終息した。また1964～65年には日本鉄鋼の集中的輸出により貿易摩擦が激化し、日本は1966年、「トリガー価格制度」（米国が決めた輸入下限価格以下での輸入禁止）を承認して「摩擦」は終息した。

だが1970〜75年にはカラーTV輸出、1973年の石油危機を契機として日米自動車摩擦が激化し、1981年、日本は自動車の輸出自主規制に踏み切った。さらに同年には、半導体摩擦が激化し、1986年には「日米半導体協定」を締結、1991年には5年間で日本市場での米国半導体製品のシェアを20％に増大することに合意した。このように日本と米国間における経済摩擦が激化するなか、第1章で述べたように、1971年8月15日、ニクソン大統領は新経済政策を発表し、ドルと金との交換停止に踏み切った。このため、1973年9月、1ドル270円になり、日本企業は、危機を打開するために新技術を開発し、同時に労働集約的産業の生産拠点を東アジアへ移動し始めた。

　さらに1973年、1978年の2度にわたる石油危機により、日本の企業は、総需要抑制政策を展開し、同時に徹底的な合理化を遂行（賃金抑制、金利負担の軽減、省エネ）し、ME（マイクロ・エレクトロニクス）革命を達成したのだ。円高と石油価格の高騰を引金として、日本経済は、従来の重厚長大産業（鉄鋼・金属・化学）から軽薄短小型産業（電気機械）への転換を図ったのである。慢性的な貿易赤字国に転落した米国は、1980年代になると日本に対して、農産物、衛星通信、金融、木材、医療、タバコ等、市場の全面的な開放を要求してくるようになった。

　1971年8月の金とドルとの交換停止に引きつづき、1985年9月のプラザ合意による急激な円高を克服するために1987年5月に日本政府がとった緊急経済対策は、日本経済の危機を深化させた。チャルマーズ・ジョンソンは以下のように指摘している。

　「ドイツ銀行日本支店のケネス・カーティス主任エコノミストによれば、日本では1986年から1991年までの間、約3兆6000万ドルが新しい工場や設備、および研究に投資された。これらは生産コストの40〜50パーセントの削減を目指していた。その結果、国内外の需要を気にも留めない過剰な生産能力を築き上げただけに終わったのである。そしてこれが、日本がいまだに克服できないでいる景気の停滞へ、銀行の経営危機へと連鎖していった。にもかかわらず、実質的な経済動向を以ってしても政府を徹底した改革へと衝き動かすには至らなかった。かくして、日本は後退の10年間というよりも停滞の10年間を経験することになる。[26]」

技術革新により生産過程から労働力を排除し、あるいはより低廉な労働力に置き換え、より安価な原料と市場を確保することができるか否かが企業の命運を左右する。この点において日本は、さらなる輸出主導型産業構造への転換を図り、米国よりも遥かに優位な立場に身を置いたのである。
　だが1985年のプラザ合意により円高が急激に進行した。このため、輸出に依存していた日本企業は行き場を失い、企業倒産が続出した。また、円高不況と日米経済摩擦を回避するために、日本企業は生産工程を海外に移動し始めた。そして日本政府は莫大な予算を計上して公共投資を行い、経済を蘇生する政策をとった。ここで発生したのがバブル経済（1986～91年）であり、土地と株価が急上昇し、円高不況を乗り切ったかに見えた。だが実体経済と乖離したバブル経済は深刻な危機に直面した。すなわち金融機関による不動産価格の高騰を当てにした過剰信用供与である。この間、土地取引や株で巨万の富を築いた成金も続出した。日本社会の規範が崩壊したのだ。1997～98年にかけて、北海道拓殖銀行、日本長期信用銀行、日本債権信用銀行、山一證券、三洋証券等が不動産価格の低迷や不良債権増加のあおりを受けて倒産し、日本経済は1992～2001年まで「失われた10年」に突入した。金融機関が抱えていた不良債権は200兆円にも達していた。また株価と地価の暴落により、2004年と2009年を比べた株式と宅地の市場価格減少額は、株式が485兆円、宅地が976兆円に達し、財産をなくした人も続出した[27]。
　だが、政府は公共投資をつづけることによって、建設・不動産業を支える政策を選んだ。また金融機関を救済するために公的資金を注入した。この点に関して相沢幸悦と中沢浩志は、「金融機関に膨大な不良債権が蓄積していたので、いくら財政出動しても平成不況は終息しなかった。金融仲介機能がマヒしていたからである。結局、90年代だけでも300兆円あまりの国債が発行されて公共投資が行われたが、景気の落ち込みを防ぐ程度で、いっこうに景気の回復はみられなかった[28]」と述べている。
　「失われた10年」につづく10年は、先に述べた雇用なき成長であり、日本経済の全面的な空洞化現象が進行した時期である。バブル経済にせよ、「失われた10年」にせよ、さらに戦後最長の景気回復期の第14循環（2002～07年）にせよ、この間、貧富の格差は激しい勢いで拡大した。

ここで、戦後日本社会の変容を見るとさまざまな変化・変容を指摘することができるが、一番大きな変容は、第1次産業部門（農業・鉱業・漁業）の従事者が極端に減少していることだ。総務省の統計によれば、第1次産業部門就業人口は、1950年には、全就業者人口の48％を占めていたが、2005年には5％、2010年には4％（252万人）にまで減少している。

　また第2次産業部門（製造業部門）の従事者は、1965～70年には、全就業者人口の34％を占めていたが、それ以降減少の一途をたどり、1985年の1992万人から2010年には1550万人（全就業者人口の25％）へと422万人減少している。これとは逆に、第3次産業部門（サービス産業部門）は、1985年の3283万人から2010年には4395万人（同70％）へと増加している。なお、農業従事者の平均年齢は75歳だといわれており、2次産業部門以上に急激に衰退している[29]。1次産業部門も2次産業部門も生産的部門であり、汗を流してモノを作る人びとが支えている。第3次産業部門は何もモノを生産しない非生産的部門なのだ。今後ともサービス部門で働く人びとの数は増加しつづけ、第1次産業部門、第2次産業部門に従事する人びとの数が減少しつづけるのは必至だ。

　江戸学の専門家である田中優子が以下指摘しているように、生産から完全に分離した武士階級のような階級が異常に肥大化し、汗水を流して働く百姓のような階級が消滅しつつあるのだ。

　「近代の歴史家の視点では、（江戸期代の）農民はみじめで哀れに書かれている。……そんなものではない。『百姓』と呼ばれることに誇りを持ち、その名のとおり実に多様で、1人の人間にいくつもの技量があり、自治的な村落経営をおこない、権力とわたりあって自らにふさわしい生活を獲得しようとする、そういう知恵者たちであった。……百姓とはもともと、自分たちの手で家を建て、屋根を葺き、水をひき、道具を作り、田畑を開墾し、布を織り、仕立て、あらゆるものを修理する能力を持っていた。『カムイ伝』の百姓こそそういう人間たちである。自らの工夫で桑を栽培し、養蚕を試み、干鰯を手に入れ、便所を作り直して下肥を確保し、綿花を育て、新田開発をおこない、商人を巻き込んで流通をおさえ、圧政に対しては一揆で対決する、そのような百姓の力を『カムイ伝』は描いている[30]。」

　汗を流して働く百姓が消え去ろうとしているだけではない。四季に恵まれた

美しい日本の地方都市や農村地帯は、住む人の疎らな寂れた過疎地になり、荒れ放題に荒れている。国家に1000兆円近い国債を発行させて、ツケを国民に回し、天文学的金額の国家プロジェクトを喰い漁った巨大企業は、マスコミや御用学者にカネをばら撒いて、国内に残されたビジネスチャンスを狙っているのだ。

5　市場経済を越えて

　以上見たように、日本政府の経済政策と財界に一貫して流れていたのは、「工業化、とくに重化学工業化を可能なかぎり急速なテンポで行って、輸出競争力を付け、高い国民総生産額の水準を実現しようという考え方である。先進技術の導入、輸出の奨励、生産基盤的な社会資本の充実などの面で積極的な政策がとられてきた[31]」のだ。そして1970年代までひたすら経済成長を第一目的として走りつづけてきた。1964年から1973年までつづいたベトナム戦争は500万人近い犠牲者を出したが、朝鮮戦争同様、日本の経済成長に大きく貢献した。資本主義の最大の目的は、作ったモノを売ることだ。売るために作るというのが鉄則だ。有効需要の創出ともいう。しかし作ったモノが売れなくなった場合、資本はモノを作ることを差し控え、貨幣の増殖運動を展開するようになる。カネとモノの分離であり、これが21世紀資本主義の特徴である。

　日本経済の規模は、1970年代、つまり高度経済成長期の終わり頃には、すでに、アメリカ、ヨーロッパ諸国と並び、3大工業国の1つにまで成長した。製鉄、造船、自動車など多くの分野で、単に産出量、輸出という量的な規模が世界有数であるというだけでなく、生産技術の面でも、欧米の先進工業諸国に比肩するか、あるいは凌駕する水準にまで発展してきた。この点に関して宇沢弘文は以下のように問題点を指摘している。

　「このような意味で、日本が『経済大国』と呼ばれるようになってきたのも、必ずしも理解できないことではない。ところが、国民総生産高とか、鉱工業生産指数などという統計的指標を離れて、日本経済の実態面を眺めてみたときに、この経済成長は、はたして、わたくしたちになにをもたらしたのであろうか。

　20年にわたった高度成長は日本国土の物理的、自然的条件をほとんど原型を止めぬほどに変えていっただけでなく、同時に社会構造と人々の生活様式、

意識に大きな影響を及ぼしていった。急速なテンポで行なわれた重化学工業化を経て人々の所得水準の上昇と消費生活の多様化もまた目覚ましいものがあった。自動車、テレビジョン、電話などの普及率もまた世界有数の高さとなり、食事の平均的な内容も以前に比べてはるかに多様で良質なものとなり、住む家も比較にならないほど豊かになったような印象を与え、生活水準の上昇は一見きわめて大きかったようにみえる。都市には贅をつくした建築物が建ち並び、道を行く人々の服装もおそらく世界でもっとも華美なものとなってきたといってもよいであろう。……しかし、ひとたび高度経済成長のもたらしたものをその実質面に立ち入って、仔細に眺めてみると、その内容は、じつはきわめて貧困で殺伐としたものであることに気付かざるをえない。農村と都市とを問わず、自然の破壊と社会的、文化的環境の荒廃はまさに目を覆うばかりである。一見豊かにみえる消費生活も利潤追求のための製品多様化であったり、外見的な欲求にもとづいての空虚な消費形態によって左右されたりしていて、その実質的内容はむしろ貧困化していると考えざるをえない場合が多い。都市に群立する近代的な建築も、風土的条件を無視した、鉄鋼とコンクートとガラスからなる荒涼とした非人間的な外観と、住む人の心を不安定にさせる内装をもっている。街路には自動車がひしめき合って、人々は騒音と排ガスに満ちた谷間を絶えず生命の危険を感じながら歩かざるをえない。新幹線、高速道路、航空機という近代的な交通手段も、視点を変えれば不安定な、あるいは不快なものにすぎないということは、これらの交通手段を利用したことのある人ならばだれでも気付くであろう。まして観光自動車道を利用して自然を享受できると考えるのは、正常な感覚の持ち主だと言うことができるだろうか。

　この空虚な消費生活を支えるために膨大なエネルギー、自然資源と人的資源とが浪費され、またこのような浪費が行われなければ、経済循環のメカニズムが円滑に機能できなくなり、多くの失業者を生み出さざるをえなくなってしまった、というのが現在の日本経済の実情である。[32)]」

　宇沢弘文が『近代経済学の再検討』を書いたのは1977年であり、同書は1982年に再版されている。それから30年近くすぎようとしているが、「この空虚な消費生活を支えるために膨大なエネルギー、自然資源と人的資源とが浪費され、またこのような浪費が行われなければ、経済循環のメカニズムが円滑に

機能できなくなり、多くの失業者を生み出さざるをえなくなってしまった、というのが現在の日本経済の実情である」という指摘は現在の日本と先進諸国に共通して見受けられる現象である。

『成長の限界』が警鐘を鳴らしているように、浪費のメカニズムによって人類を養う地球の自然環境は、最早、その限界を超えているのかもしれない。また、浪費のメカニズムの犠牲となっているのが現在の東南アジア、ラテンアメリカ、アフリカの人びとである。そして多くの日本人も犠牲者なのだ。仏教徒のスラック・シワラックは、1988年に世界銀行総裁ジェームズ・ウォルフェソンに会い、以下のように述べたという。

「世界銀行の使命は、ワシントンDCにある本部の壁に今も刻まれているように、『貧困の撲滅』でした。ではその世界銀行が採用した『富を生み出すための戦略』とは何だったのでしょう。……しかし、彼らがつくった組織とそのやり方が実際に生み出した結果はといえば、それは貧富の拡大であり、環境破壊であり、文化の衰退だったのです。世界銀行がつくった貧困の定義に照らしてみても、貧困人口はたしかに増えているのです。……グローバリゼーションとは、本来『市場原理主義』とも呼ぶべき、一種の悪魔的な宗教だ。それは発展途上国だけではなく先進国の人々にも物質的な価値観を押しつけ、もっとモノを手に入れるためにもっと稼ぐ、という終わりのない悪循環へと人々を駆り立て、貪欲と不安への淵へと追い込んでいる。[33]」

多国籍化した企業は、グローバリゼーションの名のもとに企業の国際競争力を培うために安価な労働力と資源、そして市場を求めて生産過程そのものを国外に移転しつつある。そして地球とその上で生活するわれわれ人類そのものが多国籍化した企業の無限の価値増殖運動に呑み込まれつつあるのだ。

1) NHK・今井純子解説委員、2012年1月25日。
2) 経団連 (http://www.keidanren.or.jp/japanese/policy/2011/089/honbun.html)。
3) 富岡幸雄「税金を払っていない大企業のリスト―隠された大企業優遇税制のからくり」『文藝春秋』2012年5月号。
4) 経団連 (http://www.keidanren.or.jp/japanese/policy/2011/089/honbun.html)。
5) 内閣府 (http://www5.cao.go.jp/j-j/wp/wp-je11/pdf/p01013_3.pdf) 2013年1月10日アクセス。

6）国税庁、民間給与実態統計調査結果（http://www.nta.go.jp/kohyo/tokei/kokuzeicho/jikeiretsu/01_02.htm）。
7）『毎日新聞』2009年1月30日。
8）統計局（http://www.stat.go.jp/data/roudou/longtime/03roudou.htm）。
9）みずほ総合研究所「みずほリポート：製造業の海外展開について～日本の製造業は『空洞化』しているのか」（http://www.mizuho-ri.co.jp/publication/research/pdf/report/report11-0329.pdf）2011年3月29日。
10）国際協力銀行国際業務企画室調査課「わが国製造業の海外事業展開に関する調査報告―2010年度 海外直接投資アンケート結果（第22回）に基づき」2011年9月。「調査対象企業は、原則として海外現地法人を3社以上（うち生産拠点1社以上を含む）有しているわが国製造業企業961社である。調査票の回収期間は2010年7～8月で、605社から有効回答を得た。有効回答率は63.0％である。アンケートの回収と併せて8～11月にかけて電話ヒアリングを行うとともに、企業訪問によりインタビューを実施した。」
11）東洋経済新報社『2012年海外進出企業総覧』東洋経済、2012年、1776、1822頁。
12）財務省「平成24年末本邦対外資産負債残高」（http://www.mofa.go.jp）。
13）財務省「平成23年末本邦対外資産負債残高」（http://www.mofa.go.jp）。
14）財務省、日本銀行「国際収支統計」にもとづき国際協力銀行が作成した「日本の主要投資先上位10カ国」による。詳しくは国際協力銀行国際業務企画室調査課、前掲書、2011年、86頁。
15）日本銀行調査統計局（http://www.boj.or.jp）2013年3月25日。
16）財務省（http://www.mof.go.jp）2013年3月25日。
17）三菱リサーチ＆コンサルテイング株式会社「調査と展望：新たな局面に入った企業のカネ余り」（http://www.murc.jp/report/press/120309.pdf）2011年3月9日、1頁。
18）『日本経済新聞』2011年6月8日。
19）BIS, Triennial Central Bank Survey of foreign exchange and derivatives market activity in 2013.
20）浜矩子『グローバル恐慌』岩波書店、2009年、192頁。
21）経済企画庁『経済白書』1956年、42頁。
22）柴垣和夫『過度期社会の経済学―現代資本主義の理論』日本評論社、1997年、189頁。
23）経済企画庁『経済白書』1964年。
24）［柴垣］前掲書、1997年、189頁。
25）日本政策研究所所長（アメリカ）チャルマーズ・ジョンソン（Chalmers Johnson）、"Japan's American Problem : Why Japan Can't Fix Itself"（福田邦夫・岩城俊明訳）「日本にとっての米国問題―なぜ日本は独自の路線を打ち出さないのか？」宇都宮軍縮研究室『軍縮問題資料』2002年11月号、8頁。
26）同上論文。
27）岩田規久男『世界同時不況』筑摩書房、2009年、143頁。
28）相沢幸悦・中沢浩志『2012年、世界恐慌』朝日新聞出版、2010年、108頁。
29）総務省統計局（www.stat.go.jp）。

30) 田中優子『カムイ伝講義』小学館、2008年、14頁。
31) 宇沢弘文『近代経済学の再検討』岩波書店、1988年、2頁。
32) 同上書、4頁。
33) スラック・シワラック（辻信一・宇野伸介訳）『しあわせの開発学——エンゲージド・ブディズム入門』ゆっくり堂、2011年、9〜10頁。

【福田邦夫】

参考文献一覧

第1章

今宮謙二『国際金融の歴史』新日本出版社、1992年。
ヴィジャイ・プラシャド（栗飯原文子訳）『褐色の世界史』水声社、2013年。
柿崎繁「覇権国家アメリカの盛衰」『季刊経済理論』第50巻第2号、2013年。
ケネス・ポメランツ／スティーヴン・トピック（福田邦夫・吉田敦訳）『グローバル経済の誕生―貿易が作り変えたこの世界』筑摩書房、2013年。
デビッド・C．コーテン（西川潤・桜井文訳）『グローバル経済という怪物』シュプリンガー・フェアラーク東京、1997年。
ナオミ・クライン（磯島幸子・村上由見子訳）『ショック・ドクトリン（上・下）』岩波書店、2011年。
ニコラス・シャクソン（藤井清美訳）『タックスヘイブンの闇』朝日新聞出版、2012年。
ハジュン・チャン（横川信治ほか訳）『はしごを外せ―蹴落とされる発展途上国』日本評論社、2009年。
ハワード・ジン／レベッカ・ステフォフ（鳥見真生訳）『学校では教えてくれない本当のアメリカの歴史（上・下）』あすなろ書房、2009年。
福田邦夫・小林尚朗編著『グローバリゼーションと国際貿易』大月書店、2006年。
フランツ・ファノン（鈴木道彦・浦野衣子訳）『地に呪われたる者』みすず書房、1996年。
ホセ・オルテガ・イ・ガセット（桑名一博訳）『大衆の反逆』白水社、1991年。
ロナン・パランほか（青柳伸子・林尚毅訳）『タックスヘイブン』作品社、2013年。

第2章

アダム・スミス（水田洋・杉山忠平訳）『国富論（全4冊）』岩波書店、2000年。
エマニュエル・トッドほか（松川周二ほか訳）『自由貿易という幻想』藤原書店、2011年。
ジャグディシュ・バグワティ（鈴木主税・桃井緑美子訳）『グローバリゼーションを擁護する』日本経済新聞社、2005年。
ダグラス・A．アーウィン（小島清監修、麻田四郎訳）『自由貿易理論史―潮流に抗して』文眞堂、1999年。
ジェイコブ・ヴァイナー（中澤進一訳）『国際貿易の理論』勁草書房、2010年。

第3章

古矢旬『アメリカ 過去と現在の間』岩波新書、2004年。

大冶朋子『勝てないアメリカ』岩波新書、2012年。
南克巳「アメリカ資本主義の歴史的段階」農林統計協会『土地制度史学』第47号、1970年。
中野一新編『アグリビジネス論』有斐閣、1998年。
飯田和人編『危機における市場経済』日本経済評論社、2010年。
関下稔『21世紀の多国籍企業』文眞堂、2012年。
延近充『薄氷の帝国アメリカ』御茶の水書房、2012年。
涌井秀行『ポスト冷戦世界の構造と動態』八朔社、2013年。
アメリカ商務省経済分析局 http://www.bea.gov/
アメリカ財務省 http://www.treasury.gov/

第4章

石川幸一・清水一史・助川成也編著『ASEAN経済共同体—東アジア統合の核となりうるか』ジェトロ、2009年。
江川暁夫「アジア中間所得層の拡大を妨げる『成長の果実の偏在』」『NIRAモノグラフシリーズ』No.35、2012年8月。
佐藤元彦・平川均『第四世代工業化の政治経済学』新評論、1998年。
清水一史『ASEAN域内経済協力の政治経済学』ミネルヴァ書房、1998年。
平川均・小林尚朗・森元晶文編著『東アジア地域協力の共同設計』西田書店、2009年。
平川均ほか編著『東アジアの新産業集積—地域発展と競争・共生』学術出版会、2010年。
堀中浩編『グローバリゼーションと東アジア経済』大月書店、2001年。
山影進『ASEANパワー—アジア太平洋の中核へ』東京大学出版会、1997年。
ユベール・エスカット／猪俣哲史編著『東アジアの貿易構造と国際価値連鎖—モノの貿易から「価値」の貿易へ』ジェトロ、2011年。
尹春志「東南アジア経済統合の現状と課題—地域化と地域主義の論理から見たASEAN」『東亜経済研究』第67巻第2号、2008年。
Asian Development Bank, *Asian Development Outlook 2012: Confronting Rising Inequality in Asia*, Asian Development Bank, 2012.
UNCTAD, *Trade and Development Report 2010*, UNCTAD, 2010.

第5章

佐藤幸男監修、高橋和・臼井陽一郎・浪岡新太郎『拡大EU辞典』小学館、2006年。
清水嘉治・石井伸一『新EU論—欧州社会経済の発展と展望』新評論、2001年。
田中素香・長部重康・久保広正・岩田健治『現代ヨーロッパ経済』有斐閣、2011年。
マリー・ラヴィーニュ（栖原学訳）『移行の経済学—社会主義経済から市場経済へ』日本評論社、2001年。

第6章

アダム・スミス（大内兵衛訳）『諸国民の富（Ⅲ）』岩波書店、1959年。
アルフレッド・クロスビー（佐々木昭夫訳）『ヨーロッパ帝国主義の謎』岩波書店、1998年。
アンドレ・グンダー・フランク（大崎正治ほか訳）『世界資本主義と低開発』柘植書房、1976年。
エドゥアルド・ガレアーノ（大久保光夫訳）『収奪された大地—ラテンアメリカ500年』藤原書店、1997年。
エンリケ・セーモ（原田金一郎監訳）『メキシコ資本主義史』大村書店、1994年。
小池洋一・西島章次編『ラテンアメリカの経済』新評論、1993年。
高橋正明「ラテンアメリカ研究をどうすすめていくか—その課題と方法についての試論（上・下）」『アジア・アフリカ研究』アジア・アフリカ研究所、第218・219号、1979年。
細野昭雄『ラテンアメリカの経済』東京大学出版会、1983年。
松下洌『現代ラテンアメリカの政治と社会』日本経済評論社、1993年。
モード・バーロウ／トニー・クラーク（鈴木主税訳）『「水」戦争の世紀』集英社新書、2003年。
ラウル・プレビッシュ（外務省訳）『プレビッシュ報告』国際日本協会、1964年。
ラス・カサス（染田秀藤訳）『インディアスの破壊についての簡潔な報告』岩波書店、1976年。
Lieuwen, Edwin, *Venezuela*, Oxford University Press, 1965, second edition.

第7章

王文亮『中国農民はなぜ貧しいのか—驚異的な経済発展の裏側で取り残される農民の悲劇』光文社、2003年。
加藤弘之・久保亨『進化する中国の資本主義』岩波書店、2009年。
加藤弘之・渡邊真理子・大橋英夫『21世紀の中国経済篇—国家資本主義の光と影』朝日新聞出版、2013年。
関志雄『中国経済のジレンマ—資本主義への道』筑摩書房、2005年。
興梠一郎『現代中国—グローバル化の中で』岩波書店、2002年。
朱永浩『中国東北経済の展開—北東アジアの新時代』日本評論社、2013年。
中国国家統計局国民経済総合統計司『新中国50年統計資料彙編』中国統計出版社、1999年。
森谷正規『中国経済—真の実力』文藝春秋、2003年。
遊川和郎『強欲社会主義—中国・全球化（グローバル）の功罪』小学館、2009年。
Halper, Stephan *The Beijing Consensus: How China's Authoritarian Model Will*

Dominate the Twenty-First Century, Basic Books, 2010.

第8章
イマニュエル・ウォーラーステイン（松岡利道訳）『アフター・リベラリズム―近代世界システムを支えたイデオロギーの終焉』藤原書店、1997年。
イマニュエル・ウォーラーステイン（日本語版編集部編訳）「『第三世界』とは何ものであったか」『力の論理を超えて―ル・モンド・ディプロマティーク1998-2002』NTT出版、2003年。
イマニュエル・ウォーラーステイン（山下範久訳）『入門・世界システム分析』藤原書店、2006年。
Wallerstein, I., *The Road to Independence: Ghana and the Ivory Coast*, Mouton & Co, 1964.
Wallerstein, I., "The Three Stages of African Involvement in the World-Economy", P. C. W. Gutkind & I. Wallerstein eds., *The Political Economomy of Contemporary Africa*, SAGE Publications, 1976.
Wallerstein, I., *Africa and The Modern World*, Africa World Press, 1984.

第9章
郭洋春『開発経済学―平和のための経済学』法律文化社、2010年。
金東椿『近代のかげ―現代韓国社会論』青木書店、2005年。
高龍秀『韓国の経済システム―国際資本移動の拡大と構造改革の進展』東洋経済新報社、2000年。
平川均『NIES―世界システムと開発』同文舘出版、1992年。
本多健吉監修『韓国資本主義論争』世界書院、1990年。
涌井秀行『東アジア経済論―外からの資本主義発展の道』大月書店、2005年。

第10章
内川秀二『躍動するインド経済―光と陰』アジア経済研究所、2006年。
絵所秀紀『離陸したインド経済―開発の軌跡と展望』ミネルヴァ書房、2008年。
木曽順子『インド　開発のなかの労働者―都市労働市場の構造と変容』日本評論社、2003年。
グンナー・ミュルダール『アジアのドラマ―諸国民の貧困の一研究（上・下）』東洋経済新報社、1974年。
山岸俊男『社会的ジレンマ―「環境破壊」から「いじめ」まで』PHP研究所、2000年。
岡通太郎「インド・グジャラート州中部における農業労賃の低位性―農村インフォーマル金融制度との関連に焦点を当てて」『アジア研究』第52巻第1号、2006年。

Rudra, A., *Agrarian Questions*, Oxford University Press, 1994.

第11章

イマニュエル・ウォーラーステイン（山下範久訳）『脱商品化の時代—アメリカン・パワーの衰退と来るべき世界』藤原書店、2004年。
ガラール・アミン（中岡三益・堀侑訳）『現代アラブの成長と貧困』東洋経済新報社、1976年。
サミール・アミン（北沢正雄・城川桂子訳）『アラブ民族—その苦悶と未来』亜紀書房、1982年。
サミール・アミン（久保田順・戸崎純・高中公男訳）『開発危機—自立する思想・自立する世界』文眞堂、1996年。
デヴィッド・ハーヴェイ（渡辺治監訳、森田成也・木下ちがや・大屋定晴・中村好孝訳）『新自由主義—その歴史的展開と現在』作品社、2007年。
長沢栄治『エジプト革命—アラブ世界変動の行方』平凡社、2012年。
平井文子『アラブ革命への視角—独裁政治、パレスチナ、ジェンダー』かもがわ出版、2012年。
福田邦夫「アラブ・アフリカの苦悩」岩田勝雄編『21世紀の国際経済—グローバル・リージョナル・ナショナル』新評論、1997年。
宮治一雄『アフリカ現代史Ⅴ 北アフリカ』山川出版社、1978年。
山口直彦『アラブ経済史 1810～2009年』明石書店、2010年。
山田俊一編『エジプトの政治経済改革』アジア経済研究所、2008年。
ローザ・ルクセンブルク（太田哲男訳）『資本蓄積論（第3編）』同時代社、2001年。

第12章

外務省『世界貿易機関（WTO）を設立するマラケシュ協定』日本国際問題研究所、2002年。
外務省経済局国際機関第一課編『解説WTO協定』日本国際問題研究所、1996年。
UFJ総合研究所『WTO入門』日本評論社、2004年。
スーザン・ジョージ『WTO徹底批判！』作品社、2002年。
石見尚・野村かつ子『WTO-シアトル以後—下からのグローバリゼーション』緑風出版、2004年。
渡邊頼純編『WTOハンドブック—新ラウンドの課題と展望』ジェトロ、2003年。
小寺彰編『転換期のWTO』東洋経済新報社、2003年。
岩田勝雄編『21世紀の国際経済』新評論、1997年。
日本経済研究センター『日本のFTA戦略』日本経済新聞社、2002年。
WTO http://www.wto.org

外務省　http://www.mofa.go.jp

終　章

富岡幸雄「税金を払っていない大企業のリスト―隠された大企業優遇税制のからくり」『文藝春秋』2012年5月号。
柴垣和夫『過度期社会の経済学―現代資本主義の理論』日本評論社、1997年。
柴垣和夫『昭和の歴史〈9〉講和から高度成長へ』小学館、1994年。
相沢幸悦・中沢浩志『2012年、世界恐慌』朝日新聞出版、2010年。
井村喜代子『現代日本経済論―戦後復興、「経済大国」、90年代不況』有斐閣、2001年。
田中優子『カムイ伝講義』小学館、2008年。
佐和隆光『経済学とは何だろうか』岩波書店、1988年。
宇沢弘文『近代経済学の再検討』岩波書店、1988年。
飯田和人『グローバル資本主義論―日本経済の発展と衰退』日本経済評論社、2011年。
浜矩子『グローバル恐慌』岩波書店、2009年。
スラック・シワラック（辻信一・宇野伸介訳）『しあわせの開発学―エンゲージド・ブディズム入門』ゆっくり堂、2011年。

事項・人名索引

あ 行

アジア通貨危機………… 14, 58, 72-75, 77, 178, 181
アフリカ人奴隷……………………………………… 1
アフリカの年………………………………………… 3-5
阿　片……………………………………………… 3
アンナハダ………………………………………… 232
イギリス自由貿易体制…………………………… 112
一般特恵制度……………………………………… 13
ウォーラーステイン, I.……… 108, 109, 147, 148, 150-157, 159-161, 226
エンコミエンダ制………………………………… 107

か 行

改革・開放………………… 54, 128, 130, 132, 138, 140
開発独裁……………………………… 12, 174, 175, 177
カイミ制度………………… 199-202, 207, 209, 210
カダフィ大佐……………………………………… 7
寡頭制支配（オリガルキー）………………… 111, 125
金融革命…………………………………………… 56
グローバル・ヨーロッパ………………………… 88
軍最高評議会……………………………………… 233
軍産複合体………………………………………… 9
経済特区………………………………………… 131
原産地規則………………………………………… 71
交易条件…………………………………… 34-36, 116
高関税政策………………………………………… 2
構造調整………… 5, 60, 100, 120, 146, 177, 181, 193, 228
工程間分業………………………………………… 69
国際資金循環………………………………… 58, 59
国際分業（の利益）…… 17, 28-30, 32, 34, 36, 53, 87, 93, 114, 117
国家資本主義……………………………………… 130
コペンハーゲン基準……………………………… 92
孤立主義…………………………………… 44, 45, 48, 49
棍棒外交…………………………………… 48, 114

さ 行

三角貿易…………………………………… 69, 110
シアトルでの抗議運動……………………… 248, 249
市場経済体制…………………………………… 130, 131
資本主義のアメリカ的段階……………………… 50
集積効果…………………………………………… 74
所得格差………………………………… 139, 140, 187
情報通信技術（ICT）革命…………………… 56, 57
新古典派………………………… 12, 17, 146, 147, 176, 177
新自由主義……… 46, 59, 94, 104, 120-122, 125, 179, 188, 228 232, 238
重商主義……… 24-28, 34, 38, 39, 44, 109, 112, 218
自由の帝国………………………………………… 45
スタグフレーション……………………… 10, 53, 54, 223
スミス, アダム…… 23-26, 28, 29, 36-40, 106, 107
世界銀行… 4, 5, 11, 12, 16, 57, 58, 60, 93, 100, 120, 121, 124, 146, 177, 178, 193, 213, 224, 228, 239, 240, 243, 246, 273
世界の工場…………………………… 57, 128, 138
世界の市場………………………………… 128, 138

た 行

多国籍企業…… 11, 17, 19, 43, 52, 53, 56, 57, 65, 89, 95, 101, 117, 118, 123, 134, 136, 138, 152, 165, 166, 182-184, 223, 230, 232, 247, 250, 263
第三世界………………… 5, 145, 146, 158, 159, 223
中核／周辺………………………………… 148-150
鄧小平……………………………………… 129-131
ドーハ・ラウンド……………………… 239, 249
トルーマン・ドクトリン………………………… 51
ドル外交…………………………………………… 48
土着制度…………………………………… 193, 194

な 行

ニクソン・ショック……………………………… 10, 13
ニューディール………………………… 8, 10, 17, 18, 48
農業労働賃金……………………………… 195, 205
農民工…………………………………………… 132

は 行

覇権（・帝国）…… 43, 44, 47, 49, 50, 52-55, 57-60,

282

149-151, 159
パトロン・クライアント……………… 193, 200
比較生産費説……………… 28, 29, 31-34, 36, 37
比較優位……………………… 30-33, 35-37, 149
フォーディズム……………………………… 48
プラザ合意…………… 132, 173, 177, 268, 269
ブルギバ,ハビブ……… 221, 222, 225, 226, 232
ブレトン・ウッズ体制（IMF＝GATT体制）
…………………… 10, 239, 240, 243, 244
ブロック経済圏…………………………… 3, 240
米西戦争………………………… 47, 48, 114
ヘクシャー＝オリーンの定理（HO定理）… 31-33, 39
ベン・アリ………… 215, 216, 225-227, 230-232
保護貿易………………………… 33, 36, 112
本源的蓄積喪失…………………………… 107

ま 行

マーストリヒト条約………………………… 85
ミル，J. S. ………………………… 28, 34, 39
ムスリム同胞団…………………………… 233
ムバーラク，ホスニ………………… 216, 228
モノカルチャー………………………… 113, 116

や 行

輸出指向型工業化戦略（輸出主導型工業化）
……………… 67, 146, 174, 185, 227, 228, 269
輸入代替型工業化政策…… 65, 66, 117, 119, 146, 172, 173, 176, 219, 221, 243
幼稚産業（の保護）……………… 36, 37, 117, 241
余剰はけ口…………………………… 25, 28

ら 行

ラティフンディオ………………… 108, 109, 112, 113
リカードウ，デビット……… 28, 29, 33, 34, 38, 40
リスト，フリードリッヒ…………………… 36-38
リベラリズム……………………………… 154-161
冷戦体制………… 43, 50, 53, 56, 171-173, 177, 178
ローズベルト，フランクリン・D. ……………… 8

わ 行

ワシントン・コンセンサス…………… 58, 122, 228

アルファベット

ADB（アジア開発銀行）……………… 64, 75, 77
AEC（ASEAN経済共同体）……… 72, 73, 76, 80
AFTA（ASEAN自由貿易協定）… 67, 68, 70-74, 80
ASEAN（東南アジア諸国連合）… 14, 16, 64-80, 89, 177
BRICs……………………………………… 91, 249
ECSC（欧州石炭鉄鋼共同体）………………… 84
EEC（欧州経済共同体）………………… 84, 91, 221
EFTA（欧州自由貿易連合）……………… 84, 88
EPA（経済連携協定）… 88, 238, 239, 248-252, 257
EURATOM（欧州原子力共同体）…………… 84
FTA（自由貿易協定）……… 14, 57, 73, 76, 87, 88, 185, 238, 239, 244, 248-252
GATS（サービスの貿易に関する一般協定）
………………………………………… 247, 248
GATT（関税及び貿易に関する一般協定）… 50, 123, 238, 239, 242, 243, 245-247, 266, 267
IMF（国際通貨基金）……… 5, 16, 43, 50, 51, 53, 54, 57, 58, 60, 100, 104, 119-121, 124, 125, 146, 176-179, 181, 193, 213, 224, 226, 228, 238-240, 243, 246, 266, 267
NAFTA（北米自由貿易協定）…… 16, 57, 69, 123, 185
NATO（北大西洋条約機構）……………… 50, 51
NICS（新興工業国）……………… 10, 13, 54, 175
NIEO（新国際経済秩序）……………… 65, 223
NIES（新興工業経済地域）……… 11-13, 66-69, 72, 134, 136, 146, 150, 176-178, 228
OECD（経済協力開発機構）…… 10, 175, 178, 269
OPEC（石油輸出国機構）………… 10, 222, 223
RCEP（地域包括的経済連携）…………… 73, 251
RTA（地域貿易協定）…………………… 67, 70
TPP（環太平洋経済協定）… 60, 238, 239, 241, 244, 248-251, 256, 257, 261
TRIPS（知的所有権の貿易関連の側面に関する協定）……………………………… 247
UNCTAD（国際連合貿易開発会議）… 11, 77, 116
WTO（世界貿易機関）…… 44, 57, 71, 88, 128, 138, 182, 226, 228, 237, 238, 242-252

【執筆者紹介】（執筆順，❖は監修者，＊は編著者）

❖ 福田　邦夫（ふくだ　くにお）	明治大学商学部教授	第1章・終章
＊ 小林　尚朗（こばやし　なおあき）	明治大学商学部教授	第2章
柿崎　繁（かきざき　しげる）	明治大学商学部教授	第3章
＊ 森元　晶文（もりもと　あきふみ）	立教大学経済学部助教	第4章
＊ 吉田　敦（よしだ　あつし）	千葉商科大学人間社会学部准教授	第5章
所　康弘（ところ　やすひろ）	千葉商科大学商経学部准教授	第6章
朱　永浩（ずう　よんほ）	環日本海経済研究所（ERINA）調査研究部研究主任	第7章
佐久間　寛（さくま　ゆたか）	東京外国語大学アジア・アフリカ言語文化研究所助教	第8章
大津　健登（おおつ　けんと）	明治大学商学部助手	第9章
岡　通太郎（おか　みちたろう）	明治大学農学部専任講師	第10章
山中　達也（やまなか　たつや）	明治大学商学部助手	第11章
畠山　大（はたけやま　だい）	北海道教育大学教育学部准教授	第12章
馬場　智也（ばば　ともや）	明治大学大学院商学研究科博士前期課程	コラム①
佐々木　優（さきき　すぐる）	千葉大学教育学部非常勤講師	コラム②・③・④
上河原　涼（かみがわら　りょう）	明治大学大学院商学研究科博士前期課程	コラム⑤
深澤　光樹（ふかさわ　みつき）	明治大学大学院商学研究科博士後期課程	コラム⑥

世界経済の解剖学
──亡益論入門

2014年5月25日　初版第1刷発行

監　修	福 田 邦 夫
編著者	小 林 尚 朗・吉 田　敦 森 元 晶 文
発行者	田 靡 純 子
発行所	㈱法律文化社

〒603-8053
京都市北区上賀茂岩ヶ垣内町71
電話 075(791)7131　FAX 075(721)8400
http://www.hou-bun.com/

＊乱丁など不良本がありましたら、ご連絡ください。
　お取り替えいたします。

印刷：西濃印刷㈱／製本：㈱藤沢製本
装幀：奥野　章　カバー写真：池田啓介
ISBN 978-4-589-03554-7
Ⓒ 2014 K. Fukuda, N. Kobayashi, A. Yoshida
A. Morimoto Printed in Japan

JCOPY　〈㈳出版者著作権管理機構 委託出版物〉

本書の無断複写は著作権法上での例外を除き禁じられています。複写される
場合は、そのつど事前に、㈳出版者著作権管理機構（電話03-3513-6969、
FAX03-3513-6979、e-mail: info@jcopy.or.jp）の許諾を得てください。

吉川 元・首藤もと子・六鹿茂夫・望月康恵編

グローバル・ガヴァナンス論

A 5 判・328頁・2900円

人類は平和構築・予防外交などの新たなグッド・ガヴァナンスに希望を託せるのか。地域主義やトランスナショナルな動向を踏まえ、グローバル・ガヴァナンスの現状と限界を実証的に分析し、求められるガヴァナンス像を考察する。

上村雄彦編

グローバル協力論入門
―地球政治経済論からの接近―

A 5 判・226頁・2600円

地球社会が抱える諸問題の克服へ向けて実践されている様々な〈グローバル協力〉を考察し、問題把握のための視座と問題克服のための実践方法を提示する。課題に果敢に挑戦するための知識と意識を涵養するためのエッセンスを提供する。

中村 都編著

国際関係論へのファーストステップ

A 5 判・242頁・2500円

いまを生きる私たちが直面している環境と平和にかんするさまざまな課題を24のテーマにわけ、日常生活にも通底する課題や論点を学ぶ。関心のあるところから読み始めることができ、問題意識を育む初学者向けの入門書。

初瀬龍平編著

国 際 関 係 論 入 門
―思考の作法―

A 5 判・330頁・2700円

現代の国際関係を考える基本的視座・視点、概念を丁寧に解説。国家の利益や安全保障ではなく人間の生命と安全を重視し、その実現のために必要な知識と〈思考の作法〉を細やかに提示する。

初瀬龍平著

国 際 関 係 論
―日常性で考える―

A 5 判・298頁・2800円

国際関係にかかわる「安全」・「人権」・「平和」・「移動」を、国家からではなく人々の日常から考察する。著者の研究の軌跡をまとめ、人間の視点から国際関係を捉え直した本書は、もう一つの国際関係像を提示する。

――法律文化社――

表示価格は本体(税別)価格です